말씀의 빛 속을 거닐다

말씀의 빛 속을 거닐다
———

1판 1쇄 펴냄 2015년 03월 11일
1판 2쇄 펴냄 2017년 09월 09일

지은이 김기석
펴낸이 한종호
디자인 임현주
인 쇄 한진기획인쇄

펴낸곳 꽃자리
출판등록 2012년 12월 13일
주소 의왕시 전주남이 4길 17, 102동 804호(오전동 동문굿모닝힐아파트)
전화 02-744-7464
전자우편 amabi@daum.net

Copyright ⓒ 김기석 2015

———
ISBN 978-89-969898-8-2 93230
값 15,000원

말씀의
빛 속을 거닐다

요한복음 산책

김기석 지음

묵상은 동물적이다

성경을 읽고 묵상하는 것은 이제 평생토록 이어질 내 길의 일부가 되었지만, 나는 아직도 그 길을 뚜벅뚜벅 자신 있게 걷지 못한다. 이 길인가 싶으면 다른 길이 나타나고, 저 길인가 싶으면 또 다른 길이 나타난다. 히브리의 시인은 "주님의 율법을 즐거워하며, 밤낮으로 율법을 묵상하는 사람"(시편 1:2)이 복 있는 사람이라 말했다. 그렇다면 나는 어느 정도 복 있는 사람이라 할 수 있겠다.

하지만 나의 묵상은 여전히 미완성이다. '묵상' 하면 보통은 촛불을 밝혀놓고 눈을 지그시 감고 단정하게 앉아 있는 자세를 연상하게 마련이지만 성경이 말하는 묵상은 그렇게 식물적이지 않다. 묵상은 마치 사자가 먹을 것을 앞에 두고 그르렁거리면서 냄새를 맡기도 하고, 혀로 맛보기도 하고, 씹기도 하는 것처럼 텍스트와 오감으로 만나는 것이다. 그런 의미에서 묵상은 동물적이다. 묵상의 최고 형태는 어쩌면 그 텍스트를 삼켜서 자기화하는 것, 다시 말해 삶으로 번역하는 것인지도 모른다.

어린 시절 삿자리를 만드는 아버지의 모습을 경이롭게 바라보곤 했다. 자리틀 위에 고르게 난 홈을 통해 추를 매달은 실을 가지런히 걸어놓은 후, 씨실을 그 사이로 통과시켜 바디로 내리치기를 반복하면 어느 새 삿자리가 모양을 잡아가곤 했다. 자리틀 위에 수직으로 드리워진 실은 날실_{經絲}이라 하고 날실 사이를 수평으로 가로지르는 실은 씨실_{緯絲}이라 한다. 삶이란 어쩌면 영원이라는 날실을 근거로 하여 시간이라는 씨실로 직조하는 무늬인지도 모르겠다. 그 무늬가 어지럽지 않기 위해서는 날실이 바로 드리워져야 한다. 우리가 성경을 읽고 묵상하는 까닭은 삶의 날실을 가지런히 하기 위함이다.

성경에는 시간 속을 바동거리며 영원을 지향한 사람들의 숨결이 담겨 있다. 어떤 때는 거칠고 또 어떤 때는 고요한 그 숨결에 내 호흡이 고스란히 겹칠 때가 있다. 성경 이야기가 내 이야기가 되고 내 삶의 이야기가 성경 이야기와 합류하고 있음을 느낄 때 우리는 마치 비의_{秘義}에라도 접한 듯 전율을 경험한다. 마치 안개가 자욱한 산길을 걷다가 오련하게 드러나는 경치에 감탄하는 것 같은 순간 말이다. 성경 해석은 학자들 혹은 전문가들의 전유물이어서는 안 된다. 물론 오독을 피하기 위해 전문가들의 견해에 귀를 기울여야 하지만, 누구도 성경을 온새

미로 이해할 수는 없는 법이니 지레 겁먹을 필요는 없다.

성경을 읽다보면 어느 순간 계시의 불꽃에 접한 듯 마음이 환해지는 순간을 만날 때도 있다. 새벽마다 성경을 묵상하는 것은 나의 일상이지만, 그런 순간과 만나는 것은 결코 일상적 경험이 아니다. 몇 해 전 그런 경험이 자아내는 흥거움을 벗들과 나누기 위해 SNS에 몇 자 적곤 했는데, 잡지 〈새가정〉의 편집자가 그 글을 읽고는 그런 형식의 글을 잡지에 연재해 달라고 청했다. 난감한 일이었다. 그런 환한 깨달음은 간헐적으로만 찾아오는 것임을 나도 알고 그도 알았다. 그 청을 뿌리치는게 옳았다. 하지만 글을 쓰다 보면 그 환한 순간이 더 자주 찾아오지 않을까 하는 생각에 무모한 용기를 냈다. 이 책은 4년 동안 〈새가정〉에 썼던 연재물을 모은 것이다. 중도에 그만 둘 생각이 들 때도 있었지만 노련한 편집자의 격려와 부추김 덕분에 마칠 수 있었다. 연재의 시간이 길었던 만큼 글의 호흡도 보폭도 묵상의 깊이도 일정하지 않다. 원고를 모아 보니 가리 산지리산 걸어온 내 남루한 영혼의 풍경을 보는 것 같아 씁쓸하긴 하다.

인생 후반에 만나 좋은 길벗이 된 한종호 목사는 언제나 나를 괴롭힌다. 나를 글 감옥 속으로 인도하더니, 이제는 아예 '꽃자리 출판사'를 차려놓고 글을 내놓으라고 채근을 한다. 그 억지스러운 강요 덕분에 나는 영적 게으름의 자리를 털고 일어나 자꾸만 내 내면을 살피지 않을 수 없다. 참 고마운 인연이다. 표지를 그려주신 임종수 목사님께도 깊은 감사를 드린다. 목사님을 보며 나는 '나이가 든다는 것이 참 멋질 수도 있구나', '은퇴 이후에도 저렇게 신명나게 살 수 있구나' 새삼스럽게 깨닫곤 한다. 늘 시간에 쫓기는 나를 대신하여 원고를 읽고 다듬어주는 아내 희우에게도 감사한다. 아무쪼록 이 작은 책이 성경을 날실로 삼아 인생을 직조하려는 이들에게 작은 도움이라도 되었으면 좋겠다.

_봄의 들머리에서 저자

목 차

참 말이 그리운 시대

태초에 '말씀'이 계셨다. 그 '말씀'은 하나님과 함께 계셨다. 그 '말씀'은 하나님이셨다. 그는 태초에 하나님과 함께 계셨다. 모든 것이 그로 말미암아 창조되었으니, 그가 없이 창조된 것은 하나도 없다. 창조된 것은 그에게서 생명을 얻었으니, 그 생명은 사람의 빛이었다. 그 빛이 어둠 속에서 비치니 어둠이 그 빛을 이기지 못하였다.(1:1-5)

———— 아련한 그리움으로 과거를 돌아보면서 때로는 후회하고, 또 때론 터무니없는 자부심으로 우쭐거리기도 하고, 혹은 절치부심하기도 하는 것은 아마도 인간뿐이리라. 우리는 우리의 정체성의 뿌리가 과거에 맞닿아 있기에 과거를 돌아보게 된다. 하지만 기억을 더듬어 가다보면 저 아득한 우주의 어둠처럼 도저히 가 닿을 수 없는 기억의 소실점도 있게 마련이

다. 탄생 이전의 기억이 우리에게는 없다. 그래서인가? 토마스 만은 말한다.

"길이를 알 수 없는 시간 여행을 떠나면서 깊이를 가늠해 주는 추를 매단 실타래를 풀고 또 풀어 봐도, 만물의 시원은 다림추 앞에서 번번이 더 깊은 곳으로 도망쳐버린다."《요셉과 그 형제들》중에서)

아무리 노력해도 당도할 수 없는 뿌리, 시간을 일러 성경은 '태초'라 했다. 그러니까 태초는 시간의 시작이라기보다는 우리 정체성의 시원이다.

요한은 그 태초에 '말씀'이 계셨다고 말한다. 과거형으로 표현되기는 했지만 사실은 현재 진행형이다. 그 말씀은 처음부터 지금까지 하나님과 함께 계셨다. 그런데 요한은 말을 바꿔 그 말씀이 바로 하나님이셨다고 말한다. 참 어렵다. 하지만 달리 생각하면 어려울 것 없다. 관념적으로 생각하면 어렵지만 이미지의 언어로 생각하면 어렵지 않다. 파도는 바다의 일부이지만 그 자체가 이미 바다인 것처럼, 하나님의 말씀도 하나님과 구별될 수 없는 하나이지 않겠는가.

그런데 세상의 모든 만물이 그로 말미암아 창조되었다고 한다. 말씀은 숨이 깃든 말(말숨)이다. 숨이 깃든 말씀이 발화되는 순간 사건이 일어난다. 빛과 어둠이 나뉘고, 땅과 푸른 하늘이 나뉜다. 푸른 움이 돋아나고, 해와 달과 별이 조화롭게 나타난다. 각종 생물과 인간까지도 등장한다. 말로 지어졌기에 각각의 피조물 속에는 하나님의 말씀이 깃들어 있다. 세상 만물은 초월자의 암호인 것이다. 어느 시인의 고백처럼 두 이레 강아지만큼만 눈을 떠도 세상에 신비 아닌 것이 없다.

말씀이 창조의 힘인 것처럼, 우리가 사용하는 말도 사건을 일으킨다. '사랑해'라는 말은 듣는 이의 가슴에 생명의 봄바람을 일으키지만, '네까짓 것'이라는 말은 상대방의 가슴에 겨울 칼바람을 일으킨다. '고마워'라는 말은 듣는 이의 가슴에 섬광과도 같은 빛을 일으키지만, '실망이야'라는 말은 상대방의 마음을 어둠 속에 가둬버린다. 우리는 말씀을 닮은 말을 통해 어둠도 자아내고 빛도 자아낸다. 우리는 시방 말로서 우리가 살 세상을 짓고 있다. 시인 박노해는 깨끗한 말을 달라며 "말의 뿌리에 흙이 묻어 있지 않은 말/말의 잎새에 눈물이 맺혀 있지 않은 말/말의 꽃잎에 피가 배어 있지 않은 말을/나는 신뢰할 수 없으니"(〈깨끗한 말〉 중에서)라고 노래한다. 참 말이 그리운 시대이다.

| 좋구나, 이 말이여!

그 말씀은 육신이 되어 우리 가운데 사셨다. 우리는 그의 영광을 보았다. 그것은 아버지께서 주신, 외아들의 영광이었다. 그는 은혜와 진리가 충만하였다.(1:14)

───── 영원하신 하나님, 하늘과 땅의 창조자가 우리와

같은 존재가 되셨다. 오랜 기간 누군가의 돌봄을 받아야만 할 아기의 몸으로 태어났다. 엄마 품에 안겨 젖을 먹고, 엄마의 눈을 바라보다가 까무룩 잠이 들고, 잠에서 깨어나 주변을 두리번거리다가 울음을 터뜨리기도 하는 아기로 말이다. 그리고 그는 희노애락애오욕喜怒哀樂愛惡欲, 곧 칠정에 따라 이리저리 흔들리며 살아가는 우리들과 다를 바 없이 사셨다. 문득 막스 에른스트의 그림 〈세 명의 목격자 앞에서 아기 예수를 체벌하는 성모 마리아〉가 떠오른다. 무슨 일 때문인지 마리아는 몹시 화가 나있다. 그래서 아기 예수를 자기 무릎에 엎드리게 한 후 손바닥으로 때리고 있다. 그 광경을 지켜보는 이들이 있지만 개의치 않는다. 아기 엉덩이에는 벌건 손자국이 나 있다. 경건한 이들은 대경실색할 그림이지만, 화가는 예수도 어린 시절이 있었다고 말하고 싶은 것 같다. 말썽도 부리고 장난도 치면서 성장하는 것이 사람 아니던가.

그런데 요한은 돌연 '우리는 그의 영광을 보았다'고 말한다. 제자들은 대체 무엇을 본 것일까? 그것은 뭐라 표현하기 어려운, 다만 '생명' 혹은 '빛'이라는 은유로 밖에 설명할 수 없는 그 '무엇'이었을 것이다. 예수는 있음 그 자체로 하나님의 현존을 드러내는 분이다. 하나님은 더 이상 인간 현실 저 너머에 계신 초월적 타자가 아니었던 것이다.

소란한 도심 한복판에 있으면서도 그 존재는 마치 숲 속의 빈터처럼 고요하여 주위 사람들조차 고요함으로 물들이는 사람, 그와 잠시만 함께 앉아있어도 들끓어 오르던 욕정과 미움과 시새움의 파도가 절로 잠잠해지는 사람 말이다. 요한은 그런 경험을 '우리는 그의 영광을 보았다'는 한마디로 요약한 것이 아닐까?

'그는 은혜와 진리가 충만하였다.' 좋구나, 이 말이여! 충만함이란 넘침을 뜻한다. 사람은 누구나 자기 속에 가득 찬 것을 밖으로 내놓게 된다. 불쑥 화를 내는 것은 속에 화가 차 있기 때문이고, 랄랄라 노래가 나오는 것은 속에 노래가 차 있기 때문이다. 사사건건 어깃장 놓는 사람은 속에 불만이 가득 차 있기 때문이다. 사랑의 심정에 북받친 사람의 입에서는 장미꽃다발이 쏟아져 나온다. 그런데 예수라는 존재를 가득 채우고 흘러넘친 것은 은혜와 진리였다. 은혜는 대가가 아니라 선물이다. 예수는 세상에 건네진 하늘의 선물이었다. 그 선물은 수신자에 따라 치유로, 온전케 됨으로, 평화로, 화해로, 불의에 대한 분노로 나타났다. 예수의 삶은 또한 '참'의 '열매'로 가득했다. 지켜야 할 자아가 없었기에 거짓에 기탁할 필요가 없었던 것이다.

| 마음에 따뜻한 불꽃 하나 일렁인다

요한이 또 증언하여 말하였다. "나는 성령이 비둘기같이 하늘에서 내려와서 이분 위에 머무는 것을 보았습니다. 나도 이분을 몰랐습니다. 그러나 나를 보내어 물로 세례를 주게 하신 분이 나에게 말씀하시기를, '성령이 어떤 사람 위에 내려와서 머무는 것을 보거든, 그가 바로 성령으로 세례를 주시는 분임을 알아라' 하셨습니다. 그런데 나는 그것을 보았습니다. 그래서 나는, 이분이 하나님의 아들이라고 증언하였습니다."(1:32-34)

_____ 남들은 보지 못한 것을 세례자 요한은 어찌 보았을까? 볼 눈이 있었기 때문이다. 볼 눈은 볼 맘이 있는 사람에게만 열린다. 볼 눈은 절박할 때 혹은 사랑으로 찬찬히 볼 때 열린다. 광야를 방황하던 하갈은 자신과 이스마엘의 죽음을 예기하며 통곡하다가 샘을 발견했다. 야곱은 형 에서를 피하여 달아나다가 꼭대기가 하늘에 닿은 층계와 그 위를 오르내리는 천사들을 보았다. 엘리사의 시종은 성을 포위한 시리아 군대의 위용에 놀랐지만 믿음의 눈이 열리자 엘리사를 두루 에워싸고 있는 불 말과 불 수레를 보았다. 스데반은 죽음의 자리에서 하나님의 오른쪽에 서 계신 예수님을 보았다. 옛 세계와 새 세계의 경계선에 서 있던 요한도 벼랑 끝에 선 것처럼 위태로운 순간에 하나님의 아들을 알아보았다.

자기 속에 하늘이 있는 사람만 하늘을 알아본다. 자기 속에 빛이 있는 사람만 빛을 알아본다. 신동엽은 먹구름을 하늘로 알고 살아가는 사람들에게 외쳤다.

닦아라, 사람들아
네 마음속 구름
찢어라, 사람들아,
네 머리 덮은 항아리.

_(〈누가 하늘을 보았다 하는가〉 중에서)

세례자 요한은 가슴에 하늘을 품고 또 빛을 모시기 위해 손
으로 발로 자아를 닦고 또 닦아 맑은 창이 된 사람이다. 그러기
에 그는 "나는 그리스도가 아니오"라고 단호하게 말하며, 자기
뒤에 오는 한 사람을 가리키며 "그는 내 뒤에 오시는 분이지
만, [나는] 그분의 신발 끈을 풀 만한 자격도 없소"(1:27)라고 말
할 수 있었던 것이다.

시인 정현종은 베네치아에서 만난 착하고 성실한 마르코를
떠올리며 이렇게 노래한다.

날씨는 음산하고
욕망도 그렇고
자본은 냉혹하고
물결은 차가운데
따뜻한 불꽃 하나
내 옆에서 타고 있다.

_(〈동트는 마음〉 중에서)

세례자 요한, 그를 생각할 때마다 마음에 따뜻한 불꽃 하나 일렁인다. 새로운 세상의 문턱에 엎드려 기꺼이 디딤돌이 되려는 사람. 그런 사람이 없어 쓸쓸한 세상이지 않은가.

| '하나님의 선물'이 된 사람

요한의 말을 듣고 예수를 따라간 두 사람 가운데 한 사람은, 시몬 베드로와 형제간인 안드레였다. 이 사람은 먼저 자기 형 시몬을 만나서 말하였다. "우리가 메시아를 만났소." ('메시아'는 '그리스도'라는 말이다.) 그런 다음에 시몬을 예수께로 데리고 왔다. 예수께서 그를 보시고 말씀하셨다. "너는 요한의 아들 시몬이로구나. 앞으로는 너를 게바라고 부르겠다." ('게바'는 '베드로' 곧 '바위'라는 말이다.)(1:40-42)

_____ "가장 친한 친구의 불행 속에는 기분 나쁘지 않은 무엇인가가 있다"고 어느 철학자가 말했다. 이 말을 듣는 순간 사람들은 아주 어색한 미소를 짓는다. 공감할 수도, 부정할 수도 없기 때문이다. 바울 사도는 "기뻐하는 사람들과 함께 기뻐하고, 우는 사람들과 함께 우십시오"(로마서 12:15)라고 권한다. 이렇게 하는 일은 참 쉬워 보이지만 실제로는 그렇지 않다. 기뻐하는 사람은 질시의 대상이 되고, 우는 사람은 기피의 대상이 되는 게 현실이다. 교회가 오랫동안 가르쳐온 일곱 가지 죄의 뿌리 가운데 하나가 '인색'이다. 재물을 체면 없이 아끼는

것만이 인색이 아니다. 누군가의 장점을 있는 그대로 인정해주지 못하는 마음의 조붓함도 인색이다.

세례자 요한은 그런 의미에서 인색과 거리가 먼 사람이다. 그는 자기 곁을 지나가는 예수를 보며 제자들에게 "보아라, 하나님의 어린 양이다"라고 말하였다. 그 말을 들은 제자들 둘이 예수를 따라갔다. 자기에게 등을 돌리고 멀어지는 제자들을 바라보는 요한의 심정이 어떠했을까? 쓸쓸하지 않았다면 거짓일 것이다. 하지만 그는 그 때문에 예수를 질투하지 않았다. 그는 자아를 여읜 사람 곧 '나'로부터 해방된 사람이었기 때문이다.

예수를 따라갔던 두 제자 중 한 명인 안드레는 대체 무엇을 보았길래 형 시몬에게 '메시아를 만났다'고 말할 수 있었던 것일까? 예수는 그에게 어떤 비밀스런 지혜를 전수해 준 것일까? 그렇지 않을 것이다. 진리를 전하는 매체로서 언어는 얼마나 부적절한가? 가장 적절한 표현을 찾았다 해도 여전히 표현되지 않는 뭔가가 남게 마련이다. 그래서 진리는 비언어적 매개를 통해 전달될 때가 많다. 사람을 대하는 태도와 표정, 음식을 먹거나 그릇을 씻는 모습, 사물을 바라보는 눈길이나 앉음새… 그 하나하나가 그의 존재를 가리킨다. 안드레는 자기의 가슴속에 어떤 신령한 불꽃이 타오르는 것을 느꼈다. 진정한 만남은 이처럼 사건을 일으킨다. 그는 그 불꽃을 누군가에게 전하지 않을 수 없었다. 그래서 형 시몬을 예수에게 데려왔다. 만남과 체험과 새로운 초대의 이 아름다운 순환이 새로운 세상을 예비한다.

　예수는 자기 앞에 온 시몬을 눈여겨보시고는 "앞으로는 너를 게바라고 부르겠다"고 하셨다. 갈릴리의 거친 파도와 싸우며 그물을 던져 목숨을 부지해왔던 촌의 어부를 예수는 든든한 '바위'라 불렀다. 예수는 시몬의 내면에 가능성으로만 잠재해있던 '바위'를 보고 그것을 호명함으로써 그를 새로운 세상의 초석으로 삼으셨다. 예수는 모든 존재의 심층에 도사리고 있는 가장 아름다운 가능성을 이끌어내는 마중물이다.

　오늘 우리는 일상 속에서 만나는 이들의 가슴에서 무엇을 불러내고 있는가? 오늘 우리가 사는 세상은 타자의 가슴에서 우리가 호명해낸 것들로 구성되어 있다.

예수께서 나다나엘이 자기에게로 오는 것을 보시고, 그를 두고 말씀하셨다. "보아라, 저 사람이야말로 참으로 이스라엘 사람이다. 그에게는 거짓이 없다."(1:47)

──────── 요한은 돌로매의 아들인 바돌로매를 나다나엘이라 부른다. '하나님의 선물'이라니? 그를 바라보는 사람들의 시선이 느껴지지 않는가? 우리는 모두 다른 누구도 줄 수 없는 저마다의 선물을 가지고 이 세상에 왔다. 지금 내 눈에는 못마땅해 보이는 사람일지라도 누군가에게는 소중한 사람이고, 그를 대신할 사람은 없다. 그런데 어떤 공동체에 속한 이들이 그

들 가운데 한 사람을 일러 '하나님의 선물'이라 이른다. 거짓이 없어 외로웠던 바돌로매, 자족적 참됨에 머물던 그가 진심을 알아주는 예수를 만나 하나님의 선물이 된 것이다. 옛 사람은 회사후소繪事後素라 했다. 흰 바탕이 있어야 색을 입힐 수 있다는 말이다. 거짓이 없었기에 그는 진실 자체이신 분을 알아볼 수 있었다.

| 물이 주인을 만나매…

예수께서 일꾼들에게 말씀하셨다. "이 항아리에 물을 채워라." 그래서 그들은 항아리마다 물을 가득 채웠다. 예수께서 그들에게 말씀하시기를 "이제는 떠서, 잔치를 맡은 이에게 가져다주어라." 하시니, 그들이 그대로 하였다.(2:7-8)

'갈릴리의 작은 마을 가나' 하면 사람들은 즉시 물을 포도주로 바꾼 예수의 첫 번째 이적을 떠올린다. 하지만 내게는 전혀 다른 영상이 떠오른다. 자, 결혼식 잔치가 벌어지고 있다. 들뜬 것은 신랑과 신부만이 아니다. 온 마을 사람들, 심지어는 마을의 개들까지도 들떴을 것이다. 결혼식 잔치의 기본 정조는 기쁨이다. 모처럼 마을 사람들이 한데 어울려 맛깔스런 음식과 술로 기분을 내고, 객쩍은 소리도 나누면서 서로 하나됨을 확인하는 자리이니 당연한 일 아니겠는가?

요한은 예수께서 그 잔치에 참여했다고 말한다. 마지막 순간에 등장하여 짠! 하고 이적을 행한 것이 아니라, 혹은 '한 말씀' 하기 위해 초대된 것이 아니라, 처음부터 그 잔치의 일부로서 참여했다는 말이다. 사람들이 웃고 떠들고, 노래를 부르고, 춤도 추는 그 자리에서 예수는 어떤 표정을 짓고 계셨을까? 그 점잖지 못한 처신을 못마땅하게 여기시며 심각한 표정을 짓고 계셨을까? 그렇지 않을 것이다. 나는 사람들과 어울려 노래를 부르고 어깨동무도 하고 춤도 추면서 한껏 기뻐하는 예수의 모습을 본다. 멋지지 않은가?

그러나 잔치가 무르익어 갈 무렵 문제가 생겼다. 포도주가 떨어진 것이다. 당혹감에 사로잡혀 어쩔 줄 모르는 주인의 처지를 눈치 챈 마리아는 아들 예수에게 그 사실을 넌지시 이른다. 예수는 잠깐 망설이지만 곧 그들의 곤경을 해결해 줄 방도를 찾으신다. 그는 일꾼들에게 여섯 개의 물 항아리마다 물을 가득 채우라고 하신 후, 그 물을 떠다가 잔치를 맡은 이에게 가져다주라 이르신다. 잔치 맡은 이는 포도주 맛을 본 후 신랑을 불러 끝까지 좋은 포도주를 아끼지 않은 것을 치하한다.

물론 이 이야기는 "산마다 단 포도주가 흘러 나와서 모든 언덕에 흘러 넘칠 것"(아모스 9:13)이라던 예언자의 비전이 예수를 통해 실현되었음을 보여주기 위한 것이다. 하지만 요한이 정작 이 이야기를 통해 하고 싶었던 말은 예수가 이 세상에 온 것은 삶을 축제로 바꾸기 위해서라는 말이었는지도 모른다. 아니 이 말에는 어폐가 있다. 오히려 예수가 있는 곳에서 삶은 축제

로 변했다고 말해야 한다. '함'이 '있음'에 앞설 때 삶은 고역이
되고, '있음'이 '함'에 앞설 때 삶은 축제가 된다. 포도주가 떨
어졌다고 울 일이 아니다. 예수를 삶 속에 모시면 된다. 그러면
빈 항아리에 물을 채우는 일쯤은 일도 아니다. 자, 이제는 예수
와 더불어 노래하고 춤춰야 할 때이다. 아 잠깐. 시인 바이런은
이 놀라운 사건을 한 마디로 요약했다. "물이 주인을 만나매
그 얼굴이 붉어졌다."

| 카리스마의 루틴화

유대 사람들이 예수께 물었다. "당신이 이런 일을 하다니, 무슨
표징을 우리에게 보여 주겠소?" 예수께서 그들에게 말씀하셨
다. "이 성전을 허물어라. 그러면 내가 사흘 만에 다시 세우겠
다."(2:18-19)

성전, 그것은 유대교의 중심이었을 뿐만 아니라
유대인 됨을 보장해주는 성채였다. '가름'에 기초한 정결법체
제가 사람들을 억압하는 기제로 사용되는 것을 모르지 않았지
만, 성전은 누구도 감히 넘볼 수 없는 금기의 공간이었다. 춘분
이나 추분이 되면 해가 바로 앞에서 떠올라 등 뒤로 진다는 것
을 알게 된 원주민들은 그곳이 바로 세상의 축, 혹은 우주의 배
꼽이라고 생각했다. 그곳을 일몰의 신인 샬림Shalim의 거주지라
하여 예루살렘이라 하였다. 고대로부터 신성한 땅으로 여겨졌

던 그곳에 성전을 세웠다. 성전은 우주의 위계적 질서를 공간 속에 재현해놓은 건축물이었다. 이방인의 공간, 여인들의 공간, 남성들의 공간, 제사장의 공간인 성소 그리고 지성소. 지성소는 캄캄한 어둠 속에 있는 것이 마땅하다. 그것은 비의의 세계이고 누구도 접근할 수 없는 장소이기 때문이다. 성소에 드나들 수 있는 사제 계급의 직위는 이미 다른 이들이 넘볼 수 없는 후광이 드리워져 있었다.

그 후광은 온갖 비판을 차단하는 보호막이었다. 불퉁거릴 수는 있을지언정 성전 체제 자체를 비판하거나 부정하는 것은 금기시되었기에 사제 계급은 마음껏 특권을 누리고 있었다. 상인들과 결탁하여 제 배를 불려도, 성전세를 받아 호사를 누려도 누구 하나 대들 수 없었다. 하나님과의 만남이 의례로 대체되면서 종교는 삶으로부터 멀어지게 되었다. 독일의 사회학자인 막스 베버는 이를 일러 '카리스마의 루틴화 routinization of charisma'라 했다. 알짬은 쏙 빠지고 형식만 남았다는 말이다.

예수는 그런 성전체제를 부정했다. 노끈으로 채찍을 만들어 짐승들을 내쫓고 환전상의 상을 둘러엎었다. 이 가차 없는 예수의 폭력! 왜 이를 보며 내 몸에 소름이 돋는지 모르겠다. '본本'을 붙들지 않고 '말末'에 집착하는 종교는 무너지는 게 순리다. 섬김, 나눔, 돌봄, 비움, 낮아짐을 버리고, 힘에 대한 선망에 빠진 오늘의 개신교회를 향해 들려오는 주님의 사자후를 듣는다. '이 성전을 허물어라.' 표징을 보이라고? 무슨 자격으로 이런 일을 했냐고? 배후가 누구냐고? 많이 듣던 소리다. 배후는 하나님이고, 자격은 사람의 아들이면 되는 것 아닐까?

예수께서 유월절에 예루살렘에 계시는 동안에, 많은 사람이 그가 행하시는 표징을 보고 그 이름을 믿었다. 그러나 예수께서는 모든 사람을 알고 계시므로, 그들에게 몸을 맡기지 않으셨다. 그는 사람에 대해서는 어느 누구의 증언도 필요하지 않으셨기 때문이다. 그는 사람의 마음속에 있는 것까지도 알고 계셨던 것이다. (2:23-25)

_____ 표징을 보고 믿더라도 믿으면 그만 아닌가? 그렇지 않다. 문제는 그런 믿음은 사람을 든든하게 세우거나 자유롭게 하기는커녕 오히려 병들게 할 수도 있다. 물론 예기치 않았던 표징을 본 사람의 흥분과 설렘을 모르지 않는다. 여름날 긴 장마에 지쳐 '이제는 제발' 하는 심정으로 하늘을 올려다보았을 때 먹구름 사이로 얼핏 드러나는 푸른 하늘에 감동하지 않을 사람이 누가 있겠는가? 하지만 그 푸른 하늘은 이내 구름에 가리고 또다시 사람들에겐 먹구름 아래서 살아야 할 일상만이 남는다. 흥분과 들뜸, 그것은 간혹 힘겨운 일상을 견딜 수 있는 힘이 되기도 하지만, 삶에 대한 착시를 가져오기도 한다.

사람들이 본 것은 '예수라는 존재'가 아니라 '예수가 한 일'이었다. 실체가 아니라 거죽에 집착하는 것이다. 바다와 파도가 둘이 아니고, 실체와 거죽이 둘이 아닌 것은 분명하지만 그렇다고 하여 파도가 곧 바다라거나 거죽이 곧 실체라고 말할 수는 없다. 예수가 한 일에 매혹되어 그를 따르는 사람들은 예수가 십자가를 향한 길에 접어드는 순간 등을 돌릴 가능성이 많다. 예수는 사람들의 흥분된 반응에 덩달아 흥분하지 않는다. 요한은 그 까닭을 예수께서 사람의 마음속에 있는 것까지도 알고 계셨기 때문이라고 말한다. 예수는 오직 자신의 통찰에만 의지하는 정신의 독립군이다. 아아, 타자의 눈으로 나를 살피고, 그들의 평가에 따라 일희일비하는 나는 얼마나 작은가! 우리 가슴에 하늘을 받칠만한 기둥 하나 우뚝 선다면, 내면을 밝히는 신령한 빛이 꺼지지 않는다면….

message 1

거둠과 심음의 리듬

그러는 동안에, 제자들이 예수께, "랍비님, 잡수십시오" 하고 권하였다. 그러나 예수께서는 그들에게 말씀하시기를 "나에게는 너희가 알지 못하는 먹을 양식이 있다" 하셨다. 제자들은 "누가 잡수실 것을 가져다 드렸을까?" 하고 서로 말하였다. 예수께서 그들에게 말씀하셨다. "나의 양식은, 나를 보내신 분의 뜻을 행하고, 그분의 일을 이루는 것이다. 너희는 넉 달이 지나야 추수 때가 된다고 하지 않느냐? 그러나 나는 너희에게 말한다. 눈을 들어서 밭을 보아라. 이미 곡식이 익어서, 거둘 때가 되었다. 추수하는 사람은 품삯을 받으며, 영생에 이르는 열매를 거두어들인다. 그리하면 씨를 뿌리는 사람과 추수하는 사람이 함께 기뻐할 것이다. 그러므로 '한 사람은 심고, 한 사람은 거둔다'는 말이 옳다. 나는 너희를 보내서, 너희가 수고하지 않은 것을 거두게 하였다. 수고는 남들이 하였는데, 너희는 그들의 수고의 결실에 참여하게 된 것이다."(요한복음 4:31-38)

성경의 아름다운 장면은 우물을 배경으로 나타날 때가 많습니다. 아브라함의 종은 우물가에서 이삭의 신부감인 리브가를 만납니다. 리브가는 먼 길을 걸어온 그 낯선 노인을 위해 물동이를 내려 손에 받쳐들고는 노인에게 물을 대접합니다. 또 여러 차례 물을 길어 노인이 끌고온 낙타들에게 먹이는 수고도 아끼지 않습니다. 남을 넉넉하게 배려할 줄 아는 그 여인은 결국 이삭의 아내가 되었습니다. 형 에서를 피해 하란으로 피신한 야곱이 우물가에서 지친 몸과 마음을 쉬고 있을 때 외사촌인 라헬이 다가옵니다. 야곱은 얼른 일어나 무거운 돌을 들어내고 라헬을 위해 물을 긷습니다. 그게 인연이 되어 그들은 부부가 됩니다. 바로를 피하여 미디안 땅으로 도망친 모세는 어느 날 우물가에서 목자들에게 쫓겨날 처지에 있는 미디안의 제사장 르우엘의 딸들을 도와 양 떼에게 물을 먹인 인연으로 르우엘의 사위가 됩니다. 결혼에 목마른 이들이 있다면 우물가에 한 번 가보면 어떨까요?

| 한 사람 깊이 만나기

본문은 예수님과 수가 성에 살던 한 여인이 우물가에서 나눈 이야기를 마무리하는 대목입니다. 사람들의 따가운 시선을 피하여 아무도 오지 않는 한낮에 우물을 찾을 수밖에 없었던 여인을 보는 순간, 예수님은 여인의 외로움과 고통을 직감하셨습니다. 주님은 여인에게 '마실 물을 좀 달라'며 접촉을 시도합

니다. 여인은 예수에게 유대 사람이 어떻게 사마리아 사람에게
물을 달라고 하냐며 불퉁거립니다. 그 자신이 사회의 통념과
관습에 의해 상처를 입은 사람임에도 불구하고 여인은 관습적
인 사고에서 벗어나지 못하고 있었던 것입니다.

'마실 물'이 예수님께 건네졌는지는 모르겠지만, '마실 물'이
라는 기호를 통해 대화는 이어졌습니다. 문답이 진행될수록 여
인은 그 낯선 유대 남자가 범상한 인물이 아님을 깨닫습니다.
봄바람처럼 온화한 그분의 존재는 여인의 마음에 도사리고 있
던 절망과 원망의 마음을 녹여냈습니다. 지금 그 과정을 상세
히 살펴볼 시간이 없습니다. 다만 예수님께서 한 여인을 천하
보다도 귀하게 대하셨다는 사실에 주목하고 싶습니다. 주님은
여인을 정성을 다해 만나십니다. 톨스토이는 인생에서 가장 중
요한 때는 바로 지금이고, 인생에서 가장 중요한 사람은 지금
함께 있는 사람이고, 인생에서 가장 중요한 일은 지금 곁에 있
는 사람을 위해 좋은 일을 하는 것이라고 말했습니다. 어쩌면
이것은 예수님의 삶을 요약한 것인지도 모르겠습니다.

삼소회라고 들어보셨습니까? 삼소회는 1988년 장애인
올림픽을 앞두고 가톨릭 수녀와 불교의 비구니 스님 그리고
원불교의 교무들이 모여 장애인을 위한 음악회를 열면서 결성
된 모임입니다. 몇 해 전 이 여성 수도자들이 세계 각지에 있는
각 종교의 성지를 함께 순례했습니다. 그분들과 동행했던 조현
기자는 바라나시의 티베트 불교대학에서 달라이 라마를 만난

후, 건물 밖으로 걸어 나오다가 목격한 한 장면을 들려줍니다. 현관 앞에는 수백 명의 사람들이 달라이 라마를 기다리고 있었습니다. 그는 바쁜 일정 때문에 빨리 차에 올라야 했습니다. 그런데 그는 차에 오르지 않고 한 사람 앞으로 다가섰습니다. 사람들 중 가장 병들어 보이는 노인 앞이었습니다. 휠체어에 탄 노인은 달라이 라마에게 티베트 말로 뭔가를 이야기했습니다. 조용히 그의 말을 경청하던 달라이 라마는 그를 꼭 껴안았습니다. 노인은 울먹였고, 달라이 라마는 한참 동안 그 자리에 그대로 서 있었습니다. 비서들이 채근했지만 그는 노인 앞에서 조금도 움직이지 않았습니다. 노인은 오열했고, 또 한참이 지났습니다. 노인의 오열이 멈추자 달라이 라마는 그를 다시 한 번 가슴에 안았습니다. 그리고 차에 올랐습니다. 그런데 그 자리에서 기다리고 있던 다른 사람들은 누구도 아쉬워하지 않았습니다. 노인에 대한 그의 사랑이 그 자리에 있던 모든 이들의 가슴에 사랑의 불을 지폈던 것입니다. 종교는 다르지만 그는 한 사람을 어떻게 대해야 하는지를 인류에게 가르쳐 준 셈입니다(조현, 《지금 용서하고 지금 사랑하라》).

| 보람을 먹고 산다

　예수님을 만난 그 여인의 마음도 휠체어 노인의 마음과 크게 다르지 않았을 것입니다. 여인은 물동이를 버려두고 동네로 달려갔습니다. 누군가에게 자기 속에 일어난 그 놀라운 변화

를 전하지 않고는 견딜 수 없었기 때문입니다. 삶의 의미를 되찾은 이의 기쁨이 그런 것일까요? 어리둥절해진 제자들은 그 어색한 상황을 벗어나려고 구해온 음식을 주님께 드리며 "랍비님, 잡수십시오" 하고 권합니다. 그러자 예수님은 "나에게는 너희가 알지 못하는 먹을 양식이 있다"고 대답하십니다. "누가 잡수실 것을 가져다 드렸을까?" 하며 수군거리는 제자들에게 주님은 말씀하십니다.

나의 양식은, 나를 보내신 분의 뜻을 행하고, 그분의 일을 이루는 것이다(34절).

하루라도 독서를 하지 않으면 입에 가시가 돋친다고 한 것이 안중근 의사였던가요? 발터 벤야민이라는 유대계 독일학자는 일단의 사람들과 함께 나찌를 피해 피레네 산맥을 넘다가, 코앞까지 다가온 국경경비대를 피해 숨을 죽이고 있던 와중에 가방에 있던 괴테의 시집을 꺼내 읽었다고 합니다. 어이없다는 생각이 들 수도 있지만 그게 발터 벤야민다운 행동입니다. 하루라도 하지 않으면 견딜 수 없는 게 바로 우리의 양식입니다. 여러분은 어떤 양식을 먹고 사십니까? 많은 젊은이들이 게임이나 인터넷 서핑을 양식으로 삼고 살아갑니다. 버스나 지하철에 앉아서도 영화나 텔레비전 드라마를 보는 이들도 많아졌습니다. 그런 양식을 먹으면 마음의 헛헛함이 사라질까요?

예수님은 당신을 이 세상에 보내신 분의 뜻을 행하는 것을 양식으로 삼고 사셨습니다. 보내신 분, 곧 하나님의 뜻을 한 마디로 요약한다면 '생명을 풍성하게 하는 것'이 아닐까요? 주님은 병든 사람을 만나면 고쳐주셨고, 귀신 들린 사람을 만나면 귀신을 쫓아내 온전한 삶을 살도록 도우셨고, 외로운 사람을 만나면 벗이 되어 주셨고, 방황하는 이들을 만나면 마땅히 가야 할 길을 일러주셨습니다. 주님은 물처럼 만나는 모든 사람 속에 생기를 불어넣으셨습니다. 생명의 보람은 누군가의 가슴에 기쁨을 주는 데 있습니다. 입버릇처럼 하는 말입니다만 인간이 누릴 수 있는 가장 큰 행복은 누군가의 요구에 응답할 때입니다. 자기 보호 욕구라는 측면에서 보면 동물과 인간이 다를 바가 없습니다. 하지만 인간은 다른 이들을 위해 자기를 희생할 수도 있는 존재입니다. 이 때문에 인간을 영적인 동물이라 하는 것입니다. 자기를 세상의 중심으로 생각하며 사는 사람은 절망의 어둠이 다가올 때 쉽게 넘어집니다. 하지만 자기 삶이 누군가를 위한 선물이 되기를 원하는 사람은 쉽게 절망하지 않습니다. 예언자들은 헛된 일에 분주한 이들을 바라보며 탄식하듯 외칩니다.

어찌하여 너희는 양식을 얻지도 못하면서 돈을 지불하며, 배부르게 하여 주지도 못하는데, 그것 때문에 수고하느냐? '들어라, 내가 하는 말을 들어라. 그리하면 너희가 좋은 것을 먹으며, 기름진 것으로 너희 마음이 즐거울 것이다. 너희는 귀를 기울이고, 나에게 와서 들어라. 그러면 너희 영혼이 살 것이다'(이사야 55:2-3).

그 날이 온다. 나 주 하나님이 하는 말이다. 내가 이 땅에 기근을 보내겠다. 사람들이 배고파 하겠지만, 그것은 밥이 없어서 겪는 배고픔이 아니다. 사람들이 목말라 하겠지만, 그것은 물이 없어서 겪는 목마름이 아니다. 주의 말씀을 듣지 못하여서, 사람들이 굶주리고 목말라 할 것이다(아모스 8:11).

양식 아닌 것을 위해 돈을 지불하고, 배부르게 못할 것을 위하여 수고하는 사람들이 바로 우리가 아닙니까? 풍요의 시대를 살아가면서도 우리 영혼이 파리해진 것은 마땅히 먹어야 할 양식을 먹지 못해서가 아닙니까? 지금이야말로 예수님의 양식을 우리의 양식으로 삼아야 할 때입니다.

| 인생은 추수

주님은 바로 지금이야말로 추수의 때라고 말씀하십니다. 물론 이것은 은유적 표현입니다. 이 말은 우리가 지금 여기서의 삶에 충실해야 한다는 뜻일 겁니다. 바울 사도는 고린도교회에 보내는 편지에서 "보십시오, 지금이야말로 은혜의 때요, 지금이야말로 구원의 날입니다"(고린도후서 6:2)라고 말합니다. 생명을 풍성하게 하는 추수의 날은 내일이 아니라, 바로 오늘입니다. 배고픈 사람을 먹여야 할 때도 지금이고, 강도만난 이웃에게 다가서야 할 때도 바로 지금이고, 신음하는 피조세계를 돌보는 일도 바로 지금 해야 할 일입니다. 이것이 바로 주님이 말씀하시는 추수입니다. 내일은 우리의 시간이 아닙니다. 하나님께 속한 시간입니다. 조건이나 형편이 좋아지면 나누며 살겠다고 말하는 이들을 봅니다. 하지만 그런 이들은 형편이 좋아져도 남을 돕지 못합니다. 나눔은 물질로 하는 것이 아니라 마음으로 하는 것이기 때문입니다.

그런데 한 가지, 추수할 때 잊지 말아야 할 것이 있습니다. 오늘 우리가 거두는 것, 누리는 것은 이전에 다른 사람이 심은 것이라는 사실 말입니다. 내가 하는 줄 알지만, 사실은 다른 이의 수고의 열매를 거두는 것일 뿐입니다. 주님은 '한 사람은 심고, 한 사람은 거둔다'는 격언을 인용하고 계십니다.

수고는 남들이 하였는데, 너희는 그들의 수고의 결실에 참여하게 된 것이다(38절).

인생의 성숙은 이걸 아느냐 모르느냐에 달려 있습니다. 고마움을 알 때 인생은 기쁨입니다. 오늘 우리가 누리고 사는 것을 한 번 돌아보십시오. 우리가 먹는 음식, 우리가 입은 옷, 우리가 사는 집…어느 하나 우리가 만든 것이 없습니다. 우리가 누리고 사는 풍요로움과 자유는 앞선 세대의 헌신과 숭고한 희생 덕분입니다. 심은 이가 따로 있고 거두는 이가 따로 있다는 말씀이 옳습니다. 한 세대 전, 가난을 벗어나기 위해 허리띠를 졸라매고 일했던 분들 덕분에 우리는 풍요를 누리고 있고, 민주주의를 위해 헌신했던 이들의 희생 덕분에 자유를 누리고 있습니다. 우리는 남들의 수고에 기대어 살아갑니다.

| 희망의 파종

그렇기에 추수꾼의 역사적 책임은 또 다른 파종자가 되어 미래를 준비하는 것입니다. 우리는 삶으로 뭔가를 심고 있습니다. 장차 광풍이 될 바람을 심는 사람도 있고, 장차 신바람이 될 바람을 심는 사람도 있습니다. 우리는 의도하지 않더라도 만나는 이들의 가슴에 어떤 씨앗을 심습니다. 사랑과 이해와 관용의 씨를 심을 때도 있고, 오해와 미움과 증오와 절망의 씨를 심을 때도 있습니다. 이 무정한 세상에서 살아가는 동안 우

리 심정은 많이 황폐해졌습니다. 우리가 마음의 창고에서 꺼내는 것들이 우리와 우리 후손들이 살아갈 세상의 재료입니다.

우리는 평화롭고 아름다운 세상을 꿈꿉니다. 하지만 우리 마음을 지배하는 것은 일종의 허무주의입니다. 세상이 좋아질 거라는 믿음을 갖기가 어렵기 때문입니다. 자살자가 늘어나고, 흉악한 범죄도 줄어들지 않습니다. 자기 욕망을 다스리지 못해 괴물로 변해버린 이들이 거리를 활보합니다. 우리 마음은 점점 옹색해지고, 자기를 지키며 살기에 급급합니다. 갑각류처럼 두꺼운 껍질을 만들어 스스로를 보호하려 합니다. 하지만 우리는 '나의 일을 함께 하자'는 주님의 초대장을 받은 사람들입니다. 우리는 사람들의 가슴에 아름다운 세상의 꿈을 심어야 하는 일꾼들입니다. 결과를 걱정하는 것은 우리의 일이 아닙니다. 우리는 그것이 옳은 일인지만 걱정하면 됩니다. 바울 사도는 "선한 일을 하다가, 낙심하지 맙시다. 지쳐서 넘어지지 아니하면, 때가 이를 때에 거두게 될 것입니다"(갈라디아서 6:9)라고 말했습니다. 신앙인들은 철저한 낙관주의자가 되어야 합니다. 자기의 가능성이 아니라 하나님의 가능성을 믿기 때문입니다. 자기 소망에 근거한 낙관론은 위험할 때가 많습니다.

스톡데일 패러독스Stockdale Paradox라는 말을 들어보셨습니까? 이것은 베트남 전쟁 때 하노이 수용소에 수감되었던 미국 장군의 이름에서 따온 말입니다. 그는 8년 동안의 포로생활 끝에 풀려났습니다. 사람들은 그를 붙잡고 여러 가지를 물었습니다. 수용소에서 어떤 사람들이 먼저 죽어갔느냐는 질문에 그는 '낙관주의자'라고 대답했습니다. 뜻밖의 대답에 어리둥절한 사람들에게 그가 들려준 이야기는 의미심장합니다. 낙관주의자들은 '이번 크리스마스 때면 나갈 수 있을 거야'라고 철석같이 믿었습니다. 욕구가 좌절될 때마다 그들은 '부활절에는', '추수감사절에는' 하다가 결국 낙담하여 자살하거나 병들어 죽어갔다는 것입니다. 살아남은 이들은 "크리스마스까지 나가지 못할 것이다. 하지만 우리는 반드시 나갈 것이다"라고 생각하는 이들이었습니다. 그들은 냉혹한 현실을 받아들이고 대비했던 것입니다.

우리 교회는 사막화된 몽골에 긴 시간을 두고 '은총의 숲'을 만들고 있습니다. 급속하게 사막화가 진행되고 있는 몽골에서 우리가 심는 나무가 얼마나 잘 자라고, 또 그 나라의 소망이 될지 우리는 알지 못합니다. 하지만 우리는 시작했습니다. 사막에 꽃이 피게 하시고, 광야에서 샘이 솟아나게 하시는 하나님을 믿기 때문입니다. 홍순관은 앨리스 워커의 시에 곡을 붙여 '또 다른 숲을 시작하세요'라는 노래를 만들었습니다. 그 노래는 독재자들에 의해 부모형제, 그리고 연인까지 다 잃고, 견딜 수 없는 아픔이 몰려오면 나무를 심으라고 속삭입니다. 홍순관은 우리가 쉴 수 있는 푸른 숲마저 사라진다 해도 또 다른 숲을 시작하자고 우리를 초대합니다. 이것이 우리의 희망법입니다.

잊지 마십시오. 우리는 혼자가 아닙니다. 가장 외로운 시간, 우리 곁에 말없이 다가오시어 우리를 안아주시는 분이 계십니다. 생명을 살리고 풍성하게 하는 것을 양식으로 삼으신 분이십니다. 그 주님은 우리 속에 우정에 바탕을 둔 아름다운 세상의 꿈을 심어주셨습니다. 그 꿈은 허황하지 않습니다. 주님의 꿈이기 때문입니다. 이 아름다운 추수와 파송의 잔치에 기쁨으로 동참하는 우리가 되기를 기원합니다.

영혼의 목마름

예수께서 그에게 말씀하셨다. "내가 진정으로 진정으로 너에게 말한다. 누구든지 다시 나지 않으면, 하나님 나라를 볼 수 없다." 니고데모가 예수께 말하였다. "사람이 늙었는데, 그가 어떻게 태어날 수 있겠습니까? 어머니 뱃속에 다시 들어갔다가 태어날 수야 없지 않습니까?" 예수께서 대답하셨다. "내가 진정으로 진정으로 너에게 말한다. 누구든지 물과 성령으로 나지 아니하면, 하나님 나라에 들어갈 수 없다."(3:3-5)

──────── 유대인들의 지도급 인사 가운데 한 사람이 예수를 찾아왔다. 사람들의 이목을 피하여 밤중에 예수를 찾아 온 니고데모, 나 어찌 그 사람을 사랑하지 않을 수 있겠는가? 니고데모는 목마른 사람이다. 목이 마르지 않았다면 그는 예수라는 샘가에 얼씬거리지도 않았을 것이다. 동료들의 손가락질이

나 조롱을 받을 수도 있다는 두려움이 옷자락을 잡아당겼지만, 그래서 어둠을 장막으로 삼을 수밖에 없었지만, 인력을 거스를 수밖에 없도록 하는 어떤 내적 끌림이 있었기에 그는 예수 앞에 나왔다. 예수는 피투성이가 된 그의 영혼을 보셨다. 그가 혼신의 힘으로 진리를 구하고 있음을 예수께선 알아보셨다. 니고데모에게 진리의 문제는 인식의 문제가 아니라 삶의 문제였던 것이다. 예수는 니고데모에게 다북쑥 우거진 것 같은 인생길을 헤쳐 나갈 칼 하나를 내리신다. "누구든지 다시 나지 않으면, 하나님 나라를 볼 수 없다."

하지만 오호 애재라. 이 말은 니고데모가 꿰뚫기에는 너무 낯선 말이다. 그래서 그는 자신의 무지를 드러낸다. "사람이 늙었는데, 그가 어떻게 태어날 수 있겠습니까? 어머니 뱃속에 다시 들어갔다가 태어날 수야 없지 않습니까?" 비웃지 말자. 무지를 감추는 게 문제지 드러내는 것은 문제가 아니다. 자신이 모른다는 사실을 모르는 이는 배울 수 없다. 니고데모는 '다시'라는 말을 오해했다. 헬라어 '아노텐anothen'은 '다시'라는 뜻도 있지만 '처음부터', '철저히'라는 뜻도 있다. 다시 난다는 말은 그러니까 철저한 변화 혹은 전복을 이르는 말이다. 변화는 언제 일어나는가? 자기 자신이 문제임을 자각할 때다. 탓할 것이 남에게 있지 않고 내게 있음을 알 때 변화는 시작된다. 하지만 예수님이 '다시 난다'고 굳이 말씀하신 것은 우리가 변화의 주체일 수 없음을 가리키고 있다. '다시 남'은 삶의 개선을 가리키는 것이 아니라 새로운 근원에 속하게 됨을 이르는 말이다.

시인 구상은 〈말씀의 실상〉에서 "영혼의 눈에 끼었던/무명의 백태가 벗겨지며/나를 에워싼 만유일체가/말씀임을 깨달았습니다"라고 노래한다. '무명의 백태'가 벗겨지자 세상에 있는 모든 것이 그분의 말씀이더라는 것이다. 이 신령한 세계, 하나님이 거하시는 땅에 살면서도 우리가 지옥의 원주민처럼 사는 까닭을 알 것 같지 않은가? 어쩌면 우리는 플라톤이 말하는 동굴에 갇힌 수인들인지도 모른다. 그림자를 실체로 알고 평생 살아가는 그 수인들 말이다.

여전히 고개를 갸웃거리고 있는 니고데모에게 주님의 말씀이 떨어진다. "누구든지 물과 성령으로 나지 아니하면, 하나님 나라에 들어갈 수 없다." '물'과 '성령'으로 난다는 말을 굳이 세례와 결부시킬 필요는 없다. 두 단어는 공히 철저한 변화를 가리키는 일종의 환유이니 말이다. 오독의 위험을 무릅쓰고 멋대로 이 구절을 씹어 맛을 본다.

노자는 가장 큰 덕은 만물을 이롭게 하면서도 자리를 다투지 않고, 뭇 사람이 싫어하는 낮은 곳으로 가기를 좋아하는 물을 닮았다 했다. 흐름에 순 하면서도 기어코 바다에 이르는 물처럼 그렇게 유장하게 흐르다가 마침내 하나님의 마음에 이르고 싶다. 성령의 이미지는 불이다. 촛불을 본다. 주위를 아늑하게 만드는 부드러운 빛이다. 조그마한 바람에도 흔들리지만 이내 몸을 일으켜 세운다. 하늘을 향한 그리움, 그 통절한 그리움을 품고 있기 때문이다. 성령은 우리 속에 하나님을 향한 그리움을 불러일으킨다. 성령으로 거듭난 사람은 직립의 사람이다. 세상의 어떤 무게가 얹혀도 무너져 내리지 않는. 안타깝구나, 니고데모여! 물과 성령으로 거듭난 분을 앞에 두고도 깨닫지 못하다니.

바람은 불고 싶은 대로 분다. 너는 그 소리는 듣지만, 어디에서 와서 어디로 가는지는 모른다. 성령으로 태어난 사람은 다 이와 같다.(3:8)

_____ 물과 성령으로 거듭난 사람의 삶을 설명하기 위해 예수는 바람의 이미지를 사용한다. 눈에 보이지 않지만 바람은 있다. 바람의 '있음'은 언제나 사물들과의 만남을 통해서 드러난다. 바람과 만난 나뭇잎은 살랑거리며 설렘을 드러내고, 호수의 물은 바람의 부름에 물결로 응답하고, 바람을 탄 매는 높은 하늘을 유영하듯 난다. 성령으로 난 사람에게는 억지가 없다. 시끄럽지 않다. 봄바람처럼 부드럽게 사람들 속에 생명의 숨결을 불어넣는다. 어디에서 와서 어디로 가는지는 모르지만 분명히 거기 있어 생명을 일깨우는 사람, 그가 성령으로 태어난 사람이란다. 아, 우리는 아직 멀었구나.

| 가장 천하다고 여겨지는 이들에게서 거룩함을…

하나님께서 세상을 이처럼 사랑하셔서 외아들을 주셨으니, 이는 그를 믿는 사람마다 멸망하지 않고 영생을 얻게 하려는 것이다. 하나님께서 아들을 세상에 보내신 것은, 세상을 심판하시려는 것이 아니라, 아들을 통하여 세상을 구원하시려는 것이다. 아들을 믿는 사람은 심판을 받지 않는다. 그러나 믿지 않는 사람은 이미 심판을 받았다. 그것은 하나님의 독생자의 이름을 믿지 않았기 때문이다.(3:16-17)

―――――― 하나님이 세상을 사랑하신다고? 이 추하고 더러운 세상을? 물론 여기서 말하는 세상은 '인간세계'를 뜻하지만, 그 세상을 한 마디로 요약하면 바로 '어둠'이 아니던가? '어둠'의 다른 말은 '죄'이다. 죄란 우리가 저지르는 도덕적, 법적 위반행위를 가리키는 말이 아니다. 누가 죄인인가? 자기가 누구인지를 모르는 사람, 자기가 누구에게 속한 존재인지를 모르는 사람, 자기들에게 주어진 존엄한 삶으로부터 유리된 사람들이다. 하나님은 그런 세상을 아니, 죄인을 사랑하신다. 놀라운 은총이다. 그 사랑은 죄인들을 구원하고 영생에 이르도록 하기 위해 외아들까지 보내주시는 사랑이다.

그런데 많은 이들이 '외아들'이라는 표현을 오해한다. 하나님이 둘도 아닌 하나 밖에 없는 아들을 보내주신 그 무한한 사랑에 감격하는 이들을 보면 다소 뜨악해진다. 아들 여럿이 있는데 그 가운데 하나를 보내주셨다면 그 사랑을 적다 말할 수 있는가? 사람들은 흔히 예수의 '유일성'을 말하기 위해 독생자 혹은 외아들이라는 말에 집착한다. 하지만 '외'라는 접두사로 번역된 이 단어 '모노스monos'는 '오직 하나'를 뜻하는 말이기도 하지만 '가장 소중한'이라는 뜻도 있다. 진정한 사랑은 본래 유일한 것이 아니던가? 초록별 지구에 내려온 어린왕자는 어느 집 담장에 피어있는 수 천 송이의 장미꽃을 보며 충격을 받는다. 장미꽃은 우주 가운데 오직 자기 별에만 있다고 생각했기 때문이다. 이런 존재론적 충격으로부터 그를 건져준 것은 지혜로운 여우였다. 여우는 어린왕자에게 '길들이다'라는 말을 가르친다. 어린왕자는 비로소 자기 별에 있는 장미꽃이 얼마나 소중한지를 깨닫는다. 시간을 들여 물을 뿌려주고, 바람막이를 둘러주고, 벌레를 잡아준 것은 오직 그 꽃 밖에 없었으니 말이다.

하나님이 지극히 사랑하시는 아들을 믿는 사람은 구원을 받는다. 참 쉽다. 하나님의 아들을 믿으면 된다. 그래서 사람들은 삶의 방식은 바꾸지 않으면서 예수를 열심히 믿는다. 아니, 믿는다고 믿는다. 예배에 빠지지 않고, 헌금생활도 잘 하고, 더러 봉사활동에도 동참한다. 그런데 믿는다고 말하는 그들에게서 생명의 향기가 안 난다. 그렇다면 뭔가 잘못된 거다. 믿음이란 말에 대한 오해 때문이다. 믿음이란 교리나 신조에 대한 승인 혹은 동의가 아니다. 믿음은 철저한 신뢰고 사랑이다. 삶을 그분께 맡기는 것을 주저하지 않는 용기이다. 아들을 믿는다는 말은 그와 친밀한 사귐 속에 있다는 말이고 궁극적으로는 일 치를 지향한다는 말이다. 아들을 믿는 사람은 그분이 추구하는 바를 자기 인생의 목표로 삼는다.

예수가 이 세상에 오신 것은 세상을 심판하기 위해서가 아 니다. 성경은 인류의 첫 사람이 선과 악을 알게 하는 나무 열매 를 따먹었다고 말한다. 선악을 분별하게 되었다는 것이 왜 문 제인가? 오히려 그런 분별력이 없는 것이 문제 아닌가? 옳다. 그러나 성경의 이야기꾼들이 선악과 이야기를 통해 들려주려 는 것은 도덕적 분별력의 확장이 아니라, 저마다 자신을 척도 로 삼는 일의 위험성이다. 사람들은 대개 자기가 옳다는 전제 하에 타자를 바라본다. 그런 바라봄 혹은 판단이야말로 모든 폭력의 뿌리이다. 예수의 시선은 전복적이다. 가장 거룩한 척 하는 이들에게서 '위선'을 보고, 가장 천하다고 여기는 이들에 게서 '거룩함'을 본다. 사람들이 다른 이의 눈에서 '티끌'을 볼 때 예수는 그들의 가슴에 있는 '눈물'을 본다.

예수는 심판하러 오지 않았다. 그런데 자신의 의도와는 상관 없이 그의 존재 자체가 이미 세상에 대한 심판이다. 어둠은 빛 을 좋아하지 않는다. 스스로 거룩하다고 여기는 이들은 진짜 거룩한 사람을 받아들이려 하지 않는다. 자기 내면의 누추함이 폭로될까 두렵기 때문이다. 문제는 '사탄도 빛의 천사로 가장' (고린도후서 11:14)한다는 사실이다. 성도들의 분별력이 필요하다.

| 비움의 신앙적 문법

요한이 대답하였다. "하늘이 주시지 않으면, 사람은 아무것도 받을 수 없다. 너희야말로 내가 말한 바 '나는 그리스도가 아니고, 그분보다 앞서서 보내심을 받은 사람이다' 한 말을 증언할 사람들이다. 신부를 차지하는 사람은 신랑이다. 신랑의 친구는 신랑이 오는 소리를 들으려고 서 있다가, 신랑의 음성을 들으면 크게 기뻐한다. 나는 이런 기쁨으로 가득 차 있다. 그는 흥하여야 하고, 나는 쇠하여야 한다."(3:27-30)

_____ 살렘 근처에 있는 애논에는 물이 많았다. 수많은 사람들이 그곳에 나와 세례를 받았다. 세례를 받는다는 것은 어떤 의미에서 성전 체제에 대한 부정이었다. 성전 체제는 죄 사함을 받기 위해서는 성전에 나와 제물을 바쳐야 한다고 가르쳤다. 그런데 이미 성전은 사람들이 하나님의 현존을 경험하는 거룩한 장소도 고요함의 오아시스도 아니었다. 자기 이익에 발밭은 제사장들의 탐욕이 지배하는 곳이었다.

가죽옷을 입은 예언자 세례 요한, 그는 하늘을 향해 타오르는 불길이었다. 그가 내지르는 사자후는 로마 제국에 시달리고 성전 체제에 억눌렸던 사람들의 가슴을 막고 있던 울혈을 시원하게 뚫어주었다. 요한의 제자들은 그런 스승이 자랑스러웠을 것이다. 그런데 어느 순간 사람들의 시선이 예수에게로 옮겨가고 있었다. 이를 본 요한의 제자들에게 영문 모를 불쾌감이 그들 내면 깊은 곳에서 흘러나왔고, 그들은 특단의 조치가 필요하다고 스승에게 말한다. 하지만 요한은 태연하다. "하늘이 주시지 않으면, 사람은 아무것도 받을 수 없다." "그는 흥하여야 하고, 나는 쇠하여야 한다." 큰 믿음이다. 자기의 작음을 알고 다른 이의 큼을 아는 사람이기에 예수님은 그를 가리켜 여자가 낳은 사람 가운데 가장 크다 했다. 아, 진정 요한처럼 큰 정신이 그리운 시대이다.

예수께서 사마리아에 있는 수가라는 마을에 이르셨다. 이 마을은 야곱이 아들 요셉에게 준 땅에서 가까운 곳이며, 야곱의 우물이 거기에 있었다. 예수께서 길을 가시다가, 피로하셔서 우물가에 앉으셨다. 때는 오정쯤이었다. 한 사마리아 여자가 물을 길으러 나왔다. 예수께서 그 여자에게 마실 물을 좀 달라고 말씀하셨다.(4:5-7)

_____ 이 대목을 읽다가 문득 읽기를 그만 두고 잠시 생각에 잠겼다. 예수가 유대인들에 대해 적의를 품고 있던 사마리아 땅을 통과하셨기 때문이거나, 그곳에 있다는 야곱의 우물 때문도 아니었다. '예수께서 길을 가시다가, 피로하셔서' 이 한 구절 때문이었다. '아, 예수님도 우리처럼 지치기도 하셨구나.' 하는 이상한 안도감. 당연한 일을 두고 웬 호들갑인가 싶을 수도 있다. 뭐라 해도 좋다. 주님도 우리처럼 피곤을 느끼고, 가

끔은 휴식이 필요한 존재라는 사실이 그렇게 좋을 수가 없다. 그러고 보니 내 가슴을 뛰게 만들었던 구절이 또 있다. "예수께서는 시장하셨다"(마가복음 11:12). 예수께서도 배고프셨다는 사실이 왜 그리도 위안이 되던지. 이런 구절 앞에서 내 몸이 먼저 반응하는 것은 대체 무엇 때문일까? 그것은 교회가 오랫동안 관념화한 예수의 참 모습을 상상해 볼 여지를 주기 때문일 것이다. 김승희 시인은 〈배꼽을 위한 연가〉라는 시에서 "그대여, 당신이 누구든지 간에, 당신의 배꼽을 보여준다면, 나 그대를 사랑하겠습니다"라고 노래했다. 우리는 배꼽 위에서 평등하다고도 말했다.

"그대여, 당신이 누구든지 간에, 당신의 배꼽을 버리지만 않았다면은, 나 그대를 열렬히 용서하겠습니다. 봄이 되어 메마른 나뭇가지에서 새싹이 트는 것을 바라보거나 푸드득--- 새들이 날아오르는 것을 볼 때마다 나는 습진처럼 나의 배꼽이 가려워지는 것을 느낍니다."(〈배꼽을 위한 연가〉 중에서)

이상하지 않은가? 배꼽을 버리지만 않았다면 용서하고 사랑할 수 있다니. 바로 이게 사람이다. 우리에게 필요한 것은 초인이 아니라 우리와 다를 바 없는 사람, 그러나 우리와는 다른 참 사람이다. 때는 오정인데, 나그네는 피곤하다. 그때 한 여자가 물을 길러 나왔다. 정오의 햇살은 뜨겁지만, 이야기를 나눌 벗조차 없는 이 여인의 얼굴은 어두웠을 것이다. 내면에 깃든 그림자 때문이다. 그 여인에게 예수께서 말을 건넨다. '물을 좀 줄 수 있겠소?' 이 말 건넴이야말로 상처받은 영혼에게 건네는 예수의 수인사였다. 몸이 피로한 예수가 마음이 피로한 여인에게 말을 건넨다. 그들 사이에 파랑 바람이 불기 시작한다.

예수께서 말씀하셨다. "이 물을 마시는 사람은 다시 목마를 것이다. 그러나 내가 주는 물을 마시는 사람은, 영원히 목마르지 아니할 것이다. 내가 주는 물은, 그 사람 속에서, 영생에 이르게 하는 샘물이 될 것이다." 그 여자가 말하였다. "선생님, 그 물을 나에게 주셔서, 내가 목마르지도 않고, 또 물을 길으러 여기까지 나오지도 않게 해주십시오."(4:13-15)

─────── 이상도 하지. 낯선 이 사나이의 음성에서 고향이 느껴지다니! 그가 건넨 말의 내용이 아니었다. 그의 음성에 실려 오는 따뜻함과 순수함, 그것은 마치 긴 겨울 추위에 지친 이의 가슴을 어루만지는 봄바람인 듯 싶었다. 낯선 사내의 말 건넴을 외면해 버릴 수도 있었지만 이번에는 그럴 수 없었다. 영혼 깊은 곳에서 어떤 일렁임이 일고 있었기 때문이다. 하지만 무슨 말을 한단 말인가? 그래서 기껏 한다는 말이 참 부질없다. "선생님은 유대 사람인데, 어떻게 사마리아 여자인 나에게 물을 달라고 하십니까?" 하지만 마음이 열렸으니 그 다음은 흐름을 따라가면 될 일이다. 주거니 받거니 말을 나누다보니 누가 물을 청한 사람이고 누가 두레박을 들고 있는 사람인지 알

수 없게 되었다. 여인은 마침내 자기 앞에 서 있는 그 유대 사람에게 '영생에 이르게 하는 샘물'을 청한다. 한 번 마시면 영원히 목마르지 않은 그 샘물 말이다.

전방 부대의 군목으로 근무할 때의 일이 생각난다. 최전방에서 근무하는 병사들을 방문한 후 산 중턱에 자리 잡은 연대 교회로 돌아와 보니 군종병 둘이 마당가에서 땅을 파고 있었다. 뭘 하는 거냐는 물음에 그들은 득의의 미소를 띤 채 우물을 파는 거라고 했다. 기가 막혔다. 아무리 파도 그곳은 물이 나올 만한 곳이 아니었던 것이다. 교회 청소를 하자면 계곡 아래에 있는 샘터까지 물지게를 지고 몇 번씩 오르내려야 했으니 그들의 심정을 이해 못할 바는 아니었다. 아무리 그렇더라도 물이 나올 곳을 파야지. 넌지시 그곳은 물이 날 곳이 아니라고 일렀지만 그들은 두고 보시라면서 키 높이만큼 땅을 파들어 갔다. 물론 물은 나오지 않았다. 그래도 그들은 믿는 구석이 있는 것 같이 희희낙락이었다. 며칠 후 큰 비가 내리자 파놓은 그 곳은 물이 가득 차 샘처럼 되었고, 며칠이 지나 흙이 다 가라앉자 그들은 그 물을 퍼다 교회를 청소했다. 그 물이 다 떨어지자 군종병들은 다시 물지게를 지고 계곡을 내려가기 시작했다.

밖에서 유입되는 물은 곧 다시 마르기 마련이다. 안에서 솟아나는 샘물이라야 가뭄에도 마르지 않는다. 예수는 지금 여인에게 영원히 목마르지 않도록 해주는 마술적인 한 잔의 물을 건네는 것이 아니라, 그 속에서 솟아나는 샘 하나를 파주시려

는 것이다. 여인이 그 깊은 뜻을 알아차린 것일까? 아마도 그
렇지 않을 것이다. "그 물을 내게 주셔서, 내가 목마르지도 않
고, 또 물을 길으러 여기까지 나오지도 않게 해주십시오."라는
말을 보면 알 수 있다. 하지만 예수는 깨닫지 못하는 여인을 비
난하지 않으신다. 깨달음은 쉽게 오지 않는다. 수도사들이 침
묵하며 노동과 기도에 힘쓰는 것도, 스님들이 무문관에 들어가
몇 달씩 머무는 것도 한 소식 듣기 위함이지만 그 소식은 그렇
게 쉽게 들리지 않는다.

예수가 여인에게서 본 것은 무엇일까? 목마름이었다. 인간
의 마을에 몸 붙여 살지만 가슴 가득 헛헛함만 간직한 채 바장
이는 메마른 삶, 그 불모의 삶을 예수가 어찌 알아차리지 못했
겠는가. 그렇기에 예수는 자신의 목마름조차 잊으시고 여인의
가슴에 샘을 파고 있는 것이다. 그 마음을 안 것일까? 성숙한
깨달음은 아니지만 여인은 그 낯선 유대 남자를 신뢰하고 그
물을 달라고 한다. 믿음의 단초가 이렇게 마련된 것이다. 믿음
의 시작은 이렇게 청하는 것이다.

예수께서 그 여자에게 말씀하셨다. "가서, 네 남편을 불러 오너
라." 그 여자가 대답하였다. "나에게는 남편이 없습니다." 예수
께서 여자에게 말씀하셨다. "남편이 없다고 한 말이 옳다. 너에
게는, 남편이 다섯이나 있었고, 지금 같이 살고 있는 남자도 네
남편이 아니니, 바로 말하였다."(4:16-18)

하나님과 이스라엘의 관계는 흔히 결혼에 비유되
곤 했다. 성경에서 호세아는 오쟁이 진 남편의 대명사이다. 그
의 아내 고멜은 결혼 생활에 성실하지 않았다. 고멜은 한 곳에
뿌리를 내리고 살 수 없는 들뜬 영혼이었다. 물결치는 대로 흔
들리는 부평초, 그것이 고멜이었다. 얼굴에는 색기가 가득하
고, 젖가슴에는 음행의 자취가 남아 쇠붙이가 자석에 끌리듯
달콤한 말로 호리는 정부들을 따라 가기에 바빴다. 하지만 고
멜이 따로 있던가? 우상에게 마음을 빼앗기고 살아가는 이스
라엘이 고멜이고 우리 자신이 고멜인 것을. 우상숭배란 인간의
예배 대상이 될 수 없는 것을 절대자처럼 섬기는 것이다. 적나
라하게 말하자. 돈, 학벌, 명예, 권력, 쾌락, 이념, 종교. 그렇다.
종교도 우상이 될 수 있다. 시간 여행자인 우리는 어쩌면 타고
난 우상숭배자들인지도 모르겠다. 우리는 끊임없이 불안의 대
용물을 찾는다. 찾을 뿐만 아니라 숭배한다.

　여인은 네 남편을 불러 오라는 말에 '없다'고 대답한다. 남편
다섯이 있으면 무슨 소용인가? 그 마음의 외로움을 달래줄 수
없고, 그 헛헛함을 채워주지 못하는데. 지금 같이 살고 있는 남
자도 고멜의 참 남편은 아니다. 해질녘의 서해를 바라보듯 쓸
쓸한 마음의 풍경 속에서 그는 갈매기처럼 그저 스쳐 지나가
고 있을 뿐이다. 여인은 놀랐다. 자기도 몰랐던 자기 마음의 풍
경을 이렇게도 세밀하게 꿰뚫어보는 사람이 있다니. 게다가 그
의 어조에는 비웃음이나 책망기 조차 없지 않은가. 이 낯선 사

내는 왠지 신뢰할 수 있을 것 같은 느낌이 들었다. 여인은 눅진눅진한 자기 마음에 한 줄기 신령한 빛이 깃들고 있음을 알아차릴 수 있었다. 대체 이 사람은 누구란 말인가. 여인은 자신의 부끄러운 데가 드러났음에도 불구하고 그 자리에서 달아나지 않는다.

┃ 하나님의 현존 앞에 서야 하는 것은 '지금 여기'

여자가 말하였다. "선생님, 내가 보니, 선생님은 예언자이십니다. 우리 조상은 이 산에서 예배를 드렸는데, 선생님네 사람들은 예배드려야 할 곳이 예루살렘에 있다고 합니다." (4:19-20)

―――――― 세상 사람이 뭐라 하든 여인도 볼 수 있는 사람이다. 여자라고 해서, 사람들의 손가락질을 받는다고 해서 세상 물정을 모르는 것이 아니다. 오히려 가장 낮은 자리에서 보는 세상이 현실에 가깝다지 않던가. 여인은 그 낯선 사내를 '예언자'라 부른다. 하나님의 정념에 사로잡힌 사람, 하나님의 눈으로 인간의 삶과 역사를 주석하는 사람, 때로는 송곳의 언어로 사람들의 심령을 꿰뚫고, 때로는 망치의 언어로 종교적 위선과 폭력적 삶의 방식을 박살내고, 때로는 태풍의 언어로 풍요와 번영의 환상에 사로잡힌 사람들을 세차게 흔들어 깨우고, 때로는 미풍의 언어로 상처 입은 사람들과 연약한 이들을 감싸 안는 사람 말이다.

여인에게는 이 낯선 사내를 표현할 다른 말이 없었다. '그래, 이 사람은 예언자구나.' 그래서 묻는다. 예배는 어디에서 드리는 것이 옳습니까? 여기입니까? 저기입니까? 답을 알고 있다고 하여 여인을 비웃지 말라. 왜 이런 질문이 떠올랐을까? 모른다. 여인은 사람들의 설왕설래를 잘 알고 있었다. 예루살렘에서 예배를 드리는 것이 옳다는 사람도 있고, 그리심 산에서 예배를 드리는 것이 옳다는 사람도 있었다. 어리석은 질문이지만 이 질문이 중요하다. 스스로 안다고 자부하는 이들은 묻지 않는다. 그리고 자신의 편견을 강화하기 위해 진력을 다한다.

"참되게 예배를 드리는 사람들이 영과 진리로 아버지께 예배를 드릴 때가 온다. 지금이 바로 그 때이다. 아버지께서는 이렇게 예배를 드리는 사람들을 찾으신다. 하나님은 영이시다. 그러므로 하나님께 예배를 드리는 사람은 영과 진리로 예배를 드려야 한다."(4:23-24)

_____ 여인의 질문 덕에 우리는 진정한 예배에 대해 배운다. 두 가지다. 하나님께 예배를 드리는 사람은 영과 진리로 예배를 드려야 한다는 것과, 그때가 바로 지금이라는 사실이다. 예배의 진정성은 장소 규정성과는 무관하다. 타락은 시간의 공간화이다. 하나님의 현존 앞에 서야 하는 것은 지금 여기이다. 그러나 사람들은 그 시간을 공간으로 번역하곤 한다. 그

마음의 이면에 있는 것은 소유욕이다. 하나님 체험을 교리나 신조 속에 박제하여 소유함으로 구원을 확보하고 싶은 것이다. 큰 교회를 짓고, 장엄한 의례를 집행하거나 참여함으로써 스스로 하나님 안에 있다고 믿고 싶은 것이다.

그렇다면 영과 진리로 예배를 드린다는 것은 무슨 뜻인가? 성경에서 성령은 창조의 힘이고, 만물을 새롭게 하는 새로움의 근원이고, 인간의 마음을 흔드는 변화의 기운이다. 진리의 성령과 하나 됨을 갈망하지 않는다면, 그래서 변화를 향해 자기를 개방하지 않는다면 예배는 이미 예배가 아니다. 영을 통해 우리는 하나님의 마음을 알아차린다. 영으로 예배하는 사람은 하나님의 마음 아픔을 함께 느끼고, 하나님의 기쁨을 함께 기뻐한다. 오늘 우리 현실을 바라보며 하나님의 영이 근심하고 있는데도 우리 마음이 아프지 않다면 우리는 영으로 예배를 드리지 않는 것이다. 영으로 예배하는 이들은 악마적 세력이 판을 치는 세상에 살면서도 낙심하지 않는다. 하나님이 함께 계심을 믿기 때문이다.

진리로 예배를 드린다는 말을 이해하기 위해서는 조금의 우회가 필요하다. 진리라는 단어는 아름답지만 추상적이다. 빌라도는 진리의 구현인 예수에게 '진리가 무엇인가?' 물었다. 눈이 있어도 보지 못한 탓이다. 진리로 예배드린다는 것은 하나님의 뜻에 순명하는 것이다. 나를 살리기 위해 하나님의 뜻을 버리는 것이 아니라, 그분의 뜻을 이루기 위해 나를 바치는 것이 진리로 드리는 예배이다. 그런데 그 예배의 시간은 예배를 위해 구별된 시간이 아니다. 우리 일상의 모든 시간이 바로 그 때다. 바울도 로마 교인들에게 "여러분의 몸을 하나님께서 기뻐하실 거룩한 산 제물로 드리십시오. 이것이 여러분이 드릴 합당한 예배"(로마서 12:1)라고 말했다. 이 땅 도처에 하나님을 예배하기 위해 세워진 교회는 많지만 과연 진정한 예배가 드려지고 있는 것일까?

그러는 동안에, 제자들이 예수께, "랍비님, 잡수십시오" 하고 권하였다. 그러나 예수께서는 그들에게 말씀하시기를 "나에게는 너희가 알지 못하는 먹을 양식이 있다" 하셨다. 제자들은 "누가 잡수실 것을 가져다 드렸을까?" 하고 서로 말하였다. 예수께서 그들에게 말씀하셨다. "나의 양식은, 나를 보내신 분의 뜻을 행하고, 그분의 일을 이루는 것이다."(4:31-34)

_____ 요한복음에서 예수는 자신을 "나는 ~이다"(I AM)라고 소개하고 있다. '나는 ~이다'는 거룩한 존재의 이름이다. 그런데 '나는 ~이다'이신 분이 사람들에게 멸시받고 가슴에 상처만 간직한 채 살아가는 여인, 이름도 존재감도 없는 여인에게 '마실 물을 좀 달라'고 하신 것은 그야말로 사건이다. 그 부탁은 얼어붙은 땅과도 같았던 여인의 가슴에 깊이 잠들어 있던 참 사람의 씨앗을 깨우는 봄바람이었다. 예수를 만난

여인은 물동이를 버려두고 동네에 들어가 사람들에게 말한다. "내가 한 일을 모두 알아맞히신 분이 계십니다. 와서 보십시오. 그분이 그리스도가 아닐까요?" 모멸감을 듬뿍 안겨주던 그들의 시선을 의식하였더라면 차마 그렇게 말할 수 없었을 것이다. 하지만 영혼을 달뜨게 만드는 봄기운을 누가 막을 수 있을 것인가? 봄 신명에 지핀 사람은 다른 이의 가슴에도 봄을 일깨운다. 여인과 마을 사람들을 갈라놓던 보이지 않는 경계선은 일시에 무너졌다. 여인의 말을 듣고 마을 사람들이 예수에게 나왔다. 놀라운 변화이다.

그들이 우물가로 나오기 전, 제자들은 당혹감에서 깨어나지 못하고 있었다. '스승께서 사마리아 여인과 말씀을 나누다니. 대체 이 현실을 어떻게 받아들여야 하지?' 그들의 의식은 여전히 남자/여자, 유대인/사마리아인의 가름줄에 갇혀 있었던 것이다. 당혹감을 억누르며 그들은 스승에게 음식을 권한다. 하지만 스승은 마치 꿈꾸는 듯한 목소리로 말씀하신다. "나에게는 너희가 알지 못하는 먹을 양식이 있다." 이때 예수의 얼굴에는 하늘빛이 드리워있지 않았을까? 예수의 마음은 존엄성을 지닌 인간으로 깨어나고 있는 한 여인으로 인해 충만해졌던 것이다. 마음과 마음 사이에 신뢰의 물줄기가 흐르기 시작할 때, 목마름도 배고픔도 사라져 버린다.

"나의 양식은, 나를 보내신 분의 뜻을 행하고, 그분의 일을 이루는 것이다." 이 놀라운 발언은 적절한 순간에 써먹으려고 예수가 정리해 둔 말이 아니다. 그 순간 그 언어가 그에게 온 것이다. 한 여인의 깨어남이라는 그 놀라운 사건과 음식을 잡수시라는 제자들의 둔감한 권고가 이렇게 단순하고도 강력한 말을 빚다니 놀라울 뿐이다. 몸 사람은 밥을 먹어야 살지만 얼 사람은 보람을 먹어야 산다. 예수는 삶을 '소명'으로 이해한다. 우리에게 주어진 시간과 공간 그리고 다양한 인간관계의 장이야말로 우리를 이 땅에 보내신 분의 뜻을 행해야하는 현장이다. 무엇을 해야 할지 지레 묻지 말자. 모든 순간에 적용될 수 있는 해답은 없다. 상황에 따라 하나님은 성령을 통해 우리가 해야 할 바를 알려주신다. 가끔 삶이 진부하고 무겁다고 느낄 때면 이런 기도를 올린다. '일용할 보람을 주소서.' 그 보람은 하나님의 계획에 내 삶이 통합될 때 주어지는 선물이다.

message 2

사람의 영광, 하나님의 영광

너희가 성경을 연구하는 것은, 영원한 생명이 그 안에 있다고 생
각하기 때문이다. 성경은 나에 대하여 증언하고 있다. 그런데 너
희는 생명을 얻으러 나에게 오려고 하지 않는다. 나는 사람에게
서 영광을 받지 않는다. 너희에게 하나님을 사랑하는 마음이 없
는 것도, 나는 알고 있다. 내가 내 아버지의 이름으로 왔는데 너
희는 나를 영접하지 않는다. 그러나 다른 이가 자기 이름으로 오
면 너희는 그를 영접할 것이다. 너희는 서로 영광을 주고받으면
서 오직 한 분이신 하나님께서 주시는 영광은 구하지 않으니, 어
떻게 믿을 수 있겠느냐?(요한복음 5:39-44)

예수님은 열매를 보아 나무를 알 수 있다고 하셨습니다. 지
금 우리가 살아가는 모습이야말로 우리의 내면을 지배하고 있
는 것이 무엇인지를 드러내는 징표라는 말일 겁니다. 주님은

사람들에게 굳이 당신이 누구신지를 명시적으로 알리려고 하지 않으셨습니다. 사실 그럴 필요도 없었습니다. 헤롯의 별궁인 마케루스 산성에 갇혀 있던 요한은 제자들을 보내 예수님께 '오실 그분이 당신입니까?' 하고 묻습니다. 주님은 가타부타 말씀하시지 않고 당신이 계신 곳에서 일어나는 생명의 회복을 가리키십니다.

> 눈 먼 사람이 보고, 다리 저는 사람이 걸으며, 나병 환자가 깨끗하게 되며, 듣지 못하는 사람이 들으며, 죽은 사람이 살아나며, 가난한 사람이 복음을 듣는다(마태복음 11:5).

요한복음은 이것을 좀 더 명료하게 해석해줍니다.

> 내가 지금 하고 있는 바로 그 일들이, 아버지께서 나를 보내셨다는 것을 증언하여 준다(요한복음 5:36).

나의 자기 진술이 아니라, 나의 삶이 곧 나의 존재라는 것입니다.

| 공부, 연구

안타깝게도 예수님 당시의 사람들은 그런 자명한 이치를 깨닫지 못한 것 같습니다. 특히 지도자연하는 사람들이 그랬습니

다. 그것은 그들의 눈이 뭔가로 가려져 있었기 때문입니다. 그
들의 눈을 가린 것은 무엇일까요? 율법에 대해서는 속속들이
알고 있으니 하나님에 대해서는 내가 전문가라는 헛된 자부심
이 아닐까요? 예수님은 그들이 율법 공부에 열정적이라는 사
실을 부인하지 않습니다. 그들이 율법 공부에 열심을 내는 까
닭은 그 안에 영원한 생명이 있다고 믿기 때문입니다. 여기까
지는 문제가 없습니다. 그들의 열정은 오히려 칭찬받을만합니
다. 하지만 주님이 '성경은 나에 대하여 증언하고 있다'고 말하
는 순간 문제가 생깁니다. 그들에게 '영원한 생명'은 늘 미래에
속한 것이었고, 추상적인 현실이었습니다. 그렇기에 자기들 눈
앞에 있는 갈릴리 나사렛 출신의 남루한 한 사내가 자기들이
그토록 기다렸던 구원자라는 사실은 도저히 받아들일 수 없었
습니다.

　그들이 헛공부를 하고 있었음이 드러나는 순간입니다. 그들
은 진리를 온 몸으로 추구하기보다는, 관념적으로 추구했고,
진리를 체현하는 사람이 되기보다는 학식 있는 사람으로 칭송
받는 것을 더 좋아했습니다. 학문을 배운다는 뜻의 '工夫'라는
단어는 구성이 좀 특이합니다. 장인artisan '工'에 사내 혹은 일
하는 남자를 뜻하는 '夫' 자가 결합되어 있습니다. 왠지 학문하
고는 거리가 있어 보이는 조합입니다. 그런데 이 속에는 상당
히 심오한 뜻이 담겨 있습니다. 공부란 머리로 하는 것이 아니
라, 몸으로 그리고 전 존재로 하는 것임을 이 단어는 가리키고

있습니다. 성경 공부도 머리가 아닌 몸으로 해야 합니다. 몸과 마음이 분리될 때 위선적인 태도가 나옵니다. 옛 사람들은 마음공부는 '사사로운 욕심을 버리고去人欲', '하늘의 뜻과 하나 되기 위해 애쓰는 것存天理'이라고 했습니다. '호모 사피엔스 사피엔스Homo sapiens sapiens'는 현생인류를 가리키는 말입니다. 사피엔스 곧 '슬기롭다'는 말을 두 번씩이나 붙일 정도로 우리가 슬기로운지는 의문입니다. 그런데 여기서 주목해야 할 것은 '사피엔스'라는 단어입니다. 이 말의 뿌리는 'sapere'인데 '맛보다'라는 뜻입니다. 누가 지혜로운 자입니까? 삶의 진수를 맛보는 사람입니다. 성경은 삶의 진수를 '영원한 생명'이라고 말합니다. 우리는 예수님 안에 삶의 진수 곧 영원한 생명이 있다고 믿습니다.

| 성경의 심장

지금 우리는 예수 정신에 투철하게 살고 있는지요? 예수님의 꿈을 우리의 꿈으로 삼고 살고 있는지요? 예수 정신의 진미를 맛보며 살고 있는지요? 스스로를 하나님의 보냄을 받은 자로 인식하면서, 보내신 분의 뜻을 행하는 것을 최고의 가치로 삼았던 그분을 조금이나마 닮았는지요? 우리도 "나의 양식은, 나를 보내신 분의 뜻을 행하고, 그분의 일을 이루는 것"(요한복음 4:34)이라고 고백할 수 있는지요? 우리는 예수님을 우리와는 다른 존재로 생각합니다. 그래서 주님의 삶과 희생에 대해 감

사하고 경탄하면서도, '나를 따르라'는 부름은 못들은 체하고 삽니다. 주님을 하나님의 아들이라고 고백하면서도 우리는 너의 도움이 필요하다는 주님의 요청을 거절합니다.

예수님은 성경의 핵심, 곧 심장입니다. 예수님에게서 우리는 모든 존재가 걸어가야 할 길을 보았고, 그분을 통해 우리가 이 세상에 온 까닭을 알았습니다. 그것은 사랑을 배우고, 사랑을 살아내기 위해서입니다. 앎은 삶으로 이어져야 합니다. 물론 앎을 삶으로 번역하는 과정은 힘겹습니다. 하지만 그 과정을 거치지 않고는 아버지께 이를 수가 없습니다. 예수님은 난감해하는 우리에게 말씀하십니다.

나는 마음이 온유하고 겸손하니, 내 멍에를 메고 나한테 배워라. 그리하면 너희는 마음에 쉼을 얻을 것이다(마태복음 11:29).

주님이 가신 길을 걸어가려면 주님의 멍에를 메고 배워야 합니다. 배우는 자에게 꼭 필요한 자질은 '온유와 겸손'입니다. 온유란 온화하고 유순한 태도를 이르는 말이고, 겸손이란 남을 높이고 자신을 낮추는 태도를 가리킵니다만, 성경이 말하는 온유와 겸손함은 이런 태도와는 조금 구별됩니다. 온유함이란 세상의 모든 것을 자기 속에 받아들여 따뜻하고 부드러운 것으로 바꿔내는 힘이고, 겸손은 자기 마음속에 일고 있는 온갖 감정적 장애를 넘어서 하나님의 마음에 가닿으려는 마음의 지향을 뜻합니다. 우리가 기도를 하는 것도, 성경을 묵상하는 것도, 예배에 참여하는 것도, 봉사활동에 헌신하는 것도 결국 그 마음을 얻고자 하는 것이 아니겠습니까?

그 마음에 가닿게 될 때 우리는 입장이 분명한 사람이 됩니다. 하나님의 뜻 앞에 우리 뜻을 자꾸 복종시킬 때 우리는 일어선 사람이 됩니다. 구부러진 데 없이 올곧게 선 마음이 정직입니다. 하나님 앞에서 곧게 선 사람은 어떤 어려움 속에서도 무너지지 않습니다. 곧게 선 기둥은 아무리 무거운 것이 얹혀도 지탱해냅니다. 기둥이 기울어지기 시작하면 지붕이 무너지는 것은 시간문제일 뿐입니다. 안타깝게도 지금 한국교회는 기둥이 기울어지기 시작한 것 같습니다. 하나님의 영광보다는 다른 것을 구하고 있기 때문입니다.

| 영광을 주고받는 사람들

세상은 우리에게 큰일을 하기 위해서는 커져야 한다고 말합니다. 세상은 온통 자기 몸집을 불리려는 이들의 경쟁으로 인해 전쟁터가 되었습니다. '무한 경쟁'이라는 살벌한 말이 사람들의 의식을 옥죄고 있습니다. 하지만 이런 세상은 살만한 세상이 아닙니다. 내가 더 잘 살기 위해 다른 이들이 마땅히 누려야 할 것까지 빼앗아다 쓰는 것이 진짜 발전인가요? 다른 이를 배려하지 않는 삶이 폭력이라는 사실을 우리는 의식하지 못하고 삽니다. 세상에서 제일 불쌍한 사람이 누구입니까? 삶의 우주적 차원을 잃어버리고 사는 이들이 아닙니까? 온 세상에 가득 찬 하나님의 숨결을 느끼지 못하고 사는 이들이 아닙니까? 물질은 풍족한 데 정신이 빈곤합니다. 그래서 우리는 서로에게 짐승이 되어 삽니다. 히브리인들은 우주의 비의에 접하고 사는 사람들의 생의 모습을 우리에게 증언해주고 있습니다.

하늘은 하나님의 영광을 드러내고, 창공은 그의 솜씨를 알려 준다. 낮은 낮에게 말씀을 전해 주고, 밤은 밤에게 지식을 알려 준다. 그 이야기 그 말소리, 비록 아무 소리가 들리지 않아도 그 소리 온 누리에 울려 퍼지고, 그 말씀 세상 끝까지 번져 간다(시편 19:1-4).

주님, 주님의 한결같은 사랑은 하늘에 가득 차 있고, 주님의 미쁘심은 궁창에 사무쳐 있습니다. 주님의 의로우심은 우람한 산줄기와 같고, 주님의 공평하심은 깊고 깊은 심연과도 같습니다. 주님, 주님은 사람과 짐승을 똑같이 돌보십니다(시편 36:5-6).

예수님은 당시의 지도자들이 사람의 영광을 구하고 있다고 책망하십니다. '영광'이라는 말을 '인정'이라고 한 번 바꾸어 생각해보십시오. 자기 삶에 대한 확신이 부족한 사람일수록 누군가의 인정을 구합니다. 인정을 구하는 순간 인정을 바라는 그 대상에게 예속되고 맙니다. 정신적 자유는 사라지는 것입니다. 우리도 사람의 영광 혹은 인정을 구하고 있는 것은 아닙니까? 든든히 선 사람들은 누가 인정해주든 말든 묵묵하게 자기의 길을 갑니다. 알아주지 않는다고 안달하지도 않고, 알아준다고 희희낙락하지도 않습니다.

주님은 인정을 구하는 이들의 마음에는 아랑곳없이 마치 수술 칼을 들이대듯 그들 삶의 환부를 도려내십니다.

너희에게 하나님을 사랑하는 마음이 없는 것도, 나는 알고 있다
(42절).

어떤 정상참작도 위로도 합리화를 위한 여지도 주지 않는 단호한 말씀입니다. 이 말씀이 둔중한 아픔이 되어 다가옵니다. '아니'라고 말하고 싶지만 차마 그러지 못합니다. 우리 삶이 우리의 존재를 증언하고 있으니 말입니다. 지난번에도 이용도 목사님의 기도를 통해 비슷한 심정을 말씀드린 바가 있습니다만, 이제 정말 정신 차려야 합니다.

'좀비zombie'라는 말을 들어보셨는지요? 아이티의 부두교 의식에서 유래된 살아있는 시체를 이르는 말이라 합니다. 영혼은 없는 데 몸만 있는 존재처럼 위험한 게 또 어디에 있겠습니까? 외람되지만 저는 오늘의 교회 가운데는 좀비가 없는가를 생각하게 됩니다. 두리번거릴 것 없습니다. 우리 자신부터 예수의 혼에 지펴 살고 있는지 물어야 합니다. 우리 교회를 지배

하고 있는 것이 예수 정신인지를 물어야 합니다. 우리의 위로 하늘이 열려 있는지는 지금 이곳에서의 우리 삶에서 드러납니다. 가치관이 혼돈된 시대에 교회는 평화와 희망이 숨 쉬는 공간이 되어야 합니다. 제 책상 앞에는 안드레이 류블로프의 이콘 〈성 삼위일체〉가 놓여 있습니다. 탁자를 앞에 두고 성부 하나님, 성자 하나님, 성령 하나님이 삼각형을 이루며 앉아 계신 그림입니다. 그 이콘 앞에 "증오와 폭력이 더 이상 우리를 파멸시킬 수 없는 장소에 대한 상징"이라 적어두었습니다. 이 문장은 안드레이 류블로프의 생을 영화로 만들었던 타르코프스키 감독이 한 말입니다. 예수님의 마음이 관계를 지배할 때 우리는 교회를 통해 하나님 나라를 미리 맛볼 수 있습니다.

| 누구를 영접하고 사는가

주님은 "내가 내 아버지의 이름으로 왔는데 너희는 나를 영접하지 않는다"고 탄식하듯 말씀하십니다. 영접한다는 것은 그를 향하여 나간다는 의미입니다. 그를 등진 채 영접할 수는 없기 때문입니다. 주님을 영접하기 위해서는 자꾸만 그를 향해 나가야 합니다. 우리의 몸과 마음은 지금 누구를 향해 기울어져 있습니까? 어느 목사님이 산에 올라갔다가 너럭바위에 앉아 잠시 쉬고 있는데, 자기 앞으로 벌레 한 마리가 기어오는 것을 보았습니다. 나뭇가지를 가지고 벌레를 다른 쪽으로 돌려놓았더니, 벌레는 잠시 어리둥절해져 이리저리 헤매더니 원래의 방향으로 다시 오더랍니다. 몇 번이나 같은 일이 반복되었지만 벌레는 자기 길을 포기하지 않았습니다. 그 일을 겪으며 그 목사님은 '생리'는 바꿀 수 없다는 사실을 깨달았습니다. 바울 사도는 예수를 만나 생리가 바뀐 사람입니다.

우리는 진리를 거슬러서는 아무것도 할 수 없고, 오직 진리를 위해서만 무언가 할 수 있습니다(고린도후서 13:8).

무서운 말입니다. 누가 이런 사람을 당할 수 있겠습니까? 주님을 영접한 이는 어떤 사람입니까? 그는 그리스도인다운 원칙을 지키며 삽니다. 유/불리를 따지지 않습니다. 이것은 고집과는 다른 것입니다. 원칙이 무너지면 모든 것이 무너집니다. 광야에서 사탄에게 받았던 예수님의 시험 이야기는 삶의 원칙을 세우기 위한 고투를 보여줍니다. 주님을 영접한 사람은 마음의 가난을 지향하고, 십자가를 사랑합니다. 그리고 우리에게 주어진 삶의 모든 순간들을 영원한 삶을 준비하는 과정으로 이해합니다. 신앙생활은 사적이고 개인적인 문제라고 생각하는 이들이 많습니다. 하지만 신앙생활은 공동체의 삶과 밀접하게 연결되어 있습니다. 바울 사도가 자주 사용하는 '그리스도 안에'라는 말은 언제나 그 시대가 정상적인 것으로 간주하는 것과는 구별되는 새로운 공동체의 형성과 연관되어 있습니다. 성도들은 새로운 세계, 대안적 세계를 이루기 위해 힘을 합쳐야 합니다.

종교 전문 기자인 조현 기자가 쓴 《울림》이라는 책이 있습니다. 이 책의 부제는 '우리가 몰랐던 이 땅의 예수들'입니다. 이 책에는 예수 정신에 사로잡혀 살았던 24명의 한국인들을 소개하고 있습니다. 그들의 삶이 읽는 이들에게 깊은 감동을 주는 까닭은 사람의 영광이 아니라 하나님의 영광을 구하는 분들이었기 때문입니다. 예수 정신으로 변화된 이들 곁에는 마치 향기에 끌리듯 사람들이 모여들었고, 그들은 새로운 세상의 전초기지가 되었습니다. 그런 이들 가운데 한 사람이 풀무학교를 세웠던 밝맑 이찬갑 선생님입니다. 자세한 이야기는 할 수 없지만 그가 세상을 떠났을 때 지인들이 바친 조사 한 대목만 읽어드리겠습니다.

연구실에서 학문을 연구하고 교단에서 진리를 갈파하시는 기라성 같은 박사님들. 그 박사님들 숲 속에서 아무도 흩어진 쇠똥을 주워 보호하는 분 없고, 세상에 낙오되어 말라빠진 삭정이를 줍는 교수 없으며, 민족에 상처를 줄 유리조각을 주워 파묻는 선생님이 계시지 않습니다. 버림받은 쇠똥, 말라비틀어진 삭정이는 어디로 가야 하고 살기 띤 유리조각은 누가 주워 구덩이에 묻겠습니까?(조현,《울림》, 166-7쪽)

이찬갑 선생은 쇠똥 같은 사람들, 말라빠진 삭정이 같은 사람들, 살기 띤 유리조각 같은 사람들 하나하나를 거두어 예수의 하나님 나라 운동에 동참시킨 분이었습니다. 그가 그렇게 할 수 있었던 것은 예수님의 영이 그를 지배하고 있었기 때문입니다. 하나님의 생기가 그의 가슴에 불어오자 그는 하늘 군대가 되었고, 그가 접하는 모든 사람들 속에 하늘의 생기를 나누어주는 이가 되었습니다. 이게 기독교인의 실존이고, 기독교인이 누릴 수 있는 최대의 복입니다. 깊어가는 이 계절, 사람의 영광을 구하던 삶에서 벗어나 하나님의 영광을 구하는 삶으로 방향 전환하는 우리가 되기를 기원합니다.

예 수 라 는 봄 바 람 과 함 께

"그 뒤에 유대 사람의 명절이 되어서, 예수께서 예루살렘으로 올라가셨다. 예루살렘에 있는 '양의 문' 곁에, 히브리 말로 베 드자다라는 못이 있는데, 거기에는 주랑이 다섯 있었다. 이 주 랑 안에는 많은 환자들, 곧 눈먼 사람들과 다리 저는 사람들과 중풍병자들이 누워 있었다."(5:1-3)

—————— 어떤 명절인지는 알 수 없지만, 예루살렘은 사람 들로 북적거렸을 것이다. 순례 길에 오른 사람들은 예루살렘을 바라보며 눈물을 글썽거렸을지도 모르겠다. 오체투지로 가는 길은 아니라 해도 '시온의 노래'를 부르며 '하나님의 집' 곧 성 전을 향하는 그들의 발걸음은 설렘으로 가득 찼을 것이다. 예 수도 예루살렘에 가셨다. 그런데 그의 발걸음이 향한 곳은 성 전이 아니라 아픔의 자리이다. 거절당한 사람들, 잊힌 사람들

이 모여 드는 올리브 나무의 집 베드자다 연못가이다. 사람들은 그곳을 베데스다 즉 자비의 집이라고도 부른다. 다섯 개의 주랑 아래에는 많은 환자들, 눈 먼 사람들과 다리 저는 사람들과 중풍병자들이 누워 있었다. 고약한 냄새를 풍기는 남루한 차림의 사람들이 있는 곳, 원망과 절망으로 인해 음산한 그 자리, 누구라도 피하고 싶은 그곳을 예수는 제일 먼저 찾아가셨다. '제일 먼저'라고 적어놓고 보니 가슴이 시리다. 오늘의 교회가 떠오르기 때문이다. 베드자다 혹은 베데스다는 우리가 맨 마지막에 찾아가는 곳 아니던가? 그것도 마지못해, 체면치레로 말이다. 얼핏 늦은 저녁 서울역 지하보도에서 잠을 청하는 노숙인들을 찾아나서는 예수의 모습이 보인다.

사람들이 그곳에 몰려 든 것은 천사가 내려와 그 연못의 물을 휘저어 놓을 때 맨 먼저 들어가는 사람은 무슨 병에 걸렸든 낫는다는 소문 때문이다. 정말 그런 일이 가능하냐고 묻지 말자. 그런 일은 절대 일어날 수 없다고도 말하지 말자. 사람들은 절박하다. 남의 절박함을 옳고 그름으로 재단하는 것은 사람이 할 일이 아니다. 그들은 지푸라기라도 잡는 심정으로 그곳에 있다. 행여 그 절호의 기회를 놓칠까 무서워 자리를 뜰 수도 없다. 곁에 있는 이들과 이야기를 나누거나 그들의 아픈 사정에 공감할 여유는 물론 없다. 그들은 잠재적인 경쟁자들이기 때문이다. 경직된 몸과 핏발 선 눈, 언제 욕설과 폭력이 그들을 휘저어 놓을지 모르는 현실이다.

그곳에 서른여덟 해 동안 시름시름 앓던 사람이 있었다. 아름다웠던 젊은 날을 병으로 보낸 그는, 마음에 드리운 원망의 더께를 걷어낼 기분도 기운도 없었다. 기다림의 시간은 희망이 아니라 지옥의 연장이었다. 자기가 운명으로부터 선택받은 사람이 되리라는 기대조차 가질 수 없었다. 절망에 익숙해진 사람 특유의 냉소와 무력감만이 그를 지배하고 있었다. 그렇다고 상처조차 없다고는 할 수 없으리라. 시인 류근의 시 〈상처적 체질〉이 떠오른다. 그는 수많은 봄이 왔다 가고, 아무도 기억하지 않는 꽃들이 세상에 왔다 가듯이 "내게도 부를 수 없는 상처의/이름은 늘 있다"고 노래했다. 시의 화자는 말한다. "그러나 나는 또 이름 없이/다친다/상처는 나의 체질/어떤 달콤한 절망으로도/나를 아주 쓰러뜨리지는 못하였으므로." 상처의 날들이 계속되는 어느 날 그의 삶에도 봄이 왔다. 예수라는 봄바람과 함께.

| "낫고 싶으냐?"

예수께서 누워 있는 그 사람을 보시고, 또 이미 오랜 세월을 그렇게 보내고 있는 것을 아시고는 물으셨다. "낫고 싶으냐?" 그 병자가 대답하였다. "주님, 물이 움직일 때에, 나를 들어서 못에다가 넣어주는 사람이 없습니다. 내가 가는 동안에, 남들이 나보다 먼저 못에 들어갑니다." 예수께서 그에게 말씀하셨다. 그날은 안식일이었다. "일어나서 네 자리를 걷어 가지고 걸

어 가거라." 그 사람은 곧 나아서, 자리를 걷어 가지고 걸어갔
다.(5:6-9)

_____ 하염없이 자리에 누워 있는 그 사람의 모습을 그
려본다. 아주 오랜 세월, 그는 갈망과 좌절 사이를 오가며 자기
삶에도 볕이 들 날이 있을 거라는 희망에 기대어 살았을 것이
다. 하지만 삶은 한 번도 다정한 눈빛을 보낸 적이 없었고, 그
의 기대도 세월과 더불어 늙어갔을 것이다. 애옥살이에 자식만
많다고 세월과 함께 수심이 깊어가면서 어둠은 서서히 그의
영혼을 잠식해 들어갔다. 이제 그에게서는 분노조차 스러졌다.
완전한 수동! 그는 그림자였다.

그 그림자에게 예수께서 말을 건다. "낫고 싶으냐?" 너무나
급작스러운 질문이다. 그는 물끄러미 상대를 바라보며 마음속
으로 불퉁거렸을 것이다. '아니, 보고도 묻는 거요?' 하지만 그
는 심드렁하게 대꾸한다. 자기를 물에 넣어주는 사람이 없다고
말이다. 동문서답이다. 육신의 병보다 더 깊어진 마음의 병 때
문이다. 그의 말을 들으면 그의 영혼의 형편을 알 수 있다. 이
환자의 이런 모습이야말로 경쟁이 지배하는 비정한 세상에서
번번이 탈락하는 사람들의 초상이 아닌가.

그런데 예수는 그를 향해 "일어나서 네 자리를 걷어 가지고
걸어 가거라" 하고 말씀하신다. 그동안 주저주저 하던 성서 기
자는 이 대목에서 지체 없이 다음 말을 해버린다. "그 사람은

곧 나아서, 자리를 걷어 가지고 걸어갔다." 많은 것이 생략된 시적인 언어의 전형을 본다. 명령과 실행 사이의 간극이 전혀 없다. 예수의 말은 창조의 어둑새벽에 울려 퍼지던 하나님의 말씀을 닮았다. 그러나 잊지 말자. 그가 나을 수 있었던 것은 신적 다바르, 즉 에너지로 가득 찬 말씀 덕분이지만, 그를 일으켜 세울 수 있는 힘은 이미 그의 속에 있었다는 사실을 말이다. 대체 무엇이 그 사람 속에 잠들어 있던 힘을 깨운 것일까? 이 질문에 답하려 한다면 그것은 말할 수 없는 것을 말하는 격이 될 것이다.

그 일로 유대 사람들은, 예수께서 안식일에 그러한 일을 하신 다고 해서, 그를 박해하였다. 그러나 [예수]께서는 그들에게 말씀하셨다. "내 아버지께서 이제까지 일하고 계시니, 나도 일 한다." 유대 사람들은 이 말씀 때문에 더욱더 예수를 죽이려고 하였다. 그것은, 예수께서 안식일을 범하셨을 뿐만 아니라, 하 나님을 자기 아버지라고 불러서, 자기를 하나님과 동등한 위치 에 놓으셨기 때문이다.(5:16-17)

_____ 그날은 안식일이었다. 안식일, 얼마나 아름다운 날인가? 하나님조차도 쉬면서 숨을 돌리신 날(출애굽기 20:11)이 니 말이다. 아브라함 조수아 헤셸이 '시간 속의 성소'라 했던 그 날이 문제가 되고 있다. 유대인들은 오랜 병에 시달리던 사

람이 치유되어 새로운 삶의 문턱 앞에 서있음에 주목하지 않
는다. 안식일 계명을 범했다는 사실에만 초점을 맞춘다. 아, 그
들이 회복된 그 사람을 붙잡고 함께 기뻐해주었더라면 얼마나
좋았을까? 율법을 안다 하는 자부심이 그들의 가슴을 오히려
납작하게 만들어 버린 것이 아닌가.

그런데 놀라운 것은 병이 나은 그 사람은 자기를 고쳐준 사
람이 누구인지 모른다는 사실이다. 예수는 자신을 드러내지 않
았다. 물론 공치사도 하지 않았다. 참 사람은 '공을 이룬 후에
머물지 않는다功成而弗居' 하지 않던가. 예수에게 중요한 것은 더
나은 삶의 가능성을 열어주는 것이지 자기를 드러내는 것이
아니다. 이 대목을 볼 때마다 자기들이 하는 좋은 일(?)을 흥분
에 찬 목소리로 선전하거나 넌지시 암시하는 이들이 떠오른다.
얼마나 긴 세월이 지나야 우리는 오른손이 하는 일을 왼손이
모르게 하라는 말씀의 깊이에 접속할 수 있을까?

안식일 계명을 어긴 장본인이 예수라는 사나이임을 알아차
린 이들이 몰려와 위해를 가할 분위기 속에서도 예수는 해야
할 말을 하신다. "내 아버지께서 이제까지 일하고 계시니, 나도
일한다." 놀랍구나, 이 말이여! 누구는 인간의 삶을 밀어가는
힘이 '쾌락에의 의지'라고 말하고, 누구는 '권력에의 의지'라고
말하고, 누구는 '의미에의 의지'라고 말한다. 그러나 예수의 삶
을 밀어가는 비밀은 이것이었다. '아버지가 일하고 계시니 나
도 일한다.' 이것은 삶의 매순간이 하나님의 은총이 당도하는

시간임을 아는 사람의 말이다. 말없이 그곳에 있어 시린 가슴을 덮어주는 하늘처럼 하나님은 소리도 없이 일하고 계신다. 그런 하나님의 마음에 접속되었기에 예수는 생명을 돌보고, 북돋고, 온전하게 하는 일에 헌신한 것이다.

그러나 '안다' 하는 자부심에 사로잡힌 이들은 예수의 말 속에 담긴 뜻을 읽지 못한다. 그들은 예수가 하나님을 자기 아버지라고 부름으로써 자기를 하나님과 동등한 위치에 놓았다며 길길이 뛴다. 그 말이 하나님과의 친밀함을 뜻하는 은유적 표현임을 그들은 이해하려 하지 않는다. 예수가 하는 일은 무슨 일이든 맞갖잖게 보기로 작정했기 때문이다. 편견과 무지의 안개에 가려 눈이 있어도 보지 못하고, 귀가 있어도 듣지 못한다. 딱한 사람들이다.

예수께서 그들에게 말씀하셨다. "내가 진정으로 진정으로 너희에게 말한다. 아들은 아버지께서 하시는 것을 보는 대로 따라 할 뿐이요, 아무것도 마음대로 할 수 없다. 아버지께서 하시는 일은 무엇이든지, 아들도 그대로 한다."(5:19)

_____ 예수는 재차 그들을 일깨우려 한다. 누가 아들인가? 아버지께서 하시는 일을 하는 사람이다. 아버지의 일을 따라 하려면 먼저 유심히 보아야 한다. 건성으로 보아서는 안 된다. 예수는 아버지 요셉의 작업장에서 직인 수업을 받았을 것

이다. 나무 다루는 법, 대패질하는 법, 끌과 대팻날을 벼리는
법, 망치질 하는 법, 돌 다루는 법…. 하늘 아버지의 일 또한 마
찬가지였을 터. 하늘 아버지의 마음을 헤아리고 그분의 세상
경륜을 배우면서 예수는 하나님과의 깊은 사귐 속에 들어갈
수 있었다. 부끄러움으로 돌아본다. 우리는 아버지의 일을 따
라 하기는커녕 아버지의 유산만 탐내는 불초자식은 아닌지.

| 생명의 문지방

내가 진정으로 진정으로 너희에게 말한다. 내 말을 듣고 또 나
를 보내신 분을 믿는 사람은, 영원한 생명을 가지고 있고 심판
을 받지 않는다. 그는 죽음에서 생명으로 옮겨갔다. 내가 진정
으로 진정으로 너희에게 말한다. 죽은 사람들이 하나님의 아들
의 음성을 들을 때가 오는데 지금이 바로 그 때이다. 그리고 그
음성을 듣는 사람들은 살 것이다.(5:24-25)

_____ 갑자기 마음이 짠해진다. 말귀를 알아듣지 못하
는 이들에게 당신의 진심을 전하려고 애쓰시는 모습이 안쓰럽
다. 두 번씩이나 반복되는 '진정으로 진정으로'라는 말에서 그
분의 심정이 느껴진다. 모든 것을 할 수 있는 분이지만 할 수
없는 일도 있다. 그것은 강제로 사람의 마음을 여는 일이다. 문
을 두드려도 반응이 없으면 별 수 없다. 그게 문 안에 틀어박힌
이들의 운명이다. 누군가의 말을 듣는다는 것, 그냥 귀로 듣는

것이 아니라 가슴으로 듣는다는 것처럼 어려운 일이 또 있을까? 그렇게 듣기 위해서는 말하는 이를 존중해야 한다. 또 그에게 말을 주어 보내신 이에 대한 경외심이 있어야 한다. 들음에서 믿음이 나고, 믿음은 영원한 생명의 문지방이다.

영원한 생명이라고 하여 지금 우리가 누리는 삶이 지속된다는 말이 아니다. 하나님의 생명에 실존적으로 참여하게 된 것을 가리킨다. 여기서 말하는 '죽은 사람들'은 무덤에 묻힌 사람들을 일컫는 것이 아니라, 하나님으로부터 단절된 삶을 살고 있는 사람들을 가리키는 말이다. 예수님의 말이 그들에게 들어갈 때 그들은 생명의 나라로 옮겨간다. 그런데 그것은 먼 미래의 일이 아니다. 신앙의 시제는 언제나 '현재'이다.

돌아본다. 예수의 말은 오늘 한국교회에서 경청되고 있는가? 언제든 들을 수 있기에, 삶으로 번역하려는 치열한 고투가 사라졌기에 그 말은 닳고 닳은 말이 된 것은 아닌가? 주님의 말씀이 상투어처럼 들릴 때 우리는 확고히 타락의 길에 서 있다고 할 수 있다. 조용히 마음 깊은 곳을 파고들어 혼과 영을 갈라내고, 관절과 골수를 갈라놓기까지 하는 말씀, 우리 내면의 실상을 드러내 울지 않을 수 없게 하는 말씀과 우리는 만나고 있는가? 하나님의 말씀을 그런 긴장과 두려움으로 읽지 않고 있다면 잠시 성경을 덮자. 말씀이 그리워질 때까지. 도저히 그 말씀 없이는 살 수 없을 것 같은 느낌이 들 때까지.

예수의 말은 살리는 말이지만 동시에 심판하는 말이기도 하다. 똑같은 말이 양날의 칼이 되어 우리 앞에 있다. 어느 쪽을 택할 것인가? 심판은 다른 게 아니다. 어둠 속에 그저 머무는 것이다. 바울은 하나님을 인정하기 싫어하는 사람들을 '타락한 마음자리에 내버려 두셔서, 해서는 안 될 일을 하도록 놓아 두셨다'(로마서 1:28)고 했다. 무섭지 않은가? 그냥 내버려두는 것도 심판이다. '그 음성을 듣는 자는 살 것이다'라는 주님의 말씀을 우리는 공허하게 하고 있는 자들이 아닌가?

그러나 나에게는 요한의 증언보다 더 큰 증언이 있다. 아버지께서 나에게 완성하라고 주신 일들, 곧 내가 지금 하고 있는 바로 그 일들이 아버지께서 나를 보내셨다는 것을 증언하여 준다.(5:36)

_____ 무슨 말을 해도 사람들은 예수의 말을 경청하지 않는다. 요한은 일찍이 '나는 이 사람의 신발 끈을 풀 자격조차 없다.'고 말했지만 사람들은 그 말에 주목하지 않았다. 사람들은 표징 앞에서만 움찔 반응할 뿐 증언에는 귀를 기울이지 않는다. 말이 제 값을 잃고 떠도는 세상에서 사는 이들의 비극이다. 에덴 이후 랑그langue와 빠롤parole, 기표記標와 기의記意는 분리되었다. 하지만 참 소리조차 분별하지 못하는 어둠이 이렇게도 깊다. 말 귀를 알아듣지 못하는 이들에게 예수는 숨겨진 말, 귀로 들을 수 없는 말, 참 말을 들려주신다. "내가 지금 하고 있

는 바로 그 일들이 아버지께서 나를 보내셨다는 사실을 증언하여 준다." 말의 진정성은 오직 삶으로만 입증될 수 있다. 그래서 우리는 예수를 말씀이 육신이 되신 분으로 고백한다. 말씀을 이루어내는 것이 바로 성실한 삶이다.

마케루스 산성에 갇혀 있던 세례자 요한이 예수에게 사람을 보내어 오실 그분이 바로 당신이냐고 물었을 때 예수는 당신이 있는 곳에서 벌어진 치유와 회복의 사건을 전하라고 하신다. 삶이 곧 그의 존재를 드러내기 때문이다. 오늘 교회가 세상으로부터 비난의 표적이 되고 있는 까닭은 말과 삶 사이의 괴리가 누가 보아도 분명하기 때문이다. 세상의 교사와 어머니를 자처하는 교회를 향해 사람들은 '당신들을 보낸 이가 누구인가?'를 묻고 있다. 교회는 이 질문 앞에서 자신을 돌아보아야 한다.

너희가 성경을 연구하는 것은, 영원한 생명이 그 안에 있다고 생각하기 때문이다. 성경은 나에 대하여 증언하고 있다. 그런데 너희는 생명을 얻으러 나에게 오려고 하지 않는다.(5:39-40)

──────── 토마스 머튼은 성경을 진지하게 읽는다는 것은 성경의 추상적인 서술에 정신적으로 동의하는 것이 아니라, 그 속에 인격적으로 빠져 들어감personal involvement을 뜻한다고 말했다. 사실 빠져든다는 것은 위험한 일이다. 예기치 않은 곳으

로 인도될 수도 있기 때문이다. 사람들은 그런 위험을 차단하기 위해 나름의 장치를 마련했다. 성경에 '하나님의 말씀'이라는 아우라를 덧씌워 침묵시키기로 한 것이다. 달콤한 말에는 밑줄을 긋고, 불편한 진실은 외면한다. 성경을 읽는다는 것은 그렇게 해서 불편하지도 위험하지도 않게 되었다. 빚을 탕감하고 가난한 자들을 돌보라는 명령은 현실적합성이 없다며 도외시하고, 사회 정의를 요구하는 예언자들의 음성은 모른 척 외면해 버린다.

예수는 사람들이 성경을 읽는 것은 그 속에 영원한 생명이 있기 때문이라면서 '그 생명이 바로 나'라고 단도직입적으로 말한다. 성경 전체는 예수라는 꽃 한 송이를 피워내기 위해 장구한 세월에 걸쳐 형성되어 왔다. 성경이 들려주는 그 수많은 이야기의 주름진 갈피마다 예수적 존재의 맹아가 깃들어 있다. 그리고 마침내 때가 되어 말씀의 구현인 예수가 나타났다. 하지만 사람들은 그를 받아들일 수 없었다. 말씀은 말씀으로 남아 있어야 하기 때문이다. 말씀이 그들 앞에 현전하여 변화를 요구한다면 삶이 위태로워지기 때문이다.

본회퍼 목사는 말씀을 바로 읽는 것은 해석하고 적용하는 것이 아니라, 행동하고 순종하는 것이라고 말했다. 우리가 예수께 나아가 그분의 말씀을 듣고 그 말씀을 살아내기 위해 힘쓸 때 그 말씀은 비로소 살아있는 말씀이 된다.

message 3

당신은 자유인인가?

예수께서 자기를 믿은 유대 사람들에게 말씀하셨다. "너희가 나의 말에 머물러 있으면, 너희는 참으로 나의 제자들이다. 그리고 너희는 진리를 알게 될 것이며, 진리가 너희를 자유롭게 할 것이다." 그들은 예수께 말하였다. "우리는 아브라함의 자손이라 아무에게도 종노릇한 일이 없는데, 당신은 어찌하여 우리가 자유롭게 될 것이라고 말합니까?" 예수께서 대답하셨다. "내가 진정으로 진정으로 너희에게 말한다. 죄를 짓는 사람은 다 죄의 종이다. 종은 언제까지나 집에 머물러 있지 못하지만, 아들은 언제까지나 머물러 있다. 그러므로 아들이 너희를 자유롭게 하면, 너희는 참으로 자유롭게 될 것이다. 나는 너희가 아브라함의 자손임을 안다. 그런데 너희는 나를 죽이려고 한다. 내 말이 너희 속에 있을 자리가 없기 때문이다. 나는 나의 아버지에게서 본 것을 말하고, 너희는 너희의 아비에게서 들은 것을 행한다."(요한복음 8:31-38)

| 누가 제자인가?

어느 날 공자의 제자 자하가 스승에게 묻습니다. "안회는 사람됨이 어떻습니까?" "인의(仁義, 어짊과 바름)는 나보다 낫지." "자공은 어떻습니까?" "말재주는 내가 따라갈 수가 없을 정도야." "그럼 자로는요?" "용기에는 내가 엄두도 못내지." "자장은요?" "장중함(점잖음)은 나보다 나아." 이쯤 되자 자하는 궁금증을 참을 수 없다는 듯이 벌떡 일어나며 묻습니다. "그들이 다 선생님보다 나은데 왜 선생님께 머리를 조아리고 스승으로 삼으며 배우고 싶어 하지요?" 공자는 조급한 제자를 안돈시켜 자리에 앉게 한 후 말합니다.

안회는 인의를 말 할 줄은 알지만 변통은 모른다. 또 자공은 말은 잘 하지만 겸손하지 못하다. 자로는 용감하지만 물러날 줄을 몰라. 그리고 자장은 장중하지만 남과 어울리지 못해. 그들은 각각 장점을 가지고 있지만 단점도 있다. 내가 네 사람에 대해서 잘 알고 인정하기 때문에 그들이 나를 섬기되 두 마음으로 섬기지 않는 것이다.

《列子》의 중니 편에 나오는 이야기입니다. 이 이야기를 통해 스승이란 많이 아는 사람이 아니라, 꿰뚫어 볼 줄 아는 사람임을 깨닫습니다. 스승은 어느 한 편에 치우치지 않는 사람, 즉 균형 감각이 탁월한 분입니다. 그런 의미에서 하나님을 닮은 사람이라 할 수 있습니다. 인생이란 벼랑과 벼랑 사이에 놓인 줄 위를 걷는 것과 같다고들 말합니다. 그 위를 잘 걷는 방법은 뭘까요? 몸이 왼쪽으로 기울면 오른쪽으로 돌이키고, 오른쪽으로 기울면 왼쪽으로 돌이켜야 합니다. 치우침이야말로 우리 삶의 병통입니다. 우리는 예수님을 구주로서 믿고 신뢰하지만, 삶의 길을 여쭐 수 있는 균형 잡힌 스승으로서도 존경합니다.

오늘 본문에서 요한은 유대인들과 예수님의 대화 한 토막을 들려줍니다. 요한은 그들을 '믿은 유대인'이라고 소개하고 있습니다. '믿는'이라고 하지 않고 굳이 '믿은'이라고 번역한 것은 그 동사가 원문에서 완료분사 형태로 되어 있기 때문입니다. 그러니까 그들은 지금 막 예수님과 대면한 사람들이 아니라 상당한 시간을 예수님 곁에 머물렀던 사람들임을 알 수 있습니다. 주님은 그들에게 제자가 된다는 것이 뭘 의미하는지를 가르치십니다. "너희가 나의 말에 머물러 있으면, 너희는 참으로 나의 제자들이다." 그들은 주님으로부터 많은 가르침을 받았을 것입니다. 이제 남은 문제는 그 말씀을 살아내는 것입니다. 말씀을 살아내는 것을 여기서는 '나의 말에 머물러 있으면'이라고 표현하고 있습니다. 한국교회처럼 성경공부를 열심히 하는 나라도 많지 않을 겁니다. 어떤 성도들은 목회자보다도 더 전문적이기도 합니다. 하지만 하나님의 말씀은 삶을 통해 구현되지 않으면 오히려 우리의 거짓 자아를 강화시키는 역할을 하기도 합니다. 말씀 안에 머문다는 것은 그 말씀을 바탕으로 해서 나의 사욕을 제거하고, 하나님의 뜻에 일치된 삶을 살기 위해 노력한다는 뜻이 아니겠습니까? 사람됨의 길을 가르치는 논어의 맨 첫 대목이 '배우고 또 경우에 맞게 그것을 익힌다學而時習之'는 것은 참 의미심장합니다. 참 사람됨의 길은 마음을 열고 열심히 배우는 데서 시작됩니다. 하지만 그 배움은 삶 속에서 적절하게 훈련되어야 합니다. 주님은 당신의 말씀 안에 머무는 사람이 곧 제자라고 말씀하십니다.

|진리와 자유의 상관관계

그리고 결정적인 말씀을 덧붙이십니다. 그 말씀을 살아내려고 애쓰면 결국 진리가 무엇인지 알게 될 것이라는 것입니다. '진리'라는 말은 매우 추상적으로 들립니다. 진리는 철학을 전공하거나, 그래도 교양적 지식이 풍부한 사람이나 이해할 수 있는 것이 아닌가 싶은 생각이 드는 것도 사실입니다. 하지만 여기서 말하는 진리는 우리가 노력하여 얻을 수 있는 어떤 지식을 뜻하는 것이 아니라, 하나님으로부터 계시된 가르침을 뜻합니다. 쉽게 말하면 예수 그리스도 자신이 진리입니다. 예수님의 말씀을 따라 살려고 애쓰다 보면 결국에는 그 분이 참 삶의 길이요 진리요 생명임을 알 수밖에 없습니다. 나중에 빌라도는 자기 앞에 서 있는 주님께 '진리가 무엇이오?' 하고 묻습니다. 아이러니입니다. 진리를 눈앞에 두고도 그는 진리가 뭐냐고 묻고 있습니다. 눈을 감은 사람에게는 아무것도 보이지 않는 법입니다.

다시 한 번 강조합니다. 진리는 추상적 개념이 아니라 예수 그리스도의 인격과 삶과 가르침 자체입니다. 그 진리를 깨달은 사람에게 주어지는 선물은 자유로움입니다.

진리가 너희를 자유롭게 할 것이다.

얼마나 가슴 벅찬 말입니까? 예수가 우리 삶에 들어오면 우리는 자기 삶의 주인이 됩니다. 성전 미문 앞에 앉아 있는 것을 자기의 숙명으로 여기던 앉은뱅이 걸인은 베드로와 요한을 만난 후 새 사람이 되었습니다. 자리에서 일어나 걷기도 하고, 뛰기도 하며 하나님을 찬양했습니다. 주님은 진리를 인하여 환난을 겪게 될 제자들에게 아주 솔직하게 말씀하십니다.

너희는 세상에서 환난을 당할 것이다. 그러나 용기를 내어라. 내가 세상을 이겼다(요한복음 16:33).

주님은 고난을 눈앞에 두고도 세상을 이겼다고 하십니다. 세상의 어떤 세력 앞에서도 짓눌리지 않는 영혼만이 할 수 있는 말입니다. 그를 위협하고, 감옥에 가두고, 죽일 수는 있습니다. 하지만 굴복시킬 수는 없습니다. 프란체스코는 세상에서 가장 가난한 사람으로 살았지만, 그의 삶을 누추하다고 말하는 이는 없습니다. 마틴 루터 킹도, 마더 테레사도 아무것도 가진 것이 없는 사람이었지만, 믿음 하나로 세상을 변혁한 이들입니다. 그들이 누린 영적인 자유를 누가 빼앗을 수 있겠습니까.

예수님과 처음으로 만났을 때 저는 새로운 세상과 만난 느낌이었습니다. 세상에 두려울 게 없었고, 주저할 것도 없었습니다. 예수처럼 살고, 예수처럼 죽으면 그만이라고 생각했습니다. 예수를 믿어서 얻는 복 따위는 제게 안중에도 없었습니다. 예수와 복을 연결시키는 생각 자체를 저는 불순한 것으로 알았습니다. 이 생각은 지금도 변함이 없습니다. 하지만 주님을 향한 나의 단순하고 소박했던 사랑도 세월과 함께 퇴색된 듯합니다. 자꾸 몸을 사리고, 계산을 합니다. 예수의 손과 발이 되어 살기보다는 예수를 해석하고 설명하는 일에 훨씬 익숙하게 되었습니다. 다시금 주님과의 관계를 새롭게 해야 할 때입니다. 예수님은 자유입니다. 진리입니다. 진리 아닌 다른 군더더기에 마음이 팔리는 순간 우리 영혼은 위축되게 마련입니다. 33살에 생을 접을 수밖에 없었던 그 청년 예수의 외침, "진리가 너희를 자유롭게 할 것"이라는 말이 가슴 벅차게 다가옵니다.

| 생명을 주는 자

주님의 이런 선포에 대해 사람들은 의아해 합니다.

우리는 아브라함의 자손이라 아무에게도 종노릇한 일이 없는데,
당신은 어찌하여 우리가 자유롭게 될 것이라고 말합니까?(33절)

문자 그대로 보면 옳은 말입니다. 넘어진 사람이라야 일어설
수 있고, 떠난 사람이라야 도착할 수 있지 않습니까? 종노릇한
적이 없는데 어떻게 자유롭게 될 수 있다는 말입니까. 주님을
믿어온 그 유대인들의 반응에는 노여움이 배어 있습니다. 예수
님의 말씀은 그들에게 종교적, 민족적 자긍심에 상처를 입히는
말씀이었습니다. '우리는 아브라함의 자손이라.' 이 말이야말
로 그들의 내면에 있던 자부심의 근원이었습니다. 그런데 주님
은 당황하는 기색도 없이 간단하게 대답하십니다.

죄를 짓는 사람은 다 죄의 종이다(34절).

간명하지만 핵심을 꿰뚫는 말씀입니다. 이 말로부터 자유로
울 수 있는 사람은 아무도 없습니다. 바울 사도는 갈라디아 교
회에 보낸 편지에서 말합니다.

그런데 전에는 여러분이 하나님을 알지 못해서, 본디 하나님이
아닌 것들에게 종노릇을 하였지만, 지금은 여러분이 하나님을
알 뿐만 아니라, 하나님께서 여러분을 알아주셨습니다. 그런데
어찌하여 그 무력하고 천하고 유치한 교훈으로 되돌아가서, 또
다시 그것들에게 종노릇 하려고 합니까?(갈라디아서 4:8-9).

지금 우리도 누구의 혹은 무엇의 종노릇을 하고 있는 것은
아닙니까? 왕자의 운명을 타고 나서 거지의 운명을 살아가는
것이 죄라 합니다. 우리는 이미 예수 그리스도를 통해 자유인
으로 부름 받았습니다. 자유인으로 살아가는 것이 우리의 소
명입니다. 제멋대로 살자는 말이 아니라, 하나님의 뜻이 아닌
어떤 것에도 휘둘리지 말아야 한다는 말입니다. 하지만 우리
는 자신도 모르는 사이에 과도한 욕망의 노예가 되어 살고 있
습니다. 한동안 사람들 사이에 유행어처럼 번지던 말이 있습
니다. "부자 되세요." 이 말은 한동안 최고의 덕담 대접을 받
았습니다. 기독교인들도 이 말의 주술에서 자유롭지 않았습
니다. 하지만 정신을 차린 사람들은 이 말이 갖는 위험성을 잘
압니다.

부자가 되기를 원하는 사람은, 유혹과 올무와 여러 가지 어리석
고도 해로운 욕심에 떨어집니다. 이런 것들은 사람을 파멸과 멸
망에 빠뜨립니다. 돈을 사랑하는 것이 모든 악의 뿌리입니다. 돈

을 좇다가, 믿음에서 떠나 헤매기도 하고, 많은 고통을 겪기도 한 사람이 더러 있습니다(디모데전서 6:9-10).

우리가 구해야 할 것은 많은 재물이 아니라, 자족하는 마음입니다. 소유에 대한 욕망에 사로잡히는 순간 이성이나 양심은 작동을 멈춥니다. 종노릇이 시작됩니다. 예수 잘 믿으면 만사형통한다고 가르치는 이들도 있고 또 그렇게 믿는 이들도 많습니다. 그런데 우리의 현실 경험은 다릅니다. 잘 믿는데도 실패를 경험하고, 병으로 신음하는 이들도 많습니다. 신앙적으로나 도덕적으로나 문제가 많은데 세속적인 성공을 거두는 이도 많습니다. 여기서 사람들은 신앙적 딜레마에 빠집니다. 하나님이 어떻게 이러실 수가 있지? 전도서는 말합니다.

하나님은 사람들에게 과거와 미래를 생각하는 감각을 주셨다. 그러나 사람은, 하나님이 하신 일을 처음부터 끝까지 다 깨닫지는 못하게 하셨다(전도서 3:11).

옳습니다. 우리는 하나님이 하시는 일을 다 깨달을 수 없습니다. 그렇지만 하나님을 사랑하는 사람들은 하나님을 등지고 거두는 성공보다 하나님을 향해서 거두는 실패를 더욱 소중히 여깁니다. 하나님을 등지고 누리는 건강보다는 하나님을 향하여 살면서 겪는 연약함을 소중히 여깁니다.

| 말씀이 머물 자리를 마련하라

37절과 38절에 나오는 말씀은 31절과 맥락이 조금 다른 듯합니다. 당신을 믿고 따르는 이들에게 제자의 삶을 가르치시던, 예수님은 본문의 뒷부분에서 당신을 대적하는 이들을 향해 말씀하십니다. 그들은 아브라함의 자손임을 내세우지만 진리이신 예수님을 죽이려 합니다. 그 까닭을 주님은 "내 말이 너희 속에 있을 자리가 없기 때문"이라고 말합니다. 한 번 상상해 보시기 바랍니다. 텅 빈 공간에 분자가 들어 있습니다. 그 숫자가 많지 않아 자유롭게 노닐 수 있습니다. 하지만 그 공간에 분자 수가 늘어나면 움직일 수 있는 여백은 점점 줄어듭니다. 분자 수가 더 늘어나 더 이상 들어올 수 없을 지경이 되면 분자들은 조금도 움직일 수 없게 됩니다. 최초의 상태가 기체였다면 마지막 상태는 고체입니다. 사람의 마음도 마찬가지입니다. 자기로 가득 차 있는 사람은 다른 사람을 받아들일 수도 없고, 스스로를 바꿀 수도 없습니다. 부드러움은 생명의 친구이지만, 굳어짐은 죽음의 친구입니다. 굳어짐은 죽음입니다. 정신의 굳어짐도 마찬가지입니다. 그래서 주님은 에스겔을 통해 그 백성들의 굳어진 마음을 도려내고, 새 살과 같은 마음을 주시겠다고 하셨습니다.

'내 말이 너희 속에 있을 자리가 없다'는 주님의 말씀이 참 아프게 다가옵니다. 신앙생활이란 다른 것 아닙니다. 주님의 말씀이 우리 속에서 자유롭게 활동할 수 있는 여백을 마련하는 것입니다. 우리가 분주한 일상 가운데서도 시간을 구분하여 하나님 앞에 엎드리는 까닭은 정신의 굳어짐을 막기 원해서입니다. 감각적인 세상의 물결에 휩쓸려 우리 영혼이 떠내려가지 못하도록 하려면 우리를 든든히 붙들어줄 내적인 닻이 필요합니다. 그 닻의 이름은 기도와 성도들과의 깊은 사귐입니다.

예전에 유럽 여정 가운데 가장 행복했던 시간은 카푸친수도회 교회에 앉아 있던 시간이었습니다. 잘츠부르크의 뒷골목을 배회하다가 나는 우연히 카푸친 수도회의 영내에 들어가게 되었습니다. 비가 내리던 날, 마치 뭔가에 이끌리듯 나지막한 산길을 따라 1시간 30분 동안 숲 속을 홀로 걸었습니다. 새소리는 황홀했고, 무엇보다 적막함이 참 좋았습니다. 산책길 끝에 있던 수도원 교회에 들어서는 순간 저는 발소리를 죽여야 했습니다. 누군가가 파이프오르간을 연주하고 있었던 것입니다. 교회 안에는 연주자와 저 외에는 아무도 없었습니다. 가만히 자리에 앉아 연주에 귀를 기울였습니다. 그 아름다운 선율은 예배당 곳곳을 어루만지고, 성상들을 쓰다듬고, 마침내 내 가슴에 파고들어 내 영혼 구석구석을 어루만졌습니다. 치유의 시간이었고, 회복의 시간이었습니다. 연주가 끝난 후에도 저는 가만히 자리에 앉아 있을 수밖에 없었습니다. 하나님의 은총이 저를 감싸 안고 있음을 이론이 아니라 몸으로 느꼈기 때문입니다.

주님의 말씀이 우리 속에 있을 때, 그래서 우리 마음이 아버지이시고 어머니이신 하나님과 하나가 될 때, 우리는 비로소 지복을 누리게 되는 것입니다. 세상이 복잡할수록, 해야 할 일이 많을수록, 분노와 절망의 감정이 깊을수록, 주님께 기회를 드려야 합니다. 우리 속에 오셔서 고치시고, 회복시키시고, 새로운 소명을 주시도록 말입니다. 엎드리지 않고는 세상을 바꿀 수 없습니다. 내가 변하면 세상도 변합니다. 세상은 예수와 진정으로 만난 사람을 뒤흔들어 놓을 수 없습니다. 우리 모두가 진리이신 예수로 인하여 진정한 자유인으로 거듭날 수 있기를 기원합니다.

두 려 움 없 는 사 랑

예수께서 산에 올라가서, 제자들과 함께 앉으셨다. 마침 유대 사람의 명절인 유월절이 가까운 때였다. 예수께서 눈을 들어서, 큰 무리가 자기에게로 모여드는 것을 보시고, 빌립에게 말씀하셨다. "우리가 어디에서 빵을 사다가, 이 사람들을 먹이겠느냐?"(6:3-5)

─────── 예수께서 갈릴리 바다 건너편에 있는 산에 올라가 제자들과 함께 앉으시자 많은 사람이 그 앞으로 나왔다. 순례의 절기인 유월절 무렵이었다. 수많은 사람이 성전이 있는 예루살렘을 향해 나아갈 때 그들은 예수께로 모여들었다. 마음의 헛헛함 때문이었을 것이다. 해야 할 일, 가야 할 길을 잃은 채 떠도는 그들을 보며 예수는 가슴이 아팠다. 남루하고 초라한 행색의 무리는 다름 아닌 자기 부모요 형제요 자매였다.

"우리가 어디에서 빵을 사다가, 이 사람들을 먹이겠느냐?" 빌립을 보며 하신 그 말씀이 사뭇 가슴을 파고든다. 예수는 그들의 영적인 허기에도 반응하시지만 그들의 육적인 허기에도 반응을 하신다. 고맙지 않은가!

빌립은 난감했다. 예수의 시린 마음을 모를 리 없지만, 그렇다고 해도 대책이 없지 않은가. 그 인적이 드문 광야에서 설사 빵 이백 데나리온 어치를 구할 수 있다 해도 그 많은 무리에게 충분하지 못할 거라는 그의 말은 이성적이다. 안드레가 빌립을 거든다. 그는 한 아이가 가져온 보리빵 다섯 개와 물고기 두 마리를 예수께 내밀며 "이렇게 많은 사람에게 그것이 무슨 소용이 있겠습니까?"라고 묻는다. 최선을 다해 보아도 결국 해답은 없다는 것이다.

결과에 대한 책임으로부터 거리를 두고 싶을 때 사람들은 흔히 '최선을 다했다'고 말한다. '최선을 다해보겠습니다'라는 말을 듣는 순간 발화자의 심리에 깃든 발 빼기 욕망을 읽는 것은 과민한 탓일까? 믿는 이들이라면 차마 최선을 다했다는 말을 하지 못할 것이다. 저 허기진 무리가 내 살붙이로 느껴지는데 어떻게 최선을 다했다고 말할 수 있겠는가? 그저 안타까워하고 가슴을 칠뿐이지.

예수께서는 "사람들을 앉게 하여라" 하고 말씀하셨다. 그 곳에는 풀이 많았다. 그래서 그들이 앉았는데, 남자의 수가 오천 명

쯤 되었다. 예수께서 빵을 들어서 감사를 드리신 다음에, 앉은
사람들에게 나누어주시고, 물고기도 그와 같이 해서, 그들이
원하는 대로 주셨다.(10-11)

——————— 예수는 사람들을 풀밭 위에 앉게 하신다. 낯익은
얼굴도 있고 낯선 얼굴도 있다. 서로의 얼굴을 보았을까? 뭐라
말은 하지 않아도 모두가 가슴에 멍이 든 사람들임을 알 수 있
다. 서로의 추레한 모습을 보는 순간 낯섦이 빚어내는 날선 경
계심은 허물어지고, 내남 없는 안타까움만이 남아 그들을 하나
로 엮어주고 있었을까? 고통 안에서 그들은 한 몸이었다. 예수
는 빵을 들어서 감사의 기도를 드리셨다. 그리고 그것을 쪼개
사람들에게 나누어주셨다. 물고기도 그렇게 했다.

'에이, 어떻게 그런 일이 일어나요?' 하고 묻는 이들도 있다.
그렇다면 그런 줄 알라고 엉너리를 치고 싶지 않다. 아이가 자
기 먹을 것을 내놓는 것을 보고 부끄러움을 느낀 사람들이 슬
금슬금 먹을 것을 꺼내놓았다느니, 그 풀밭 위의 식사는 성찬
을 상징한다느니, 출애굽 공동체가 경험했던 만나 사건을 상징
한다느니, 사람들은 그럴듯한 해석을 내놓으며 의심을 잠재우
려 한다. 하지만 그 어떤 설명도 찹찹하지 않다. 나는 다만 그
들의 배고픔과 허기진 마음을 고스란히 자기 것으로 체화한
예수의 마음에만 주목하고 싶다. 그 마음은 '할 수 있을까?'를
먼저 묻지도 계산하지도 않는다. 결과를 미리 예측하려 하지

않는다. 그저 주려는 마음 하나뿐이다. 그 마음에서 기적이 일어난다. 아니, 그 마음이 곧 기적이다.

그들이 배불리 먹은 뒤에, 예수께서 제자들에게 이렇게 말씀하셨다. "남은 부스러기를 다 모으고, 조금도 버리지 말아라." 그래서 보리빵 다섯 덩이에서, 먹고 남은 부스러기를 모으니, 열두 광주리에 가득 찼다.(6:12-13)

_____ 그 기적의 식탁에 참여한 이들은 모두 배가 불렀다. 남은 부스러기가 무려 열두 광주리였다. 이 이야기의 핵심은 이 '만족'에 있다. 성인의 다스림은 '마음을 비우게 그 배를 채워준다虛其心, 實其腹'는 옛말이 있다. 갈릴리에 있는 오병이어의 교회를 방문했던 미당 서정주 선생은 〈예수가 빵과 물고기를 몽땅 만드신 자리의 교회에서〉라는 시에서 이 놀라운 사건을 이렇게 노래하고 있다. "'먹은 거나 진배 없네'가 아니라,/'먹은 것 보다 더 뿌듯하네'인/그 비상한 마음의 요기 그 다정다한多情多恨한 요기를/인색한 자여, 어찌 하필 그대는 인증하지 못하느뇨?"

'그 다정다한한 요기'라는 말 속에 많은 뜻이 담겨 있지 않은가? 예수의 그 마음을 헤아릴 수 있다면 이 놀랍고 아름다운 이야기를 듣고도 사실이냐 아니냐를 놓고 논쟁을 벌이는 추태는 벌이지 않을 것이다. 9·11 사태가 벌어진 뒤 미국에 거주하고 있던 무슬림들은 상당히 큰 어려움을 겪었다. 아이들은 학교에 가지 않았고, 여성들은 정체성의 상징이라 할 수 있는 베일을 벗었고, 남자들도 가급적이면 바깥출입을 삼갔다. 그 어려운 때 몇몇 교회가 나서서 무슬림들을 위해 장을 보아주는 봉사를 했다 한다. 종교와 이념의 차이를 넘어 '아픔'에 공감했기 때문이었다. 그 교회들은 모두가 증오에 사로잡혀 있던 그 엄혹한 시기에 '평화의 씨'를 뿌리고 있었던 것이다.

이 아름다운 이야기를 묵상하는 동안 가슴 한 켠이 무지근해졌다. 오늘의 교회는 이런 놀라운 기적을 체험할 수 없을지도 모른다는 자각 때문이었다. 찾아온 무리들을 가르치고, 해저물면 차마 그들을 그저 보낼 수 없어 많거나 적거나 나눠 먹으려는 그 소박한 마음을 이미 부유해진 교회는 다 잃어버린 것은 아닌가? 어마어마한 교회당을 짓고, 중산층 이상의 사람들이 편하게 머물 수 있도록 온갖 프로그램을 개발하고 있는 오늘의 교회에서 이 풀밭 위의 기적이 가당키나 한 일인가?

| 신앙은 독립, 곧 홀로 섬이다

예수께서는, 사람들이 와서 억지로 자기를 모셔다가 왕으로 삼으려고 한다는 것을 아시고, 혼자서 다시 산으로 물러가셨다.(6:15)

———— 사람들은 이렇게 어리석다. 예수라면 자기들의

모든 문제를 해결해 주려니 여겨 그를 왕으로 삼으려 한다. 왕
이 바뀌면 모든 문제가 풀릴 것이라는 믿음처럼 허망한 것이
또 있을까? 스스로 주체가 되지 못한다면 문제는 언제든 문제
로 남게 마련이다. 예수는 무리를 긍휼히 여기지만 그들이 또
한 얼마나 변덕스럽고 허약한지도 아신다. 아직도 때가 오려면
멀었다. 그래서 다시 혼자서 산으로 물러가신 것이다.

날이 저물었을 때에, 예수의 제자들은 바다로 내려가서, 배를
타고, 바다 건너편 가버나움으로 갔다. 이미 어두워졌는데도,
예수께서는 아직 그들이 있는 곳으로 오시지 않았다. 그런데
큰 바람이 불고, 물결이 사나워졌다.(6:16-18)

_____ 자기를 모셔다가 왕으로 삼고 싶어 하는 민중들
의 마음을 모를 리 없지만 예수는 단호하게 그 바람을 무지르
고 만다. 그것은 자기에게 맞는 옷이 아니었을 뿐만 아니라, 새
로운 시대는 어느 영웅적 인물을 통해 오는 것이 아님을 너무
나 잘 아셨기 때문일 것이다. 제자들은 배를 타고 바다 건너편
으로 향했지만 예수는 혼자서 산으로 물러가셨다. 예수 정신은
이 '혼자서'라는 말 속에 오롯이 담겨 있다. 신앙은 독립, 곧 홀
로 섬이다. 홀로 섬이 허락되지 않는 '더불어'는 차이를 인정하
지 않는 폭력이 될 수도 있다. 홀로 있는 시간이야말로 '더불어
삶'을 제대로 이루기 위한 밑절미이다.

그러나 아직 정신의 독립을 이루지 못한 제자들에게 예수의 부재는 문제일 수밖에 없다. 날은 저물고 큰 바람이 불어 물결이 사나워졌다. 그런데 이 어둠, 이 바람, 이 물결, 익숙하지 않은가? 살펴보면 그것은 바깥에서 오는 것이 아니라 우리 속에서 오는 것임이 분명하다. 삶은 그런 것이다. 예수라는 중심이 사라지면 우리 삶은 이 지경이 되고 만다.

제자들이 배를 저어서, 십여 리 쯤 갔을 때였다. 그들은 예수께서 바다 위로 걸어서 배에 가까이 오시는 것을 보고, 무서워하였다. 예수께서 그들에게 말씀하셨다. "나다. 두려워하지 말아라." 그래서 그들은 기꺼이 예수를 배 안으로 모셔들였다. 배는 곧 그들이 가려던 땅에 이르렀다.(6:19-21)

_____ 그래도 어쩔 것인가? 삶이 제 아무리 힘겨워도 살아야지. 저 어둠을 뚫고 가야지. 제자들이 안간힘을 다 쓰고 있을 때 예수는 바다 위를 걸어서 배에 다가오셨다. 제자들은 두려움에 사로잡혔다. 예기치 않은 사태가 벌어졌으니 당연한 일이다. 두려움의 뿌리는 낯섦 혹은 상대에 대한 무지이다. 담장 너머의 야수도 알고 보면 따뜻한 심성의 사람인 것이다. "사랑에는 두려움이 없습니다. 완전한 사랑은 두려움을 내쫓습니다."(요한일서 4:18a) 아직 어둠의 저편에 있는 제자들을 향해 예수님의 햇살 같은 말씀이 던져진다. "나다. 두려워하지 말아

라." 이 장면에서 '나다'라는 말은 이중적 의미를 함축하고 있다. '나'는 너희에게 낯선 존재가 아니라는 뜻과 아울러, 이름을 묻는 모세에게 '나는 나다'라고 대답하셨던 분의 존재가 암시되고 있는 것이다. 예수는 천근의 무게로 우리를 잡아끄는 인력을 거스르며 물 위를 걸으신다. '자아'를 여읜 사람의 자유로움이 이보다 아름답게 표현될 수 있을까?

제자들은 기꺼이 예수를 배 안으로 모셨다. 그러자 배는 그들이 가려던 땅에 이르렀다. 이것을 산문처럼 읽어버리면 안 된다. 이것은 시적 언어이다. 요한은 지금 옛 시인들과 더불어 실존의 인사를 나누고 있다. "사방이 조용해지니 모두들 기뻐하고, 주님은 그들이 바라는 항구로 그들을 인도하여 주신다." (시편 107:30) 행선지가 어디인지는 문제가 되지 않는다. 예수와 함께라면 이미 그곳에 당도한 것이나 마찬가지다. 아직도 이루어야 할 목표가 우리 삶을 이끌어가게 하고 있는가? 지금은 '나다' 하시는 분을 모시는 것이 우선이다. 그분을 모시지 않는 배가 참으로 많다. 크고 화려하지만 세속의 풍랑에 휘둘리고 있는 오늘날의 교회 말이다.

그들은 바다 건너편에서 예수를 만나서 말하였다. "선생님, 언제 여기에 오셨습니까?" 예수께서 그들에게 대답하셨다. "내가 진정으로 진정으로 너희에게 말한다. 너희가 나를 찾은 것은 표징을 보았기 때문이 아니라, 빵을 먹고 배가 불렀기 때문

이다. 너희는 썩어 없어질 양식을 얻으려고 일하지 말고, 영생
에 이르도록 남아 있을 양식을 얻으려고 일하여라. 이 양식은,
인자가 너희에게 줄 것이다. 아버지 하나님께서 인자를 인정하
셨기 때문이다."(6:25-27)

─────── 바다 건너편에 있던 무리는 예수를 찾아 가버나
움으로 갔다. 예수께서 배를 타신 것을 보지 못했던 그들은 "선
생님, 언제 여기에 오셨습니까?"라고 묻는다. 도무지 인과의 고
리를 헤아릴 수 없었던 것이다. 예수는 부질없는 질문에 답하
지 않고 곧장 핵심으로 뛰어드신다. 너희가 나를 찾은 것은 빵
을 먹고 배가 불렀기 때문이지, 뭔가 새 시대가 도래 하고 있
음을 감지했기 때문은 아니라는 것이다. 현상만 볼 뿐 본질을
꿰뚫어 보지는 못하는 이들이 얼마나 많은가? 컵에 든 물은
보지만 심층수가 솟아나는 샘물은 보지 못하는 격이다.

스스로 샘이 될 생각은 아예 해보지도 않은 이들에게 예수
는 준엄하게 이른다. 썩어 없어질 양식을 얻으려고 일하지 말
고, 영생에 이르도록 남아 있을 양식을 얻기 위해 일하라고. 이
말은 우리의 노동을 폄하하려는 말이 아니라, 먹고 사는 문제
가 시급하다고 하여 사람됨의 기본을 망각하지 말라는 말이다.
썩을 양식을 구하는 것이든 영생의 양식을 구하는 것이든 '일'
이라는 매개는 반드시 필요하다. 문제는 그 일이 지향하는 바
이다. 예수님은 일을 통해 뜻을 구하는 이들은 인자가 공급하

는 양식을 얻게 될 것이라 말씀하신다.

소비주의라는 환각의 사회에 포섭된 이들에게 이 말은 낯선 말, 부질없는 말처럼 들릴지도 모르겠다. 하지만 먹고 사는 문제에 집착하다 보면 우리는 이웃을 폐기처분해 버리기가 쉽다. 그것은 스스로를 비인간화시키는 일이다. 지금 당장 굶주린 이들에게 대가 없이 주는 행위야말로 영생의 양식을 구하는 일이 아닐까?

그들은 예수께 말하였다. "주님, 그 빵을 언제나 우리에게 주십시오." 예수께서 그들에게 말씀하셨다. "내가 생명의 빵이다. 내게로 오는 사람은 결코 주리지 않을 것이요, 나를 믿는 사람은 다시는 목마르지 않을 것이다.(6:34-36)

_____ 이제 사람들은 예수에게 하늘에서 내려온 빵을 달라 한다. 예수는 당신 자신이 '그 빵'이라고 말씀하신다. 예수는 자신을 인류의 먹이로 내놓으신다. 그 먹이를 제대로 먹을 때 생명의 새로운 역사가 시작되는 것이다. 알 수 없는 헛헛함에 시달리던 무리들은 과연 예수를 배불리 먹었을까? 아니, 질문을 바꾸자. 당신에게 예수는 생명의 빵인가? 빵은 이미 주어졌는데, 씹어 삼키려는 사람이 적구나.

| 예수는 '살아있는 빵'인 동시에 '살리는 빵'

아버지께서 내게 주시는 사람은 다 내게로 올 것이요, 또 내게
로 오는 사람은 내가 물리치지 않을 것이다. 그것은, 내가 내
뜻을 행하려고 하늘에서 내려온 것이 아니라, 나를 보내신 분
의 뜻을 행하려고 왔기 때문이다.(6:37-38)

_____ 오늘 우리가 예수 안에 있는 것은 우리의 결단 이
전에 아버지의 이끌어주심이 있었기에 가능한 일이다. 보이지
않는 끈이 우리를 묶어 이 자리에 데려왔다. 운명이라면 운명
이다. 예수는 당신께 나아오는 사람을 아무도 물리치지 않았
다. 호불호의 감정, 미와 추, 빈부귀천, 피부색이나 종교가 문제
가 되지 않았다. 주님은 인간이 한갓 티끌임을 아셨기에 누구
든 품지 못할 사람이 없었다.

'나'를 중심에 놓고 사람을 대하면 당연히 분별심이 일어난
다. 내게 도움이 될 사람인지 해를 끼칠 사람인지 먼저 판단하
고 그에 따라 행동이 달라진다. 우리는 지금 비근한 일상의 자
리에서 만나는 사람들을 하나님이 이끌어주신 사람으로 대하
고 있는가? 이러한 마음 한 자락 품지 못해 세상은 우울하다.
받아들여지는 것에 대한 욕망이 좌절될 때 우리는 세상에 지
옥을 짓는다.

그러나 '하나님'을 중심에 놓고 보면 아무도 함부로 대할 수
없다. 당장 내 비위에 맞지 않는다 해도 하나님은 그 또한 소중

히 여기시기 때문이다. '보내신 분의 뜻을 행하는 것'을 소명으로 삼은 사람은 경거망동하지 않는다.

나를 보내신 분의 뜻은, 내게 주신 사람을 내가 한 사람도 잃어버리지 않고, 마지막 날에 모두 살리는 일이다. 또한 아들을 보고 그를 믿는 사람은 누구든지 영생을 얻게 하시는 것이 내 아버지의 뜻이다. 나는 마지막 날에 그들을 살릴 것이다.(6:39-40)

_____ 보내신 분의 뜻을 어쩌면 이렇게도 간명하게 요약할 수 있을까? 주께서 내게 주신 사람은 한 사람도 잃어버리지 않겠다는 이 당차고 복된 다짐에 전율하지 않을 수 없다. 한 마리의 길 잃은 양을 찾아 산과 들을 헤집고 다니는 목자의 애끓는 모습이 떠오르지 않는가? '마지막 날'이라는 표현 때문에 예수의 구원이 먼 훗날의 일이라고 생각하지 말 일이다. 모든 골짜기의 물이 모여 강을 이루듯, 영생은 '지금 여기서의 삶'과 분리할 수 없다. 예수의 사역을 한 마디로 요약하자면 '살림'이다. 그 살림의 궁극이 영생이다.

나는 하늘에서 내려온 살아있는 빵이다. 이 빵을 먹는 사람은 누구나 영원히 살 것이다. 내가 줄 빵은 나의 살이다. 그것은 세상에 생명을 준다.(6:51)

_____ 예수는 자신을 하늘에서 내려온 살아있는 빵이라 하신다. 빵의 보람은 먹히는 것이다. 먹히지 않는 빵은 빵이 아니다. 빵은 먹힘으로 먹는 자를 살리고, 먹는 자는 그 빵을 먹음으로 빵을 살린다. 예수는 '살아있는 빵'인 동시에 '살리는 빵'이다. 예수가 들어가면 참 사람이 살아나고, 역사의 봄이 찾아온다. 성전에서 솟아난 물이 이르는 곳마다 죽었던 생명이 되살아나는 에스겔의 비전은 예수를 통해 구현되었다 할 수 있다.

내 살을 먹고, 내 피를 마시는 사람은 영원한 생명을 가지고 있고, 마지막 날에 내가 그를 살릴 것이다. 내 살은 참 양식이요, 내 피는 참 음료이다. 내 살을 먹고, 내 피를 마시는 사람은 내 안에 있고, 나도 그 사람 안에 있다. 살아 계신 아버지께서 나를 보내셨고, 내가 아버지 때문에 사는 것과 같이, 나를 먹는 사람도 나 때문에 살 것이다.(6:54-57)

_____ 그런데 생명을 살리는 그 빵은 관념도 아니고 은유도 아니다. 바로 예수의 살과 피다. 예수의 살과 피를 먹고 마시는 사람은 예수 안에 있고, 예수도 그 사람 안에 있다. 그런가? 우리 속에 예수가 있는가? 예수의 살과 피를 먹고 마셨다고 주장하는 사람들은 많고 많지만 예수의 향기를 풍기는 사람은 만나기 어렵다. 니코스 카잔차키스는 조르바의 입을 통

해 음식을 먹고 그 음식이 무엇으로 변하는지를 보면 그 사람을 알 수 있다 했다. 누에는 뽕잎을 먹고 비단을 토해낸다. 양은 풀을 먹고 우유를 만든다. 그렇다면 예수의 살과 피를 먹고 마셨다는 우리는 지금 무엇을 만들고 있는가?

1930년대의 신비가인 이용도 목사의 시를 자꾸만 되뇌는 것은 그 때문이다. 그는 피가 말라 빈혈병자가 되었다면서 예수의 피를 달라고 기도한다. "피가 없을 때는 기운이 없고, 맥 없고, 힘 없고, 담력 없고, 의분 없고, 화기 없고 생기가 없습니다." 그는 무기력증에 빠진 교회를 보며 죄와 더불어 싸울 수 있도록 그리스도의 피를 달라고 간구한다. "나를 먹는 사람도 나 때문에 살 것이다." 이 말씀을 창조적으로 오독하면 어떨까? 주님의 살과 피를 먹고 마시는 사람은 예수님 덕분에 살게 되지만, 동시에 예수라는 대의를 꼭 붙들고 산다는 말로 말이다.

예수의 제자들 가운데서 여럿이 이 말씀을 듣고 말하기를 "이 말씀이 이렇게 어려우니 누가 알아들을 수 있겠는가?" 하였다.(6:60)

_____ 말씀이 어려운 게 아니다. 받아들일 마음이 없으니 어려운 것이다. 제자들은 지금 당황하고 있다. 그들이 기대해온 메시야는 세상의 모든 문제를 풀어주실 분이었다. 하지만

예수는 지금 그 문제를 풀어야 할 사람은 당신의 살과 피를 먹고 마신 제자들 자신이라고 말하고 있는 것이다. 배고픈 사람에게 먹을 것을 주고, 외로운 사람에겐 벗이 되어 주고, 정의와 평화가 넘실거리는 세상을 위해 투쟁하는 것이야말로 예수를 모신 사람의 삶이다.

이 때문에 제자 가운데서 많은 사람이 떠나갔고, 더 이상 그와 함께 다니지 않았다. 예수께서 열두 제자에게 물으셨다. "너희까지도 떠나가려 하느냐?" 시몬 베드로가 대답하였다. "주님, 우리가 누구에게로 가겠습니까? 선생님께는 영생의 말씀이 있습니다. 우리는, 선생님이 하나님의 거룩한 분이심을 믿고, 또 알았습니다."(6:66-69)

―――――― 예수가 가리키는 좁은 문으로 들어갈 용기가 없는 이들은 예수의 곁을 떠났다. 떠나는 그들을 붙잡을 생각은 없었겠지만 예수는 외로웠을 것이다. 그래서 "너희까지도 떠나가려 하느냐?" 물으신다. 떠날 생각이 없다는 베드로의 대답이 참 고맙다.

message 4

'지양止揚'과 '지향指向' 사이에서

빌립이 예수께 말하였다. "주님, 우리에게 아버지를 보여 주십시오. 그러면 좋겠습니다." 예수께서 대답하셨다. "빌립아, 내가 이렇게 오랫동안 너희와 함께 지냈는데도, 너는 나를 알지 못하느냐? 나를 본 사람은 아버지를 보았다. 그런데 네가 어찌하여 '우리에게 아버지를 보여 주십시오' 하고 말하느냐? 내가 아버지 안에 있고 아버지께서 내 안에 계시다는 것을, 네가 믿지 않느냐? 내가 너희에게 하는 말은 내 마음대로 하는 것이 아니다. 아버지께서 내 안에 계시면서 자기의 일을 하신다. 내가 아버지 안에 있고, 아버지께서 내 안에 계시다는 것을 믿어라. 믿지 못하겠거든 내가 하는 그 일들을 보아서라도 믿어라. 내가 진정으로 진정으로 너희에게 말한다. 나를 믿는 사람은 내가 하는 일을 그도 할 것이요, 그보다 더 큰 일도 할 것이다. 그것은 내가 아버

지께로 가기 때문이다. 너희가 내 이름으로 구하는 것은, 내가
무엇이든지 다 이루어 주겠다. 이것은 아들로 말미암아 아버지
께서 영광을 받으시게 하려는 것이다. 너희가 무엇이든지 내 이
름으로 구하면, 내가 다 이루어 주겠다."(요한복음 14:8-14)

간혹 외국으로 입양되었던 이들이 성장하여 친부모를 찾는
다는 사연을 들을 때가 있습니다. 대개는 자기를 포기할 수밖
에 없었던 부모의 사정은 알 길이 없지만, 이제는 부모를 원망
하지 않는다면서 그래도 한 번만이라도 낳아주신 부모님을 볼
수 있으면 좋겠다고 말합니다. 그들에게는 처음부터 자기 정체
성에 대한 물음을 던지지 않아도 되는 사람들은 이해하기 어
려운 목마름이 있습니다. 세상에서 가장 신비한 일은 내가 없
지 않고 '있다'는 사실입니다. '있음'의 매개가 된 이들이 소중
한 것은 그 때문입니다. 그래서인가요, 히브리의 한 시인은 "내
가 이렇게 빚어진 것이 오묘하고 주님께서 하신 일이 놀랍다"
(시139:14)고 노래합니다. 사람들은 삶이 불안할수록 자기 뿌리
를 돌아보게 됩니다.

| 보고 싶다

사람은 모천으로 회귀하는 연어처럼, 계절이 바뀌면 떠나가
는 철새들처럼 어떤 근원에 대한 그리움을 가지고 있습니다.
그 근원을 일컬어 우리는 하나님이라 합니다. 하나님을 만나고

싶다는 생각, 하나님을 뵙고 싶다는 생각은 우리들의 유전자 깊은 곳에 내재해 있는지도 모르겠습니다. 예수님께서 "나는 길이요, 진리요, 생명이다. 나를 거치지 않고서는, 아무도 아버지께로 갈 사람이 없다"(요한복음 14:6)고 하셨을 때, 빌립은 '아버지'를 보여 달라고 합니다. 그러면 만족할 수 있겠다는 것이었습니다. 어리석은 요구이기는 하지만 그 심정을 조금은 이해할 수 있을 것 같습니다. '하나님을 직접 만나 뵐 수 있다면 내 믿음이 확고해질 텐데…' 드러내놓고 말하진 않더라도 이것은 신앙인이라면 누구나 한번쯤 가져볼 법한 생각입니다.

| 상호 공속

아버지를 보여달라는 빌립의 요구는 철부지들의 칭얼거림처럼 들립니다. 여러분 같으면 뭐라고 대꾸하시겠습니까? 어리숙한 친구에게 낮에도 별을 볼 수 있는 방법이 있다고 말하고는 궁금해 하는 친구의 뺨을 치며 별이 보이지 않느냐고 엉너리치는 악동들처럼 할 수는 없고, 해를 볼 수 있느냐면서 눈이 부셔서 볼 수 없다고 하면 하나님의 피조물조차 보지 못하면서 하나님을 어떻게 보려하냐고 핀잔하는 부흥사들의 억지를 따를 수도 없고, 참 난감합니다. 그런데 예수님은 참 간명하지만 핵심을 꿰뚫는 말씀을 하고 계십니다.

> 빌립아, 내가 이렇게 오랫동안 너희와 함께 지냈는데도, 너는 나
> 를 알지 못하느냐? 나를 본 사람은 아버지를 보았다(9절).

'나를 본 사람은 아버지를 보았다.' 이 말씀처럼 강력한 말씀이 없습니다. 예수님의 존재야말로 온전한 하나님의 현전(現前)입니다. 예수님의 말씀과 삶은 철저히 성서가 증언하고 있는 하나님을 고스란히 드러내는 창문과도 같다는 말입니다. 어느 신학자는 '투명성'이라는 단어를 가지고 예수님과 하나님의 관계를 설명했습니다. 잘 닦여진 유리창은 고스란히 바깥에 있는 사물들을 드러냅니다. 하지만 커튼이 드리워 있거나 덕지덕지 때가 묻은 창문은 바깥의 사물들을 가리거나 왜곡하여 보여줍니다.

저는 가끔 윤동주 시인의 시 〈참회록〉을 떠올립니다. 시인은 "파란 녹이 낀 구리 거울 속에" 있는 자기 얼굴이 참 욕스럽다면서 "밤이면 밤마다 나의 거울을/손바닥으로 발바닥으로 닦아보자"고 노래합니다. 나는 이것이 신앙인들의 삶이 되어야 한다고 믿습니다. 우리 마음에 드리운 온갖 욕심들, 이기심들을 손으로 발로 닦아내야 우리는 하나님을 가리키는 존재로 성장해 갈 수 있습니다. 기도, 성경 묵상, 말씀을 따르는 삶은 기독교인들의 자기 닦음입니다. 물론 이 때 말하는 기도는 우리를 치료하시고 새롭게 하실 하나님 앞에 우리 자신의 부끄러운 삶을 내려놓는 것을 의미합니다. 성경 묵상도 성경에만

밑줄을 긋는 것이 아니라, 우리 마음에 밑줄을 긋는 것이어야 합니다.

우리가 하는 일들이 우리가 누구인지를 증언합니다. 말은 천사인데, 살아가는 모습이 두억시니 같다면 그는 두억시니입니다. 그가 어떤 사람인지를 알려면 사회의 가장 낮은 자리에서 일하는 이들을 어떻게 대하는가를 보면 알 수 있습니다. 그들을 소중한 이웃으로 존중하는지, 함부로 대하는지가 그의 영성이 머물고 있는 자리를 드러내줍니다. 언젠가 사회복지 공동모금회에 여러 해 동안 고액을 기부한 이가 문근영이라는 배우임이 밝혀졌다고 하지요? 우리는 그런 이들을 보면 감동과 아울러 부끄러움을 느끼게 됩니다. 문근영이라는 그 젊은 배우는 사람들에게 세상은 여전히 살만한 곳임을 깨닫게 해줍니다. 그가 어떤 종교를 가지고 있는지는 알 수 없지만, 그는 그런 실천을 통해 궁극적인 어떤 세계를 가리켜 보이고 있음이 분명합니다.

신앙생활이란 하나님을 우리 속에 모심이요, 우리가 하나님 안에 머물기 위한 안간힘입니다. 신앙생활에 '적당히'는 없습니다. '이만하면…'이라는 말처럼 우리를 진리로부터 멀어지게 하는 말이 없습니다. 신앙생활은 철저해야 합니다. 신앙생활은 헌신이고 희생입니다. 희생이란 나의 가장 소중한 것을 하나님의 뜻을 이루기 위해 내놓는 것을 의미합니다. 이기심으로 굳어진 마음은 한사코 하나님이 우리 속에 들어오시지 못하도록 막습니다. 이런 굳어짐이 타락이요, 죄입니다. 여러분은 지금 하나님 안에 계십니까? 또 하나님께서 여러분 속에 계십니까? 답이 '예'라면 우리는 이미 행복한 사람입니다. 답이 '아니오'라면 우리는 여전히 어둠 속을 헤매는 사람입니다. 정말로 거룩한 삶을 원한다면 지금부터 자꾸 주는 연습을 하며 사십시오.

| 삶을 통한 연대

여러분, 주님을 사랑하십니까? 예수님은 오늘 본문 바로 다음 절에서 제자들에게 이렇게 말씀하십니다.

> 너희가 나를 사랑하면, 내 계명을 지킬 것이다(요한복음 14:15).

유의하십시오. 주님은 '너희가 나를 믿으면'이라고 말하지 않고 '사랑하면'이라고 말씀하고 계십니다. 믿음은 사랑입니다. 우리가 주님을 믿는다는 말은 그분을 사랑한다는 말입니다. 죄가 멀어지게 하는 힘이라면, 사랑은 나뉜 마음을 하나 되게 하는 힘입니다. 사랑이 좋은 까닭은 자기를 초월하게 해주기 때문입니다. 누군가를 사랑한다면 그를 위해서라면 뭐라도 하고 싶어집니다. 자기는 추워 오돌오돌 떨면서도 파트너를 위해 겉옷을 벗어주기도 하고, 아무리 피곤하더라도 호출만 받으면 달려가기도 합니다.

다소 통속적이더라도 나는 사람들이 사랑 노래를 많이 불렀으면 좋겠습니다. 우리의 어두운 욕망과 폭력을 부추기는 말과 영상들이 넘치는 세상이니 이런 바람은 더 절박합니다. 그런데 여기서 우리가 유의할 것이 또 있습니다. 예수님은 '너희가 나를 사랑한다면 내 계명을 지켜라' 하고 말씀하시지 않았습니다. "사랑한다면… 지킬 것이다" 하셨습니다. 주님을 참으로 믿는 사람은, 주님을 참으로 사랑하는 사람은 저절로 주님의 뜻을 행하게 됩니다. 거기에는 '억지로', '마지못해'가 없습니다. 물론 주님의 일을 '억지로' 혹은 '마지못해' 감당해야 할 때도 있습니다. 그런 과정을 통해 우리 믿음과 사랑이 더욱 풍성해지기 때문입니다.

주님은 여기서 더 나아가서 "나를 믿는 사람은 내가 하는 일을 그도 할 것이요, 그보다 더 큰 일도 할 것"이라고 말씀하십니다. 믿는다는 것은 고백에만 머무는 것이 아니라, 주님의 일을 자기의 일로 여기고 살아내는 것입니다. 치유하고, 온전케 하고, 일으켜 세우고, 삶을 온전히 살아내도록 돕는 것이 우리의 소명입니다. 주님보다 더 큰 일을 하는 것은 언감생심이고, 다만 우리의 존재를 통해 사람들이 그리스도의 향기를 조금이라도 맡을 수 있으면 참 좋겠습니다. 하지만 현실은 그렇지 못한 것 같습니다.

교회 바깥에 있는 사람들이 오늘의 교회를 향하여 하고 있는 말들을 간추리면 무슨 말이 될까요? '당신들의 말과 행실 속에서는 하나님이 느껴지질 않는다', 혹은 '하나님이 보이지 않는다'가 아닐까요? 외형적으로 성장한 교회에서 그리스도의 향내가 안 난다는 것입니다. 주님의 일은 낮아짐으로만 가능한 일입니다. 남을 살리기 위해 자기를 희생하려는 마음 없이는 주님의 일을 할 수 없습니다. 교회와 교인은 하나님이 이 세상에 당신을 드러내는 매개체로서 기능할 때만 참되다고 말할 수 있습니다. 자기를 절대화할 때 종교는 악마화demonization 되고, 범속화profanization 되는 것입니다.

미국 베일리 대학의 교수인 마크 엘리스Marc Ellis 교수의 강의를 들을 기회가 있었습니다. 상당히 긴 강의가 끝난 후 질의응답 시간에 한 분이 물었습니다. "오늘의 교회는 깊은 영성을 잃어버린 채 범속화되고 말았는데, 교회가 영성을 회복할 길은 무엇입니까?" 주의깊게 질문을 경청하던 엘리스 교수는 질문이 끝나자마자 아주 단호한 목소리로 대답했습니다. "Justice." 정의에 대한 관심을 잃어버리는 순간 종교는 타락하고 만다는 것이었습니다. 단순하지만 명료한 대답이었습니다. 전기 요금조차 낼 수 없어 전기가 끊기고 냉골에서 잠들어야 하는 사람들이 많은 세상은 정의로운 세상이 아닙니다. 이 겨울 우리 교회는 우리 지역의 에너지 빈곤층을 지원하는 일에 최선을 다할 것입니다. 물론 우리가 할 수 있는 일은 매우 제한적입니다. 그럼에도 불구하고 우리는 그 일을 외면할 수 없습니다. 그것은 우리 교회의 설립자이신 하나님의 명령이기 때문입니다.

| 무엇을 구하며 살 것인가?

우리도 주님이 하시는 일을 잘 하고 싶습니다. 그런데 잘 안 됩니다. 이기심과 안일함에 길든 영혼에게 주님의 일은 언제나 힘겹습니다. 하나님은 예레미야 선지자를 통해 '부담이 되는 주님의 말씀'이라는 표현을 쓰지 말라고(예레미야 23:33) 하시지만 주님의 말씀이 때로는 부담스러운 것도 사실입니다. 실체를 가진 존재가 자기 그림자를 벗어버릴 수 없듯이, 육체를 가진 우리는 평안해지고 싶은 욕구, 부유해지고 싶은 욕구를 벗어던 질 수 없습니다. 우리 힘으로는 못합니다. 그래서 주님은 우리에게 약속하십니다.

> 너희가 내 이름으로 구하는 것은, 내가 무엇이든지 다 이루어 주 겠다… 너희가 무엇이든지 내 이름으로 구하면, 내가 다 이루어 주겠다(13a, 14).

사람들은 이 대목에 밑줄을 긋습니다. 그것도 빨간 펜으로 진하게. 구하는 것을 다 이루어 주겠다니 이보다 더 큰 복이 어디 있습니까? 우리 속에는 구해야 할 것들의 목록이 참 많습니다. 요즘은 어쩌면 펀드에 돈을 넣었다가 다 잃어버린 분들이 펀드가 오르게 해달라고 기도할지도 모르겠네요. 하지만 그들이 잊고 있는 것이 있습니다. 이 말씀의 맥락은 주님의 일을 하는 것과 관련되어 있다는 사실 말입니다. 우리는 주님의 일을 하다가 막다른 골목에 다다랐던 이들이 기적적으로 어려움을 타개해 나갔다는 간증을 듣습니다. 홍해 바다가 갈라질 줄 알았던 사람이 누가 있겠으며, 만나로 배를 불릴 줄이야 누가 짐작이라도 했겠습니까? 하나님은 그처럼 예기치 않은 일들을 통해 당신의 백성들을 도우십니다.

여러분은 지금 무엇을 구하며 사십니까? 개인적인 기도를 드린다고 해서 부끄러워해야 할 필요는 없습니다. 하나님은 우리의 필요에 응답하시는 분이십니다. 하지만 먼저 구해야 할 것과 나중에 구해야 할 것을 분별하는 지혜는 필요합니다. 주님은 당신의 이름으로 구하면 다 이루어 주겠다고 말씀하십니다. 그래서 우리는 '예수님의 이름'으로 기도를 올립니다. 하지만 잊지 마십시오. 주님의 이름은 닫힌 동굴 앞에 선 알리바바의 주문인 '열려라, 참깨'가 아닙니다. 주님의 이름으로 구하기 위해서는 먼저 우리가 구하는 내용이 주님의 마음과 합치되는 것인지를 물어야 합니다. 물론 과도하지 않은 범위 내에서 먹을 것, 입을 것, 가족을 유지하는 데 필요한 것들을 구하는 것은 주님의 뜻을 구하는 것입니다. 주님의 일을 하다가 부딪치는 여러 가지 문제들을 해결해달라고 기도하는 것도 주님의 이름으로 구해야 할 것들입니다.

신앙생활의 요체는 '지양止揚'과 '지향指向' 사이에 있다고 저는 믿습니다. 자기를 부정하는 것이 지양이라면 주님을 모시고 주님을 향해 나아가는 것은 지향입니다. 지양과 지향의 리듬을 타고 살아갈 때 우리 삶은 맑아질 것입니다. 어느 분이 "종교가 없었더라면 더 나은 세상이 되었을 거라는 생각이 든다"고 말하는 걸 듣는 순간 저는 전율을 느끼지 않을 수 없었습니다. 이게 우리 현실이구나 싶었습니다. 다시 한 번 정신을 차려야 할 때입니다. 주님은 당신을 본 사람은 이미 아버지를 보았다고 하셨습니다. 지금 사람들은 '나'를 통해, 혹은 '우리'를 통해 무엇을 보고 있습니까? 자신을 향해 이 물음을 진지하게 던질 때 우리가 어떻게 살아야 할지에 대한 답도 나옵니다. 주님의 도우심으로 우리의 삶이 날마다 맑아지기를 기원합니다.

일렁일렁 밀려오는 예수의 강

그 뒤에 예수께서는 갈릴리를 두루 다니셨다. 유대 사람들이
자기를 죽이려고 하였으므로, 유대 지방에는 돌아다니기를 원
하지 않으셨다. 그런데 유대 사람의 명절인 초막절이 가까워지
니, 예수의 형제들이 예수께 말하였다. "형님은 여기에서 떠나
유대로 가셔서, 거기에 있는 형님의 제자들도 형님이 하는 일
을 보게 하십시오. 알려지기를 바라면서 숨어서 일하는 사람은
없습니다. 형님이 이런 일을 하는 바에는, 자기를 세상에 드러
내십시오." 〔예수의 형제들까지도 예수를 믿지 않았기 때문이
다.〕(7:1-4)

———— '두루 다니셨다'고는 하지만 한가로운 여행일 리
가 없다. 자기보다 낮은 곳이 있으면 어김없이 흘러가는 물처
럼 예수는 아픔이 있는 곳으로 흘러가곤 하셨다. 예수가 던진

불이 갈릴리 도처에서 불꽃을 일으키고 있었다. 그 불꽃은 흔적조차 없이 사위어가던 이들의 몸을 일으켜 세웠지만, 기득권을 누리며 거들먹거리던 이들의 가슴에는 울화를 남겼다. 예수의 지혜는 관습화된 당연의 세계를 뒤집어 그 실상을 드러내 보이곤 했다. 불의를 공모하며 다붓하게 지냈던 이들, 곧 성전 체제의 수호자들은 예수를 죽이려고 서로 눈짓을 주고받았다. 그 낌새를 모를 리 있나. 예수는 유대 지방에서 몸을 피했다. 일부러 위험을 자초할 필요는 없었으니까.

하지만 초막절에 이르자 형제들이 넌지시 형을 채근한다. 그들은 변방인 갈릴리에서 일어나고 있는 놀라운 구원의 사건에 한껏 고무되었다. 예수를 만나 변화된 사람들 사이에 넘치는 기쁨과 희망이 그들의 꿈을 부풀려주었다. 형제들은 예수가 변방을 떠나 중심인 예루살렘으로 진출해야 한다고 부추긴다. "알려지기를 바라면서 숨어서 일하는 사람은 없습니다.""자기를 세상에 드러내십시오." 그들의 말을 한 마디로 요약하자면 출세의 길을 걸으라는 것이다. 그런 권유의 이면에는 덕 보려는 마음이 조금은 있었을 것이다.

주석자는 형제들의 그런 진언이 불신앙에서 나온 것이라고 명토 박아 말한다. 피붙이조차도 예수가 누구인지 알지 못한다. 옛 사람은 성인의 모습을 이렇게 그렸다. "마음의 날카로움을 꺾고, 그 엉킴을 풀고, 그 빛을 부드럽게 하고, 세속의 티끌과 뒤섞인다挫其銳, 解其粉, 和其光, 同其塵." 이런 것을 일러 진리와 하나 된다 하였다. 입신양명에 목표를 둔 사람과 참살이에 목표를 둔 사람의 길은 이처럼 어긋난다.

| 예수, 참 불편한 사람

예수께서 그들에게 말씀하셨다. "내 때는 아직 오지 않았다. 그러나 너희의 때는 언제나 마련되어 있다. 세상이 너희를 미워할 수 없다. 그러나 세상은 나를 미워한다. 그것은, 내가 세상을 보고서, 그 하는 일들이 악하다고 증언하기 때문이다. 너희는 명절을 지키러 올라가거라. 나는 아직 내 때가 차지 않았으므로, 이번 명절에는 올라가지 않겠다."(7:6-8)

_____ '내 때'가 아직 오지 않았다니, 이게 무슨 뜬금없는 말인가? 요한복음에서 예수가 말하는 '내 때'는 곧 죽음의 때이다. 그날은 보내신 분의 뜻을 완수하는 날이고, 보내신 분께로 돌아가는 날이다. 예수는 자신이 불의한 세상에 의해 죽임을 당할 것을 예감하고 있다. 하지만 아직은 아니다. 하지만 '너희의 때'는 언제나 마련되어 있다. 세상은 욕망의 덩굴손을 한껏 뻗치고 있는 이들을 미워하지 않는다. 그들은 세상에 속한 자들이기 때문이다. 하지만 예수는 소속이 다르다. 그는 존재 자체로 세상의 어둠을 드러낸다. 게다가 그는 길들여진 짐승처럼 고개 숙인 채 살지 않는다. 불의를 불의로 폭로한다. 그것이 자신에게 이익이 될까 손해가 될까 하는 계산이 전혀 없

다. 계산이 없으니 세상의 주특기인 나쁜 물을 들일 수도 없다. 예수, 참 불편한 사람이다.

그러나 예수의 형제들이 명절을 지키러 올라간 뒤에, 예수께서도 아무도 모르게 올라가셨다.(7:10)

_____ 예수는 타인의 부추김에 따라 움직이지 않는다. 바람이 불면 돛을 올리는 선원처럼 예수는 하나님의 영이 인도하시는 대로 움직일 뿐이다. 예수는 여느 순례자들과 마찬가지로 초막절을 지키기 위해 예루살렘으로 올라간다. 거느린 사람도 없고, 두드러진 표식도 없다. 갈릴리에서 예루살렘에 이르는 그 길 위에서 예수는 온전히 혼자였다. 들뜬 사람들의 행렬 속에서 홀로 침묵하고 계신 예수.

명절에 유대 사람들이 예수를 찾으면서 물었다. "그 사람이 어디에 있소?" 무리 가운데서는 예수를 두고 말들이 많았다. 더러는 그를 좋은 사람이라고 말하고, 더러는 무리를 미혹하는 사람이라고 말하였다. 그러나 유대 사람들이 무서워서, 예수에 대하여 드러내 놓고 말하는 사람은 아무도 없었다.(7:11-13)

_____ 예수는 몸을 숨기려 하지만 소문은 막을 수 없다. 유대 사람들은 예수를 '그 사람'이라 지칭한다. 그에 대한 설왕

설래가 끊이지 않는다. 그만큼 예수는 문제적 인물이다. 동일한 대상을 두고도 각자 서 있는 자리에 따라 평가가 달라진다. 그를 좋은 사람이라고 말하는 이도 있고, 무리를 미혹하는 사람이라고 말하는 이도 있다. 하지만 누구도 드러내놓고 그에 대해 말하진 못한다. 스스로 자기 입에 재갈을 물린다. 지도자들의 의중을 알 수 없기 때문이다.

복음서에서 언급되고 있는 무리는 '즉자적 민중'이라 할 수 있다. 그들은 자기에게 주어진 상황을 팔자려니 하고 받아들인다. 그렇기에 남에게 동원되고 조종되기 쉽다. 허균은 이처럼 기존 체제에 순종하며 부림을 받는 이들을 일러 '항민恒民'이라 했다. 즉자적 민중, 항민, 혹은 무리는 어느 시점에 이르면 기존 체제를 뒤집어엎는 해일이 될 수 있지만, 평상시에는 강자의 눈으로 세상을 본다. 오랫동안 눈치를 보며 살아왔기에 그들은 지배자의 눈으로 자신을 감시하고 처벌하기도 한다. 그뿐 아니다. 그들은 강자들의 시선을 자기화하여 약자들을 감시하거나 무시하기도 한다.

지금 무리들은 예수를 따를 것인가, 아니면 예수를 제거하는 데 동조할 것인가 하는 선택의 갈림길에서 망설이고 있다. 스스로 주체적으로 결단하지 못한다. 예수를 따른다는 것은 지금도 역시 어려운 일이다. 그가 전하는 급진적인 평화의 메시지를 받아들여 자기 삶을 변혁할 용기를 낼 수 있는 사람은 많지 않다. 예수는 그때나 지금이나 외롭다.

명절이 중간에 접어들었을 즈음에, 예수께서 성전에 올라가서
가르치셨다. 유대 사람들이 놀라서 말하였다. "이 사람은 배우
지도 않았는데, 어떻게 저런 학식을 갖추었을까?"(7:14-15)

_____ 여러 해 전 이집트를 거쳐 이스라엘을 방문한 적
이 있다. 그런데 그 당시 국경 검문소에서 폭발물로 추정되는
가방이 발견되는 바람에 국경이 폐쇄되는 등 매우 긴장된 상
황이 지속되었다. 늦은 오후가 되어서야 국경이 열렸고 우리
일행은 한밤중이 되어 숙소에 도착할 수 있었다. 늦은 저녁을
먹고 고단한 몸을 눕혔는데 창밖에서 들려오는 소음 때문에
도저히 잠을 이룰 수가 없었다. 커튼을 걷고 밖을 내다보니 밖
에는 많은 사람이 나와 악단의 연주에 맞춰 어깨를 겯으며 춤
을 추고 있었다. 춤과 노래는 자정이 넘을 때까지 계속되었다.
다음 날 아침이 되어서야 우리는 초막절 축제의 한복판에 있
음을 알게 되었다. 초막절 축제는 추수가 완료된 것을 경축하
는 축제이기도 하지만, 다가올 최후의 추수를 미리 맛보며 경
축하는 축제이기도 하다. 그들은 지난날에 대한 감사와 앞으로
전개될 일들에 대한 부푼 기대를 그렇게 표현하고 있었던 것
이다. 농경사회의 리듬을 역사의 지향과 결부시키는 그들의 빛
나는 상상력이 참으로 놀라웠다.

초막절은 빛과 물의 축제이다. 세상의 빛이신 주님을 바라보
고, 생명의 물이 역사의 갈피갈피에 흘러들기를 소망하는 것이

다. 축제 기간 중 사람들은 "너희가 구원의 우물에서 기쁨으로 물을 길을 것이다"(이사야 12:3)라는 노래를 부르면서 실로암 연못에서 물을 길어 성전까지 운반하는 행렬을 이루곤 했다. "그 날이 오면, 예루살렘에서 생수가 솟아나서, 절반은 동쪽 바다로, 절반은 서쪽 바다로 흐를 것"이라는 기대감을 통해 그들은 척박한 현실을 넘어설 힘을 얻었던 것이다.

예수는 성전에 모여든 사람들에게 하나님의 역사 섭리를 가르치셨다. 그 말씀을 들은 사람들의 반응은 놀람이었다. 체계적인 교육을 받지도 않은 사람이 도저하게 풀어내는 이야기에는 거역할 수 없는 힘이 담겨 있었다. 그것은 담론 이전의 말씀이었다. 다바르, 곧 에너지로 가득 찬 말씀 말이다. 물 흐르듯 유장하고 나직하지만, 마치 폭포처럼 힘찬 말씀에 사람들은 놀랄 수밖에 없었다. 개념과 논리로 오염되지 않은 말, 본질을 향해 곧장 돌진하는 그 말씀은 낯설지만 거역할 수 없는 매혹이었다. 말씀의 그런 힘은 어디에서 비롯된 것일까?

예수께서 그들에게 대답하셨다. "나의 가르침은 내 것이 아니라, 나를 보내신 분의 것이다. 하나님의 뜻을 따르려는 사람은 누구든지, 이 가르침이 하나님에게서 난 것인지, 내가 내 마음대로 말하는 것인지를 알 것이다. 자기 마음대로 말하는 사람은 자기의 영광을 구하지만, 자기를 보내신 분의 영광을 구하는 사람은 진실하며, 그 사람 속에는 불의가 없다."(7:16-18)

_____ '보냄을 받은 자'야말로 요한복음이 증언하는 예수의 정체성이다. 보냄을 받았다는 것은 보낸 이가 있다는 말이고, 또한 완수해야 할 사명이 있다는 말이다. 보내신 분의 뜻을 가르치고 행하는 것이야말로 자기 불화 없이 살아가는 길이다. 그것이 오해와 불신과 박해로 귀결된다 해도 할 수 없다. 이런 자기 이해가 없어 오늘의 기독교인들의 삶이 가리산지리산이다. 고백과 삶 사이의 그 아득한 거리, 심연과도 같은 그 간격 때문에 예수는 울고 있다.

예수는 가르침의 참됨과 그릇됨을 판별하는 기준을 새롭게 제시하고 있다. 자기의 영광을 구하는 것인가, 아니면 하나님의 영광을 구하는 것인가를 보면 된다. 상식적인 듯 보이지만 일반적으로 용인된 기준이나 관습적인 기준과는 달라도 많이 다르다. 하나님의 뜻을 빙자해 자기 영광을 구하는 이들, 불의를 자행하면서 그것을 신앙적으로 분칠하는 사람들, 동화되기를 거부하는 이들을 배제의 대상으로 타자화시켜 버리는 사람들이 얼마나 많은가.

하나님의 뜻을 따르려는 마음이 있는 사람은 거의 직관적으로 참된 가르침과 거짓된 가르침을 분별할 수 있다. 학식이나 경험의 많고 적음이 문제가 아니다. 지식이나 경험이 오히려 하나님의 뜻을 행하지 못하도록 하는 방해물이 될 때도 있는 것이다.

예수께서 성전에서 가르치실 때에, 큰 소리로 말씀하셨다. "너
희는 나를 알고, 또 내가 어디에서 왔는지를 알고 있다. 그런데
나는 내 마음대로 온 것이 아니다. 나를 보내신 분은 참되시다.
너희는 그분을 알지 못하지만, 나는 그분을 안다. 나는 그분에
게서 왔고, 그분은 나를 보내셨기 때문이다."(7:28-29)

──────── "너희는 나를 알고, 또 내가 어디에서 왔는지를 알
고 있다" 이 말씀은 "우리는 이 사람이 어디에서 왔는지를 알
고 있습니다"라는 유대인들의 말에 대한 긍정인 동시에 부정
이다. 그들은 예수가 갈릴리 나사렛 출신의 목수라는 사실을
안다. 하지만 그들의 앎은 불충분하다. 그들은 예수를 알지만
예수를 알지 못한다. 예수의 말은 보면서도 보지 않으려 하는,
들으면서도 듣지 않으려는, 알 수 있으면서도 한사코 알려 하
지 않는 완고함에 대한 일침이다. 사람들은 왜 알려고 하지 않
을까? 아는 순간 안일한 삶이 끝나기 때문이다. 자기 실존의
참상과 대면해야 하기 때문이다.

"허위의 가치가 만드는 안개를 벗어나 원래 모습대로 사물
을 보기 위해서는 집착을 완전히 버려야 한다."는 시몬 베유의
말이 절절하게 다가온다. 마음을 열고 보면 누구라도 알 수 있
다. 예수가 '참'으로부터 보냄을 받았다는 사실을. 어떻게 아냐
고? 그에게는 지켜야 할 '나'가 없지 않던가? 고래 힘줄보다 더
질긴 '나'가 없었기에 그는 티끌 세상에 속한 모두와 하나가 될

수 있었다. 물이 낮은 곳으로 흘러가듯 그는 사람들의 비참 속
으로 흐르고 또 흘러가 생명을 깨웠다.

예수의 가르침을 받은 이들 가운데 어떤 이들은 믿었고, 어
떤 이들은 적대감을 보였다. 대제사장들과 바리새파 사람들은
예수를 잡으려고 성전 경비병까지 보냈다. 그들은 서로 대립할
때가 많았지만 자기들의 권위를 지켜내기 위해 공모한 것이
다. 권위에 도전하는 사람은 어디에서든 불온시 되기 마련 아
니던가. 그러거나 말거나 예수는 그런 칼바람 앞에서도 홀로
당당하다. 때가 되면 보내신 분께로 가야 함을 알기 때문이다.
거역할 수 없는 어떤 이끌림을 따라 언제든 천막을 거둘 준비
를 갖추고 사는 유목민처럼 예수는 그렇게 떠날 준비를 하고
사셨다. 그래서 공포에 짓눌리지 않았다. 그 능소능대한 자유
에 이르는 길을 알면서도 우리는 이 예토에서 이렇게 서성이
고 있다.

명절의 가장 중요한 날인 마지막 날에, 예수께서 일어서서, 큰
소리로 말씀하셨다. "목마른 사람은 다 나에게로 와서 마셔라.
나를 믿는 사람은, 성경이 말한 바와 같이, 그의 배에서 생수가
강물처럼 흘러나올 것이다."(7:37-38)

_____ 초막절 축제의 마지막 날, 사람들은 실로암 연못
에서 길어온 물을 제단에 붓는 퍼포먼스를 한다. 그것은 미구

에 열릴 새로운 세상을 가시적으로 선취하는 것이다. 그 광경을 흥분과 설렘으로 지켜보는 사람들은 에스겔 47장을 떠올렸을 것이다. 성전의 동쪽 문에서 흘러나온 물이 이르는 곳마다 죽은 물이 살아나고, 온갖 생물이 번성하게 되는 그 놀라운 광경, 상상만으로도 마음이 흥감해진다. 삶이 척박할수록 꿈은 그렇게 오달지지 않던가.

흥분으로 얼굴이 벌건 사람들을 바라보며 예수는 자리에서 일어나 큰 소리로 말씀하신다. "목마른 사람은 다 나에게로 와서 마셔라." 차마 앉아서 말할 수 없었을 것이다. 조근 조근 말할 수도 없었으리라. 수가성 우물가의 여인에게 하셨던 말씀을 여기서도 반복하고 있다. 그렇다. 예수는 사람들의 내면에 깃든 목마름을 보고 계셨다. 그들 속에 마르지 않는 샘 하나 파주고 싶으셨다. '내가 물이다.' 사람들은 그 '나'를 2000년 전 갈릴리와 유대 광야 일대를 누비고 다녔던 한 사나이와 주저 없이 일치시킨다. 일단 옳다. 그런데 예수라는 물은 우리 속 깊은 곳에 이미 흐르고 있는 물을 끌어내는 마중물이다. 예수를 마신 사람은 그 또한 샘이 되어 목마른 이들의 목을 적셔줄 수 있어야 한다.

요한은 우리의 배에서 솟아나올 생수가 성령이라고 설명한다. 꽃들을 피어나게 하는 봄 햇살처럼, 예수는 봄기운으로 우리 가운데 오셔서 아름다운 꽃을 피워낸다. 예수와 성령은 여기서 안팎 없이 일치한다. 아, 일렁일렁 밀려오는 예수의 강,

그 강에 마른 목을 축인다면 우리 또한 강이 된다. 생명을 살리는 강 말이다. 아, 사붓사붓 다가오는 봄 햇살 같은 예수의 영, 그 영에 사로잡히면 우리도 꽃을 피울 수 있다.

| 거룩한 광휘

이 말씀을 들은 무리 가운데는 "이 사람은 정말로 그 예언자이다" 하고 말하는 사람들도 있고, "이 사람은 그리스도이다" 하고 말하는 사람들도 있었다. 그러나 더러는 이렇게 말하였다. "갈릴리에서 그리스도가 날 수 있을까? 성경은 그리스도가 다윗의 후손 가운데서 날 것이요, 또 다윗이 살던 마을 베들레헴에서 날 것이라고 말하지 않았던가?"(7:40-42)

_____ 예수의 말씀을 들은 사람들은 깊이 감동했다. 목석같던 가슴이 울렁거렸다. 마치 영혼의 날개가 돋아나듯 어깨가 간지러웠다. 어떤 이들은 수런거리며 예수가 신명기에 언급된 '그 예언자'라고 말하기도 했다. 단도직입적으로 '이 사람은 그리스도'라고 말하는 이들도 있었다. 하지만 예수가 갈릴리 출신임을 상기시키며 예수는 그리스도가 아니라고 말하는 이들도 있었다. 머리가 가슴을 따라가지 못하는 상황이었다. 때론 안다 하는 자부심이 참된 앎을 가로막기도 하는 것이다.

할머니 권사님 한분이 한번은 집에 며느리가 처음 들어왔을 때의 이야기를 들려주셨다. 좋은 대학을 나온 며느리는 모든 것을 주먹구구식으로 처리하는 시어머니의 살림살이가 미덥지 않았다. 며느리는 음식을 만들 때 늘 계량컵과 저울로 양을 재곤 했다. 어느 날 부엌에서 밥이 타는 냄새가 나길래 "아가, 밥 탄다" 하고 말했더니 며느리가 그러더란다. "어머니, 아직 3분 남았어요." 우스운 상황이지만 이게 우리 모습이 아니던가? 예수는 분명 놀라운 분이지만, 갈릴리 출신이기에 별 볼 일 없는 사람일 거라는 이 편견은 참으로 강고하다. 그림자에 붙들려 실체를 보지 않으려는 이들이 얼마나 많은가?

무리 가운데 예수 때문에 분열이 일어났다. 그들 가운데서 예수를 잡고자 하는 사람도 몇 있었으나, 아무도 그에게 손을 대지는 못하였다.(7:43-44)

─────── 똑같은 것을 보아도 사람들은 각기 다른 것을 본다. '아는 만큼 보고, 보는 만큼 안다' 했던가? 정말 그렇다. 서 있는 자리에 따라서 세상은 달리 보이게 마련이다. 물 가운데선 돌로 인해 물이 갈라지듯 예수 때문에 분열이 일어났다. 어떤 이들은 스스로 경건한 척 하며 예수를 잡으려 하지만 실제로는 아무도 그에게 손을 대지 못한다. 왜? 가슴이 그들의 손을 붙잡았기 때문이다. 그들도 예수에게서 피어오르는 거룩함의 광휘를 느꼈을 것이다. 거룩함에는 손을 댈 수 없는 법이다.

성전 경비병들도 예외는 아니었다. 대제사장들과 바리새파 사람들은 빈손으로 돌아온 그들을 책망한다. 그런데 여차하면 그들의 밥줄을 끊을 수도 있는 권세자들에게 그들이 하는 대답이 참 놀랍다. "그 사람이 말하는 것처럼 말한 사람은, 지금까지 아무도 없었습니다." 이 말은 의도한 것은 아닐 테지만 성전 체제의 수호자들의 불경건과 무능을 폭로하고 있다. 당신들이 사람들에게 하는 말을 곁에서 귀가 닳도록 들어왔지만, 그것은 상투적인 말 관습적인 말이었을 뿐 영혼을 깨우는 말 살리는 말은 아니었다는 것이다.

그들은 알았을까? 어떤 힘이 그들 속에서 말하고 있다는 사실을. 바른 말을 무지르기 위해 권세자들이 동원하는 것은 권위 주장이다. 바리새파 사람들은 '너희도 미혹된 것이 아니냐?'면서 지도자들이나 바리새파 사람들 가운데서 그를 믿은 사람이 없다고 말한다. 가련하구나. 너희 바리새파여. 앨버트 노울런은 일찍이 바리새파와 예수를 비교하여 이렇게 말했다. "바리새파 사람들은 권위를 진리로 삼지만 예수는 진리를 권위로 삼는다." 무죄한 성전 경비병들을 꾸짖고도 성이 차지 않았는지 바리새파 사람들은 저주의 말까지 보탠다. "율법을 알지 못하는 이 무지렁이들은 저주받은 자들이다." 아, 가련한 사람들! 예수는 이런 이들을 일러 '눈먼 인도자들'이라 했다.

그들 가운데 한 사람으로, 전에 예수를 찾아간 니고데모가 그들에게 말하였다. "우리의 율법으로는, 먼저 그 사람의 말을 들

어보거나, 또 그가 하는 일을 알아보거나, 하지 않고서는 그를
심판하지 않는 것이 아니오?"(7:50-51)

─────── 다 그런 것은 아니다. 그런 사람들 중에도 어섯눈
이나마 뜬 사람이 있다. 니고데모, 예수를 찾아왔던 그가 애써
예수를 변호해 보지만, 지도자들의 마음을 되돌릴 수는 없었
다. 소위 지도자라는 사람들은 니고데모에게 '당신도 갈릴리
사람이오?'라고 묻는다. 색깔 씌우기다. 소수자의 목소리를 침
묵시키는 다수자의 목소리는 이렇게 폭력적이다.

message 5

보혜사

그러나, 내가 너희에게 진실을 말하는데, 내가 떠나가는 것이 너희에게 유익하다. 내가 떠나가지 않으면, 보혜사가 너희에게 오시지 않을 것이다. 그러나 내가 가면, 보혜사를 너희에게 보내주겠다. 그가 오시면, 죄와 의와 심판에 대하여 세상의 잘못을 깨우치실 것이다. 죄에 대하여 깨우친다고 함은 세상 사람들이 나를 믿지 않기 때문이요, 의에 대하여 깨우친다고 함은 내가 아버지께로 가고 너희가 나를 더 이상 못 볼 것이기 때문이요, 심판에 대하여 깨우친다고 함은 이 세상의 통치자가 심판을 받았기 때문이다. 아직도, 내가 너희에게 할 말이 많으나, 너희가 지금은 감당하지 못한다. 그러나 그분 곧 진리의 영이 오시면, 그가 너희를 모든 진리 가운데로 인도하실 것이다. 그는 자기 마음대로 말씀하지 않으시고, 듣는 것만 일러주실 것이요, 앞으로 올 일들을 너희에게 알려주실 것이다. 또 그는 나를 영광되게 하실

것이다. 그가 나의 것을 받아서, 너희에게 알려 주실 것이기 때
문이다. 아버지께서 가지신 것은 다 나의 것이다. 그렇기 때문에
내가, 성령이 나의 것을 받아서 너희에게 알려 주실 것이라고 말
한 것이다.(요한복음 16:7-15)

| 옛사람의 찌꺼기

　살다보면 혼자서 해결하기 어려운 일을 만날 때가 많습니다.
누군가 곁에서 친절하게 이것은 이렇고 저것은 저렇다고 가르
쳐주면 얼마나 좋을까 싶습니다. 물론 그가 사사건건 간섭하면
서 감 놔라, 배 놔라 하면 곤란하겠지만요. 책을 통해서 수영도
배울 수 있고, 목공일도 배울 수 있습니다. 하지만 거기에는 한
계가 있습니다. 스승이 필요한 것은 이 대목입니다. 스승은 모
든 것을 가르치는 분이 아니라, 우리가 딱 막혀 있는 부분을 툭
쳐서 열어주는 분이라 할 수 있습니다. 우리 교회 볼링 동호회
에 가입한 이가 말하더군요. 그래도 꽤 여러 해 동안 볼링을 해
왔는데도 답보상태를 면치 못하고 있었는데, 코치인 박순성 씨
가 던지듯 들려준 한 두 마디가 눈을 뜨게 해주더라고 말입니
다. 그런 거지요.

　제 나라의 환공(齊桓公)이 당상(堂上)에서 책을 읽고 있었다. 목수
윤편(輪扁)이 당하(堂下)에서 수레바퀴를 깎고 있다가 망치와 끌을
놓고 당상을 쳐다보며 환공에게 물었다.

"감히 한 말씀 여쭙겠습니다만 전하께서 읽고 계시는 책은 무슨 말을 쓴 책입니까?"

환공이 대답하였다.

"성인聖人의 말씀이다."

"그 성인이 지금 살아 계십니까?"

"벌써 돌아가신 분이다."

"그렇다면 전하께서 읽고 계신 책은 옛사람의 찌꺼기군요."

환공이 말했다.

"내가 책을 읽고 있는데 목수 따위가 감히 시비를 건단 말이냐. 합당한 설명을 한다면 괜찮겠지만 그렇지 못하다면 죽음을 면치 못할 것이다."

윤편이 말했다.

"신은 신의 일로 미루어 말씀드리는 것입니다만, 수레바퀴를 깎을 때 많이 깎으면(축軸 즉 굴대가) 헐거워서 튼튼하지 못하고 덜 깎으면 빡빡하여 (굴대가) 들어가지 않습니다. 더도 덜도 아닌 정확한 깎음은 손짐작으로 터득하고 마음으로 느낄 뿐 입으로 말할 수 없습니다. (물론 더 깎고 덜 깎는) 그 중간에 정확한 치수가 있기는 있을 것입니다만, 신이 제 자식에게 그것을 말로 깨우쳐줄 수가 없고 제 자식 역시 신으로부터 그것을 전수받을 수가 없습니다. 그래서 일흔 살 노인임에도 불구하고 손수 수레를 깎고 있습니다. 옛사람도 그와 마찬가지로 (가장 핵심적인 것은) 전하지 못하고 세상을 떠났을 것입니다. 그렇기 때문에 전하께서 읽고 계시는 것은 옛사람들의 찌꺼기일 뿐이라고 하는 것입니다."

_《莊子》, 〈天道 13節〉 중에서)

| 또 다른 보혜사

진정한 배움은 좋은 스승을 만나 스스로 터득攄得하는 것입니다. 터득이라 할 때의 터攄는 '펼친다spread'는 뜻입니다. 글자의 구성을 보면 손을 뜻하는 '재방변'과 '생각할 려慮' 자가 결합된 것입니다. 그러니까 터득이란 머리가 아니라 손으로 생각한다, 곧 몸으로 생각하여 깨우치는 것을 의미하는 말이겠네요. 좋은 제자는 사사건건 스승의 지시만 기다리는 사람이 아닙니다. 그는 자기 나름대로 해나가다가 시행착오도 겪고, 그러다가 스승에게 따끔하게 꾸지람도 듣고 때로는 격려도 들으면서 성장해가야 합니다. 이런 삶의 스승이 요한복음에서는 바로 보혜사保惠師입니다.

예수님은 제자들에게 당신이 떠나실 때가 다가왔음을 알리셨습니다. 뭔가 불안한 표정을 짓고 있는 제자들에게 주님은 당신이 떠나가는 것이 그들에게 오히려 유익하다고 말씀하십니다. 얼핏 이해하기 어려운 말씀입니다만, 부모의 돌봄 속에서 아무런 불편 없이 살아온 아이들이 매우 의타적인 태도를 보이는 것을 생각해보면 될 것입니다. 여기서 이 논리를 더 밀고 나가지는 않겠습니다. 한 가지 분명한 사실은 예수님이 세상에 계신 동안에는 제자들이 독립적인 신앙인으로 서기 어렵다는 것입니다. 주님의 떠나심이 야기하는 위기는 제자들에게 오히려 제 발로 설 수 있는 기회이기도 합니다.

그런데 그들은 홀로가 아닙니다. 주님은 보혜사 성령을 약속하고 계십니다. 요한복음은 예수님의 사역을 보혜사라는 단어로 요약하고 있는데, 주님이 떠나신 후에 오실 성령을 그래서 '또 다른 보혜사'(14:16)라고 표현하고 있는 것입니다. 요한복음에서 성령은 그러니까 시간과 공간의 제약을 받지 않는 주님 예수의 현존인 셈입니다. 예수님이 육체를 가지고 계실 때에는 시공의 제약을 받을 수밖에 없었습니다. 하지만 죽음을 넘어 부활하심으로써 주님은 시공의 제한을 넘어 우리를 도우실 수 있게 되었습니다. 눈에는 보이지 않지만 또 다른 보혜사이신 주님은 늘 우리 곁에 머무시면서 우리를 도우시고, 위로하시고, 권면하고 계십니다. 이 사실이 믿어지십니까?

| 보혜사, 그리스도의 현존

성령이 누구이시고 어떻게 역사하시는지를 몇 가지로 정리해보겠습니다.

첫째, 보혜사 성령은 우리가 잘못 생각하고 있던 것을 먼저 바로잡아 주십니다.

그가 오시면, 죄와 의와 심판에 대하여 세상의 잘못을 깨우치실
것이다(8절).

  죄는 예수를 믿지 않는 것입니다. 이 말은 자칫하면 배타적
인 신앙을 조장하는 말로 오해되기 쉽습니다. '예수 천당, 불신
지옥'이라는 자못 위협적인 선교 구호는 이런 말씀에 근거하
고 있는 것이 아닐까 생각합니다. 하지만 예수를 믿는다는 말
이 무엇입니까? 예수님이 구현하시고 가르치신 삶이야말로 우
리 모두가 결국은 도달해야 할 생의 목표라는 말이 아니겠습
니까? 또 주님께서 죽음을 통해 열어놓으신 그 길이야말로 영
생에 이르는 길임을 고백하는 것이 아니겠습니까? 성령은 그
길을 거부하는 것이야말로 죄임을 깨우쳐주십니다. 보혜사 성
령은 또한 의에 대하여 세상 사람들을 깨우쳐주십니다. 성령은
예수님이 비록 세상에서 버림을 받기는 했지만, 하나님이 그의
생을 품에 안으셨다는 사실을 일깨워줌으로써 누가 의로운 사
람이었는지를 드러내줍니다. 또 성령은 세상의 통치자들이 기
세 좋게 주님께 죽음을 선고했지만, 그것은 자기의 발등을 찍
는 행위였음을 드러낸다는 말입니다. 사실 그렇지요. 그들은
예수를 죽였지만 예수 정신을 죽일 수는 없었고, 예수 정신에
사로잡힌 이들은 민들레 홀씨처럼 세상 도처로 날아가 뿌리를
내렸습니다.
  둘째, 성령은 우리와 '함께', 또 우리 '속에' 계시면서 우리로

하여금 하나님의 경륜에 따라 살도록 방향을 제시하시고 또 우리를 지켜주시는 분입니다. 유타 바우어라는 독일의 동화작가의 작품 가운데《할아버지의 천사》가 있습니다. 나이가 많아 자리에 누우신 할아버지가 손자에게 살아온 이야기를 들려주십니다. 어린 시절, 꼬마는 아침마다 광장을 가로질러 학교에 갔습니다. 광장 한가운데에는 커다란 천사 동상이 있었는데, 그는 한 번도 그 동상을 쳐다보지 않았습니다. 학교 가느라 바빴고 가방도 무거웠기 때문입니다. 어떤 날은 버스에 치일 뻔하고, 구덩이에 빠질 뻔 하기도 했습니다. 으슥한 곳을 지날 때도 있었습니다. 그는 세상에 아무 것도 무서운 것이 없었습니다. 그리고 조금씩 어른이 되어갔습니다. 그렇다고 해서 살기가 더 쉬워진 것은 아니었습니다. 전쟁이 터졌고, 배고픔에 시달렸고 여러 가지 힘든 일을 해야 했습니다. 그러다가 사랑하는 사람을 만나 가정을 이루었고, 손자도 얻었습니다. 할아버지는 생각해 보면 자신은 정말 멋진 인생을 살았다고 말합니다. 어찌 보면 평범하기 이를 데 없는 이야기입니다. 그런데 작가인 유타 바우어는 직접 그린 그림을 통해 인생의 신비를 표현하고 있습니다. 할아버지가 어려운 일을 만날 때마다 그는 의식하지 못했지만 천사가 그를 보호하고 있었던 것입니다. 착한 일을 하도록 그를 격려한 것도 천사였습니다.

저는 이 동화를 가끔씩 꺼내 봅니다. 볼 때마다 마음이 따뜻해집니다. 성령은 이 동화에 나오는 천사처럼 우리 가까이 계시면서 우리를 보호하고, 격려하고, 이끌고 계십니다.

| 창조의 힘 그리고 일치의 힘

셋째, 성령은 우리의 신앙고백을 신앙실천으로 바꾸게 해주는 힘입니다. 하나님의 뜻을 아는 것은 아직 믿음이 아닙니다. 메뉴판을 보았다고 배고픔이 사라지는 것은 아니잖습니까. 아무리 좋은 아마존 강 지도를 가져도 직접 그곳을 발로 밟아보지 않으면 아마존 강을 알 수 없습니다. 일전에 텔레비전에서 아직 전기도 안 들어가는 강원도 오지마을을 소개하는 것을 보았습니다. 단순하고 소박하게 살아가는 이들의 모습이 참 보기 좋았습니다. 그런데 이상한 것은 그곳 주민 가운데는 냉장고와 텔레비전을 가지고 있는 분도 계셨습니다. 도시에 살고 있는 자식들이 언젠가 전기가 들어오면 사용하시라며 보내준 것들입니다. 하지만 전기가 없는 이상 냉장고는 문짝이 튼튼한 궤짝 이상도 이하도 아니었습니다. 그렇지요. 성령은 우리가 깨달은 바 하나님의 뜻을 삶으로 번역하도록 해주는 능력입니다.

넷째, 성령은 화해와 일치의 영입니다. 요한복음에서 성령은 예수 그리스도의 영입니다. 그리스도의 영이 있는 곳에서 사람과 사람 사이의 담은 무너집니다. 이방인과 유대인을 가르는 담, 남자와 여자를 가르는 담, 죄인과 의인을 가르는 담이 무너집니다. 성령은 이전에는 가파른 눈길로 서로를 바라보던 이들이 조금씩 다가서게 하고, 마침내 형제자매의 사랑으로 서로를 얼싸안게 해줍니다. 성령은 내가 먼저 다가가 화해의 손을 내밀도록 해줍니다. 성령은 그렇기에 용서의 영이라고도 할 수 있습니다.

| 위로자

다섯째, 성령은 우리의 위로자이고, 시련 중에 함께 하시며 우리 삶을 인도하시는 분이십니다. 예수님은 당신을 따르는 사람들에게 만사형통을 약속하지 않으셨습니다. 16장 20절을 보십시오.

너희는 울며 애통하겠으나, 세상은 기뻐할 것이다.

예수님 참 대책 없이 솔직하시지요? 이래 가지고야 어디 사람들이 따르겠어요? 하지만 참 종교는 사람들에게서 고통을 없애주는 것이 아닙니다. 오히려 고통을 극복할 힘을 주고, 또 그 고통을 기쁨으로 바꾸는 끈질김을 주는 것입니다.

너희가 근심에 싸여도, 그 근심이 기쁨으로 변할 것이다.

보혜사 성령은 우리가 세상살이에 지쳐 낙심할 때, 하나님이 침묵하시는 것처럼 보여 속상할 때 하나님의 현존을 느끼도록 해주십니다. 그런 의미에서 위로자이십니다.

때때로 삶이 힘겹고 답답할 때마다, 누군가가 가까이 있으면서 그 문제를 함께 풀어주었으면 할 때가 있습니다. 우리에게는 '또 다른 보혜사'인 성령님이 계십니다. 그분은 우리 곁에 계신 예수님이십니다. 그분은 우리의 주님이신 동시에 우리의 스승이십니다. 우리는 어떤 경우에도 홀로가 아닙니다.

어머니가 어찌 제 젖먹이를 잊겠으며, 제 태에서 낳은 아들을 어찌 긍휼히 여기지 않겠느냐! 비록 어머니가 자식을 잊는다 하여도, 나는 절대로 너를 잊지 않겠다(이사야 49:15).

우리는 주님을 잊을지라도 주님은 우리를 잊지 않으십니다. 이 믿음으로 진리의 길을 담대히 걸어가는 우리가 되기를 기원합니다. 아멘.

예 수 는 물 러 설 뜻 이 없 다

율법학자들과 바리새파 사람들이 간음을 하다가 잡힌 여자를
끌고 와서, 가운데 세워 놓고, 예수께 말하였다. "선생님, 이 여
자가 간음을 하다가, 현장에서 잡혔습니다. 모세는 율법에, 이
런 여자들을 돌로 쳐 죽이라고 우리에게 명령하였습니다. 그런
데 선생님은 뭐라고 하시겠습니까?"(8:3-5)

_____ 성전 체제에 기대 살아가는 이들의 시샘을 모를
리 없건만 예수는 성전에서 가르치는 일을 그만 두지 않으신
다. 누구의 눈치를 살피며 살 순 없기 때문이다. 하지만 체제의
입장에서는 자기 검열을 하지 않는 자유인이 부담스러울 수밖
에 없다. 하지만 직정적으로 자기들의 속내를 드러낼 수는 없
었다. 나름대로 경건한 사람이 아니던가. 그러다가 그들은 좋
은 기회를 잡았다. 그들은 간음하다가 잡힌 여자를 예수 앞에

끌고 온다. 그리고 여인을 가운데 세워 놓고는 그 여인을 어떻게 처리하는 게 옳으냐고 묻는다. 말은 정중하지만 그들의 혀 밑에는 칼날이 숨겨져 있다.

'가운데 세워 놓고'라는 구절을 읽는 순간 사진 한 점이 떠오른다. 제2차 세계대전이 끝난 후 비시 정권 치하에서 나치에 협력하고 독일인의 아이를 낳았다 하여 한 여인의 머리카락을 다 자른 후 군중들 앞에서 조리돌림 하는 사진 말이다. 그 노골적인 모욕주기는 신체에 가하는 폭력 이상으로 잔인하지 않던가. 종교 전문가를 자처하는 율법학자들과 바리새인이 어쩌자고 '하나님의 딸'을 그렇게 취급한단 말인가. 종교는 가끔 살리고 북돋는 일보다, 가르고 차단하고 죽이는 일에 열중할 때가 많다.

그들이 이렇게 말한 것은, 예수를 시험하여 고발할 구실을 찾으려는 속셈이었다. 그러나 예수께서는 몸을 굽혀서, 손가락으로 땅에 무엇인가를 쓰셨다. 그들이 다그쳐 물으니, 예수께서 몸을 일으켜, 그들에게 말씀하셨다. "너희 가운데서 죄가 없는 사람이 먼저 이 여자에게 돌을 던져라."(8:6-7)

───────── 예수는 가타부타 말이 없다. 다만 몸을 굽혀 손가락으로 땅에 무엇인가를 쓰셨다. 모욕을 당하고 있는 그 여인을 차마 바라볼 수 없었기 때문일까? 아, 그런데 사람들의 시

선이 예수를 향한다. 그때 그들은 예수에게 답을 내놓으라고
다그친다. 그들의 음성에는 득의양양한 음험함이 배어있었을
것이다. 진퇴양난이다. 율법을 어기라고 말할 수도 없고, 율법
대로 하라고 할 수도 없다. 이런 아포리아적 상황에 설 때마다
예수는 문제를 새로운 관점에서 재 정위한다. "너희 가운데서
죄가 없는 사람이 먼저 이 여자에게 돌을 던져라." 누가 누구
를 정죄할 수 있단 말이냐? 날선 마음으로 여인을 정죄하는 너
희들 속에는 더 짙은 그림자가 드리워 있지 않더냐?

그리고는 다시 몸을 굽혀서, 땅에 무엇인가를 쓰셨다. 이 말
씀을 들은 사람들은, 나이가 많은 이로부터 시작하여, 하나하
나 떠나가고, 마침내 예수만 남았다. 그 여자는 그대로 서 있었
다.(8:8-9)

───────── 예수는 또 다시 몸을 굽히고 땅에 무엇인가를 쓰
셨다. 적대적인 마주 섬이 그들 속에 있는 에고를 강화할 것임
을 잘 아셨기 때문이리라. 그들의 눈빛이 흔들리지 않았을까?
바깥을 향했던 시선을 안으로 거두어들일 때 내면에 어떤 변
화가 일어난다. 그래서일까? 사람들은 하나 둘 그 자리를 벗어
나기 시작했다. 첫 번째 돌이 날아왔다면 여인은 죽을 수밖에
없었다. 하지만 예수의 말은 돌을 던지려던 그 날선 마음을 붙
들어 맨 올가미였다. 제발 사람들을 향해 첫 번째 돌을 던지는

이들이 되지 말자. 비난의 돌, 원망의 돌, 조롱의 돌, 불평의 돌 말이다.

예수께서 몸을 일으키시고, 여자에게 말씀하셨다. "여자여, 사람들은 어디에 있느냐? 너를 정죄한 사람이 한 사람도 없느냐?" 여자가 대답하였다. "주님, 한 사람도 없습니다." 예수께서 말씀하셨다. "나도 너를 정죄하지 않는다. 가서, 이제부터 다시는 죄를 짓지 말아라."(8:10-11)

_____ 마침내 사람들이 다 떠나가고 예수와 여인만 남게 되었을 때 비로소 예수는 몸을 일으키시고 여인을 바라보신다. 고요하고 따뜻한 시선이었으리라. 상처받은 여인, 공포에 떨던 여인, 모멸감에 잠긴 그 여인을 감싸 안는 듯한 눈길이었으리라. 그 눈길과 마주치는 순간, 꺼져가는 등불과 같았던 여인의 마음에 생명의 불길이 당겨졌을 것이다. 상한 갈대와 같은 여인의 가슴에 하늘의 숨결이 닿았을 것이다. 이윽고 그 마음을 향해 말씀이 떨어진다. "나도 너를 정죄하지 않는다. 가서, 이제부터 다시는 죄를 짓지 말아라." 에너지로 가득한 그 말씀은 여인을 거룩함의 길로 인도하는 표지가 되었을 터이다.

| '왕위를 뺏긴 왕의 비참함'

예수께서 다시 그들에게 말씀하셨다. "나는 세상의 빛이다. 나

를 따르는 사람은 어둠 속에 다니지 아니하고, 생명의 빛을 얻을 것이다."(8:12)

_____ 마땅히 알아야 할 것을 알지 못함을 일러 무명, 즉 '빛이 없다' 한다. 눈이 있어도 빛이 없으면 볼 수 없다. 기독교인은 예수의 빛을 의지해 세상을 보는 사람이다. 그 빛으로 세상을 보는 순간 너와 나를 가르는 온갖 장벽들은 부질없는 것이 되고 만다. 예수를 믿는다고 하면서도 장벽 세우기에 여념이 없는 이들이 많다. 장벽이 많아질수록 생명의 빛은 가물거리고, 비틀걸음으로 걷는 이들이 늘어나게 마련이다.

예수께서 그들에게 대답하셨다. "비록 내가 나 자신에 대하여 증언할지라도, 내 증언은 참되다. 나는 내가 어디에서 와서 어디로 가는지를 알고 있기 때문이다. 그러나 너희는 내가 어디에서 왔는지도 모르고, 어디로 가는지도 모른다."(8:14)

_____ '나는 세상의 빛'이라는 예수의 말을 두고 사람들은 또 다시 논쟁을 벌인다. 증언이 참되기 위해서는 증인이 있어야 하는데 예수의 말을 입증해 줄 사람이 없다는 것이다. 말귀를 알아듣지 못하는 이들에게 예수는 더 어려운 말씀을 하신다. '나는 내가 어디에서 와서 어디로 가는지를 알고 있으니 내 증언은 참되다'는 것이다. 아, 우리는 언제나 예수님처럼 말

할 수 있을까? 그 말이 우리의 말이 되는 순간 삶은 단출해지고, 든든해진다. 파스칼은 하늘을 잃어버린 채 살아가는 인간의 삶을 '왕위를 뺏긴 왕의 비참함'이라 일컬었다. 다시 우리의 지향을 가다듬어야 할 때이다.

너희는 사람이 정한 기준을 따라 심판한다. 나는 아무도 심판하지 않는다. 그러나 내가 심판하면 내 심판은 참되다. 그것은, 내가 혼자 있는 것이 아니라, 나를 보내신 아버지께서 나와 함께 하시기 때문이다.(8:15-16)

_____ 똑같은 심판이라도 심판의 주체가 누구냐에 따라 결과는 천양지차다. '사람이 정한 기준'이라도 잘 적용한다면 그나마 낫다. 하지만 그 기준이라는 것이 온기 없는 원리이거나, 적용 주체의 자의적 판단이 개입할 여지가 있는 것이라면 여전히 문제는 남는다. '정의는 강자의 편익'이라는 트라시마코스의 말은 그릇된 말이지만 우리의 현실 경험은 그의 말에 고개를 주억거리게 만든다. 모든 판단 혹은 심판은 상대적이다.

그렇기에 "나는 아무도 심판하지 않는다"는 말씀은 놀랍다. 어느 누구도 현재의 모습으로 규정하지 않겠다는 말이 아닌가. '아무개는 어떤 사람'이라고 규정하는 순간, 우리는 그가 가지고 있는 다른 모든 가능성을 의도적으로 외면하거나 차단하는 행위를 한 것이다. 따라서 그것은 생명의 낭비이고 폭력이다. 그러나 인간의 인식은 무전제적일 수 없다. 우리는 순간순간 판단을 하며 산다. 예수님도 예외는 아니다. 그러나 그가 부득 이 심판을 한다면 그 심판은 참되다. 억지스러운가? 하지만 그게 참이다. 타자를 바라보는 예수의 시선은 그를 보내신 아버지의 마음을 거친 곡선의 시선이다. 즉 아버지의 눈으로 본다는 말이다. 모든 생명을 내신 분의 눈으로 보면 세상은 달리 보이게 마련이다.

예수께서 다시 그들에게 말씀하셨다. "나는 가고, 너희는 나를 찾다가 너희의 죄 가운데서 죽을 것이다. 그리고 내가 가는 곳에 너희는 올 수 없다."(8:21)

_____ 사람들은 예수의 자기 증언은 참되지 못하다면서 당신을 보냈다는 아버지가 어디에 계신가를 묻는다. 깨달을 생각이 없는 사람들, 눈을 뜰 생각이 없는 사람들에게는 말이 부질없을 때가 많다. 대화가 이어지지 않는 상황에서 예수님은 마치 독백처럼 말씀하신다. "나는 가고, 너희는 나를 찾다가 너희의 죄 가운데서 죽을 것이다." 앞의 '나'는 백성들 앞에 서 있는 역사적 예수이고, 뒤의 '나'는 진리를 가리키는 말일 터이다. 아우구스티누스는 자신은 진리를 피하면서 찾았다고 고백했다. 진리가 지금 눈앞에 현전해 있는 데도 사람들은 그 진리

를 만나려 하지 않는다. 그들의 시선은 다른 곳을 더듬고 있을
뿐이다. 집안에서 잃어버린 것을 찾기 위해 외등 앞에서 두리
번거리는 격이다. 아무리 두리번거려도 그곳에 없는 것을 찾을
수는 없는 노릇이다. 그렇기에 대부분의 사람들은 평생 그 타
령만 하다가 죽는다. "내가 가는 곳에 너희는 올 수 없다." 자
기를 버려 보내신 분의 뜻을 온전히 수행한 사람이 가는 곳, 그
곳은 아버지의 품이 아닌가? 사랑은 마주봄으로 나타나고, 미
움은 등 돌림으로 나타난다. 지금 우리는 저 영원한 나라에 등
을 돌리고 있는 것은 아닌가?

| "당신은 누구요?"

예수께서 그들에게 말씀하셨다. "너희는 아래에서 왔고, 나는
위에서 왔다. 너희는 이 세상에 속하여 있지만, 나는 이 세상에
속하여 있지 않다."(8:23)

─────── 말귀를 알아듣지 못하는 사람들은 예수가 자살하
려고 하는 것인가 하며 서로 수군거린다. 아 답답한 사람들! 예
수는 은유적인 언어를 통해 그들의 무지를 깨쳐주려고 한다.
'아래'에서 온 사람과 '위'에서 온 사람이 있다는 것이다. 애초
부터 위와 아래가 나뉘어 있지는 않았을 것이다. 하지만 사는
동안 그런 구분이 생겼을 것이다. '아래'에서 왔다는 말은 삶의
중력에 속절없이 끌려가며 산다는 말일 터이고, '위'에서 왔다

는 말은 하늘 뜻에 붙들려 산다는 말일 터. 잠시 바람이 불어도 다음 순간 수직의 중심을 향해 몸을 일으키는 촛불처럼 살아가는 사람, 바로 그 사람이 위로부터 온 사람이 아닌가? 확고히 땅을 지향하면서도 하늘에 속한 줄 알고 사는 사람이 참 많다. 싸구려 은총에 속은 탓이다. 우리가 어디에 속한 사람인지는 오직 삶을 통해서만 드러난다.

그러므로 예수께서 [그들에게] 말씀하셨다. "너희는, 인자가 높이 들려 올려질 때에야, '내가 곧 나'라는 것과, 또 내가 아무것도 내 마음대로 하지 아니하고 아버지께서 나에게 가르쳐 주신 대로 말한다는 것을 알게 될 것이다. 나를 보내신 분이 나와 함께 하신다. 그분은 나를 혼자 버려두지 않으셨다. 그것은, 내가 언제나 아버지께서 기뻐하시는 일을 하기 때문이다."
(8:28-29)

_____ 아래에 속한 사람들이 보기에 위에 속한 사람은 통약 불가능한 존재요 낯선 존재이다. 그렇기에 그들은 묻는다. "당신은 누구요?" 당혹스러운 것이다. 예수는 그들에게 인자가 높이 들려 올려질 때에야 '내가 곧 나'라는 것을 알게 될 것이라고 말한다. 요한복음에서 인자가 높이 올려질 때란 십자가 고난을 가리키는 말이다. 그런데 바로 그때 '내가 곧 나'라는 것을 알게 될 것이라고? 잠깐. '내가 곧 나'라는 표현이 낯익

지 않은가? 그렇다. 떨기나무 불꽃 사이에서 자신을 드러내 보이신 하나님이 이름을 묻는 모세에게 하신 말씀이다. '나는 곧 나'라는 말은 나는 인간의 어떤 말로도 규정될 수 없는 존재, 오직 경험을 통해서만 어렴풋이 인식할 수 있는 존재라는 뜻이다. '나'라는 주어는 오직 술어를 통해서만 설명된다. '나'의 나됨을 드러내는 술어는 결국 말과 행동이다. 예수는 자신의 말과 행동이 보내신 분에게서 나온 것이라고 말한다. 이 오롯한 일치에서 하나님의 영광이 드러난다.

예수께서 자기를 믿은 유대 사람들에게 말씀하셨다. "너희가 나의 말에 머물러 있으면, 너희는 참으로 나의 제자들이다. 그리고 너희는 진리를 알게 될 것이며, 진리가 너희를 자유롭게 할 것이다."(8:31-32)

_____ 당신의 말을 수용하게 된 예수는 '나의 말'에 머물러 있으라 이르신다. 믿음이란 어쩌면 인내가 아닐까? 주인이 기약된 시간에 돌아오지 않아도 끝내 깨어 기다리는 종처럼, 고통이 예기되는 상황 속에서도 피하여 달아나지 않고 끝까지 말씀을 붙드는 것. 진리 인식은 그런 인내 끝에 찾아오는 새벽빛과도 같은 것. 그 빛이 스며들면 우리는 허깨비 같은 것들에 휘둘리지 않는 자유인이 된다. 관습적인 신앙에 집착하지 않고, 우리를 길들이려 하는 세상에 저항할 수 있는 내면의 힘

이 생기기 때문이다.

| 진실과 사실 사이에서 잃어버린 길

그들이 예수께 말하였다. "우리 조상은 아브라함이오." 예수께서 그들에게 대답하셨다. "너희가 아브라함의 자녀라면, 아브라함이 한 일을 하였을 것이다. 그러나 지금 너희는, 너희에게 하나님에게서 들은 진리를 말해 준 사람인 나를 죽이려고 한다. 아브라함은 이런 일을 하지 않았다. 너희는 너희 아비가 한 일을 하고 있다."(8:39-40)

_____ 존재로서 말할 것이 없을 때 흔히 사람들은 자기 직함을 드러낸다. 명함에 여러 개의 직함을 훈장처럼 새겨 넣고 다니는 사람을 만나면 존경심보다는 경계심이 앞선다. 그들은 자아가 강한 사람인 경우가 많다. 유대인들은 존재로 말하기보다는 아브라함의 자손이라는 사실을 자랑한다. 하지만 예수는 그들의 진술이 허구라고 말한다. 아브라함의 자녀라면 아브라함이 한 일을 하였을 것이라는 것이다. 영적인 의미에서 자녀됨을 확인해주는 것은 그의 자기 진술이나 족보가 아니라 그가 하는 일 뿐이다. 어린 시절 우리는 아버지께 부치는 편지 말미에 '불초 소자' 아무개라고 적곤 했다. 아버지의 덕을 닮지 못한 부족한 아들이라는 뜻일 게다. 세상에는 불초 아들이 너무 많다. 불초 신자는 또 어떠한가?

베이컨의 말을 빌려 말하자면 유대인들은 종족의 우상에 사로잡혀 있다. 그들은 전통에 대한 자부심이라는 울타리에 갇혀 삶으로 나타난 진리를 보지 못한다. 오히려 그 진리를 낯설어 하고, 낯선 진리를 없애려 한다. 예수의 말이 신랄한 것은 그 때문이다. '너희는 너희 아비가 한 일을 하고 있다.' 예수는 사람들의 환심을 사려고 엉너리를 치거나 얼버무리지 않는다. '너희 아비'란 누구를 가리키는 말인가? 사탄이다. 예수는 외견상 가장 경건해 보이는 이들 속에서 암약하고 있는 악한 영을 보고 있다. 무섭다. 오늘도 하나님의 이름으로, 예수의 이름으로 말하고 행동하지만, 사실은 악한 영의 지배를 받고 있는 이들이 얼마나 많은가? 치열한 영적 전장에서 예수는 물러설 뜻이 없다.

하나님에게서 난 사람은 하나님의 말씀을 듣는다. 그러므로 너희가 듣지 않는 것은, 너희가 하나님에게서 나지 않았기 때문이다.(8:47)

_____ 말을 바꾸어 보자. 누구의 말을 듣는가를 보면 그의 소속을 알 수 있다. 하나님에게서 난 사람은 하나님의 말씀을 듣는다. 문제는 말들이 제 집을 잃고 떠돌고 있는 이 세상에서 하나님의 말씀을 분별하기가 쉽지 않다는 사실이다. 하나님의 말씀인지를 분별할 수 있는 객관적 기준은 단적으로 말해

없다. 하지만 열매를 보아 나무를 안다 하지 않던가? 우리 삶을 보면 우리가 누구의 말에 귀를 기울이고 사는지 알 수 있다. 날마다 자아를 강화하며 산다면 우리는 하나님의 말씀으로부터 멀어졌다고 볼 수 있다. 정의에 민감하고, 약한 이들에 대한 연민이 커지고 있다면, 배움을 향한 개방성이 자라고 있다면 우리는 감히 하나님의 말씀 안에 있다 해도 좋을 것이다.

들을 귀가 없는 사람들은 예수의 말에 상처를 입는다. 그래서 상처를 입힌 자에게 더 큰 상처를 입힘으로 보복하려 한다. 유대인들은 예수를 향해 '사마리아 사람', '귀신 들린 사람'이라고 욕한다. 혈통이 의심스러운 사람, 거룩과 무관한 사람이라는 것이다. 사람들은 흔히 자기 기준에 맞지 않는 이들을 모욕적이고 폭력적인 언어로 포박하려 한다. 그라는 존재가 상기시키는 자아의 부끄러운 모습과 대면하기보다는 그 존재를 부정하는 게 훨씬 간편한 해결책이기 때문이다.

"내가 진정으로 진정으로 너희에게 말한다. 나의 말을 지키는 사람은 영원히 죽음을 겪지 않을 것이다."(8:51)

_____ 예수는 자기에게 집중되고 있는 비난을 반박한다. 자기는 오롯이 아버지의 영광만 구한다는 것이다. 굳이 이렇게 변명해야 했을까? 어쩌면 마땅히 보아야 할 것을 볼 생각이 없는 그들의 완악함의 한 구석이라도 허물고 싶었기 때문

이었을 것이다. 아, 예수와 유대인들의 지루한 공방에 조금 지쳐 있었는데, 이제야 알겠다. 예수는 끝까지 소통을 향한 문을 닫지 않으신 거다. 그게 사랑이 아니겠는가.

알아듣거나 못 알아듣거나 예수는 마땅히 해야 할 말을 하신다. '나의 말을 지키는 사람은 영원히 죽음을 겪지 않을 것이다.' 그런데 유대인들은 그 말을 자신들의 주장을 입증할 말로 받아들인다. '죽음을 겪지 않는다'는 말이야말로 예수가 귀신들린 증거라는 것이다. 그들은 신이 났다. 아브라함도 죽고, 예언자들도 죽었는데, '나의 말을 지키면 영원히 죽음을 겪지 않을 것'이라니? 그들은 은유의 언어를 사실의 언어로 치환하려 한다. 예수의 말에 담긴 시적 진실을 보기보다는 산문으로 받아들이려는 것이다. 마이동풍이다. 수많은 사람이 성경을 이렇게 읽는다. 한국교회는 진실과 사실 사이에서 길을 잃었다.

예수의 언어가 낯선 것 이상으로 예수라는 존재는 낯설기 이를 데 없다. 그래서 그들은 단도직입적으로 묻는다. '당신은 스스로를 누구라고 생각하오?' 함정 질문이 때로는 진실을 드러내기 위한 길이 되기도 하는 법이다. 예수는 그 대답을 회피하려 하지 않는다. 무슨 말을 해도 알아들을 것 같지 않지만 그래도 성실히 그 질문에 답하려 한다. 아브라함의 자녀를 자처하는 그들에게 아브라함을 전거로 삼아 자신이 누군지를 밝히는 것이다.

"너희의 조상 아브라함은 나의 날을 보리라고 기대하며 즐거워하였고, 마침내 보고 기뻐하였다." 유대 사람들이 예수께 말하였다. "당신은 아직 나이가 쉰도 안 되었는데, 아브라함을 보았다는 말이오?" 예수께서 그들에게 말씀하셨다. "내가 진정으로 진정으로 너희에게 말한다. 아브라함이 태어나기 전부터 내가 있다."(8:56-58)

_____ 아브라함이 '나의 날'을 보리라고 기대하고 즐거워했다고? 나이 쉰도 안 된 사람이 아브라함을 보았다고? 게다가 아브라함이 태어나기 전부터 있었다고? 그들은 더 들을 것이 없다고 생각했다. 그 참람한 말을 뿌리치려는 듯 그들은 돌을 들었다. 예수를 죽이려 했던 것이다. 그것이 스스로의 거룩함을 지키는 길이라 생각했을 것이다.

예수의 말에 사족을 붙여볼까? 아브라함은 하나님의 언약이 성취되는 날을 기다리며 살았고, 예수 자신은 그 언약의 성취라는 말이 아닐까? 언약의 성취는 모든 창조의 의미와 목적이기에 예수는 만물보다 먼저 있었다고 말하는 것이다. '내가 있다'라는 말은 장엄하다. 호렙 산의 불붙은 떨기나무에서 들려왔던 말을 상기시키기 때문이다.

| 파리하고 납작한 영혼

예수께서 가시다가, 날 때부터 눈먼 사람을 보셨다. 제자들이 예수께 물었다. "선생님, 이 사람이 눈먼 사람으로 태어난 것이, 누구의 죄 때문입니까? 이 사람의 죄입니까? 부모의 죄입니까?"(9:1-2)

_____ 성전에서 돌팔매질을 당할 뻔했던 예수님과 '날 때부터 눈먼 사람', 동병상련이었을까? 기존 질서에 의해 배제의 대상이 되었으니 말이다. 사람들은 일쑤 타자에 대한 배제를 통해 자기 정체성을 확보하려 한다. 그런 세상일수록 그늘이 짙다. 사람들의 천대와 무시에 익숙해진 그 눈먼 사람을 바라보는 예수의 시선이 애잔했을 것이다. 그런데 제자들은 그런 예수의 마음을 헤아리지 못한다. 오히려 이 사람이 앞을 못 보는 것은 누구의 죄 때문이냐고 묻는다. 아주 단정적이다. 그들은 한 사람이 처해 있는 현실이 그의 존재를 증명한다고 생각한다. 정말 그러한가? 이것은 정말 무서운 말이다. 카르마가 오늘의 현실을 결정한다는 말은 설명할 수 없는 것을 설명하는 데 참으로 편리한 도구이지만, 타자에 대한 폭력이 될 때가 많다. 이런 생각은 강자의 이익에 복무할 때가 많다. 오늘 가난하고, 병들고, 내몰린 사람들은 그만한 이유가 있기 때문이라는 생각이 암암리에 작동하기 때문이다. 이것을 뒤집으면 지금 부유하고 건강한 사람들은 의로운 사람이라는 말이 된다. 정말 그러한가?

비트겐슈타인의 말을 빌지 않더라도 말할 수 없는 것은 말하지 않은 채 놔두는 겸손이 필요하다. 욥의 세 친구는 설명할 수 없는 것을 설명하다가 책망을 받았다. 예수의 제자들조차 그릇된 전제와 선입견을 떨쳐버리지 못하고 있다. 그래서 그들은 눈먼 사람과 대화를 시도할 생각을 하지 않는다. 그에 대해서 말할 뿐이다. 제자들은 그의 내밀한 아픔과 상처에 눈길을 주지 않는다. 그를 애잔한 눈길로 바라보는 예수님의 마음도 헤아리지 못한다. 이래저래 예수님은 외롭다.

예수께서 대답하셨다. "이 사람이 죄를 지은 것도 아니요, 그의 부모가 죄를 지은 것도 아니다. 하나님께서 하시는 일들을 그에게서 드러내시려는 것이다. 우리는 나를 보내신 분의 일을 낮 동안에 해야 한다. 아무도 일할 수 없는 밤이 곧 온다. 내가 세상에 있는 동안, 나는 세상의 빛이다."(9:3-5)

_____ 예수님은 제자들의 그릇된 전제를 단칼에 무질러 버린다. 이런 경우 말은 단순할수록 좋다. 누구의 죄 때문도 아니다. 다만 "하나님께서 하시는 일들을 그에게서 드러내시려는 것이다." 이 말이 참 어렵다. 드러내놓고 말하긴 어렵지만 복잡한 생각이 머리에 스친다. 아니, 이 사람이 앞을 보지 못하는 것은 하나님의 일을 드러내기 위한 것이라면, 그가 겪는 불행의 숨겨진 뿌리가 하나님이었단 말인가? 그는 다만 하나님의 영광과 능력을 드러내 보이기 위해 선택된 교보재에 지나

지 않는다는 말인가? 왠지 불쾌하다.

그러나 너무 성급하게 판단할 것 없다. 세상에 있는 모든 생명은 사랑하고 사랑받기를 원한다. 모든 사람은 존재 자체로 독특하다. 그렇다면 예수의 말은? 그가 앞을 보지 못하는 까닭을 신학적으로 탐구하기 이전에, 그의 아픔에 깊이 공감하고 그의 삶이 온전히 회복되도록 돕는 일이야말로 하나님이 기뻐하시는 일이라는 뜻이 아닐까? 죄와 병의 상관관계를 논하는 신학적 이론은 그의 삶에 아무런 변화도 가져올 수 없었다. 신학적 논의에서 개별자의 고통은 추상화되고 만다. 하지만 애잔하게 바라보는 예수의 시선 속에서 눈먼 사람은 소중한 사람이 된다. 그리고 그의 연약함 속에서 작동하고 있는 하나님의 자비하심을 본다.

우리가 낮 동안에 해야 할 일은 생명을 온전하게 하고 풍성하게 하는 일이다. 예수는 이 일을 위해 왔다고 말씀하셨다. 하고 싶어도 일할 수 없는 밤이 온다. 예수라는 빛이 우리 발 앞을 비추는 바로 그때 생명의 회복자가 되어 사는 것처럼 아름다운 일이 또 있을까?

예수께서 이 말씀을 하신 뒤에, 땅에 침을 뱉어서, 그것으로 진흙을 개어 그의 눈에 바르시고, 그에게 실로암 못으로 가서 씻으라고 말씀하셨다. ('실로암'은 번역하면 '보냄을 받았다'는 뜻이다.) 그 눈먼 사람이 가서 씻고, 눈이 밝아져서 돌아갔다.(9:6-7)

　　　　　　말씀만으로도 병자들을 치유하시던 예수님이 왜 이런 복잡한 과정을 택하셨을까? 땅에 침을 뱉고, 그것으로 진흙을 개어 눈에 바르신다. 참 납득하기 어려운 일이다. 하지만 이것은 앞을 보지 못하는 사람에 대한 친절한 배려가 아닐까? 예수님은 친밀한 접촉을 통해 그의 마음속에 신뢰를 창조하셨던 것이다. 칼릴 지브란은 〈첫 키스에 대하여〉라는 글에서 첫 키스를 가리켜 '생명의 나뭇가지 끝에 핀 첫 꽃망울'이라 했다. 첫 키스는 아니라 해도 예수의 부드러운 손길은 눈먼 사람에게 어떤 말보다 많은 메시지를 전달했을 것이다. 예수님이 몸에 손을 댔을 때 어떤 연민과 사랑의 기운이 그의 속에 유입되었다. 예수님이 '실로암 못으로 가서 씻으라.' 하셨을 때, 그는 주저 없이 실로암으로 가서 눈을 씻었고, 눈이 밝아져 돌아왔다.

　눈이 밝아져 돌아온 사람을 보고 사람들은 설왕설래 말이 많았다. 그럴 수밖에 없었을 것이다. 도무지 있을 법하지 않은 일이 벌어졌으니 말이다. 눈을 뜨게 된 사람이 '내가 바로 그 사람이오.' 하고 말해도 사람들은 여전히 반신반의했다. 사람들은 눈을 뜬 사람을 바리새파 사람들에게 데려갔다. 자기들의 눈으로 보고 있으면서도 전문가의 판단을 듣고 싶었던 것이다. 전문가들의 말은 늘 옳은가?

| 대체 누가 불경한 것인가?

바리새파 사람들 가운데 더러는 말하기를 "안식일을 지키지

않는 것으로 보아서, 그는 하나님에게서 온 사람이 아니오" 하
였고, 더러는 "죄가 있는 사람이 어떻게 그러한 표징을 행할
수 있겠소?" 하고 말하였다. 그래서 그들 사이에 의견이 갈라
졌다.(9:16)

———————— 당사자로부터 일의 자초지종을 다 듣고도 그들
은 아무 것도 판단할 수 없었다. 그만큼 전대미문의 현실이었
기 때문이다. 기껏 한다는 말이 안식일에 병을 고친 것으로 보
아 예수는 하나님에게서 온 사람이 아니라는 것이다. 아, 참으
로 파리하고 납작한 영혼이 아닌가? 그러나 판단을 유보하는
사람도 있다. 그가 죄인이라면 그런 표징을 행할 수 없을 거라
는 것이다. 가련하구나, 생명 회복 사건을 보면서도 낡은 율법
책을 뒤적여 전거를 찾고 있는 전문가들!

유대 사람들은, 그가 전에 눈먼 사람이었다가 보게 되었다는
사실을 믿지 않고, 마침내 그 부모를 불러다가 물었다. "이 사
람이, 날 때부터 눈먼 사람이었다는 당신의 아들이오? 그런데,
지금은 어떻게 보게 되었소?" 부모가 대답하였다. "이 아이가
우리 아들이라는 것과, 날 때부터 눈먼 사람이었다는 것은, 우
리가 압니다. 그런데 우리는 그가 지금 어떻게 보게 되었는지
도 모르고, 또 누가 그 눈을 뜨게 하였는지도 모릅니다. 다 큰
사람이니, 그에게 물어 보십시오. 그가 자기 일을 이야기할 것

입니다."(9:18-22)

_____ 믿기 어려웠을 것이다. 처음부터 믿으려는 생각이 없었으니 말이다. 유대 사람들의 불신은 참 진리에 접근하기 위한 방법론적 회의가 아니었다. 그들에게 중요한 것은 현상 질서의 유지이지 진리와의 대면을 통한 자기 갱신이 아니었다. 진리 그 자체보다 진리를 향한 지칠 줄 모르는 충동을 더 소중히 여겼던 레싱Lessing의 치열함은 언감생심이었다. 그들은 불편한 진실과의 대면을 피하기 위하여 다각도로 노력한다. 위압적인 분위기를 조성하고는 눈먼 사람의 부모를 소환하여 마치 심문하듯 묻는다. "이 사람이 날 때부터 눈먼 사람이었다는 당신의 아들이오? 그런데 지금은 어떻게 보게 되었소?" 부모의 대답은 어정쩡하기 이를 데 없다. 그들은 사실 관계만 확인해주고는 그가 어떻게 낫게 되었는지는 모르겠다고 말한다. 날 때부터 앞을 보지 못하던 아들이 이제 보게 되었다는 그 놀라운 현실 앞에서도 그들은 맘껏 기뻐하지 못한다.

요한은 그 까닭을 예수를 메시아로 인식하거나 고백하는 사람들은 회당에서 축출하기로 이미 결의하였기 때문이라고 말한다. 물론 이것은 예루살렘 함락 이후 유대인들이 회당을 중심으로 정체성을 구성해 나가는 과정에서 기독교인들을 공동의 적으로 삼았던 역사적 사실을 반영하고 있다. 상황이 다르기는 하지만 내부의 모순과 불만을 잠재우고 내부의 결속을

공고히 하기 위해 외부의 적을 만들어내는 것은 권력자들의
관행화된 수법이 아니던가?

여하튼 공동체로부터 배제될지도 모른다는 두려움 때문에
부모는 마치 남의 일인 양 이야기한다. 스스로 권부가 된 제도
혹은 체제는 사람을 이렇게 길들이는 것이다. 제도 혹은 체제
는 다양한 형태를 설핏 내보이는 것만으로도 사람들을 지배한
다. 그런데 폭력이 힘을 발휘하는 것은 사람들이 두려움 때문
에 스스로 자기 검열을 할 때이다. 압제자들이 웃음을 싫어하
는 까닭은 웃음은 자기에게 덧입혀진 위엄의 맨살을 드러내기
때문이다.

로맹 가리는 《새벽의 약속》에서 유머를 "현실이 우리를 찍
어 넘어뜨리는 바로 그 순간에도 현실에서 뇌관을 제거해버릴
수 있는 완전히 만족스럽고 능란한 방법"이라고 정의한다. 유
머를 허용하지 않는 종교와 정치는 억압적이다. 유머를 통해
사람은 제도보다 자신이 더 우월함을 드러낸다.

바리새파 사람들은 눈멀었던 그 사람을 두 번째로 불러서 말
하였다. "영광을 하나님께 돌려라. 우리가 알기로, 그 사람은
죄인이다."(9:24)

_____ 눈을 뜨게 된 사람의 부모는 두려움으로 묶어두
는 일에는 성공했지만, 자기들이 원하는 답을 듣지 못한 바리

새파 사람들은 당사자를 다시 소환한다. 그리고 다짜고짜 '하나님께 영광을 돌리라'고 말한다. 이로써 그들은 자신들의 집요한 심문을 신심행위로 치장하려는 것이다. '하나님께 영광을 돌린다'는 말처럼 오용되기 쉬운 말이 또 있을까? '하나님을 위하여' 혹은 '하나님의 영광을 위하여'라는 구호 아래 얼마나 많은 이들이 착취당하고 억압당하고 기만당했던가? 어떠한 형태이든 권력을 가진 이들의 손에 들린 종교적 언어는 때로 살상의 도구가 되기도 하고 욕망실현의 도구가 되기도 한다.

바리새인들은 앞을 보지 못하던 그가 해야 할 말을 일러준다. 예수는 죄인임을 공적으로 고백하라는 것이다. 마치 독재정권 시절 공안 사건을 조작하기 위해 진술서의 내용을 불러주며 받아 적게 하던 기관원들을 닮지 않았는가. 참으로 부도덕한 짓이다.

그는 이렇게 대답하였다. "나는 그분이 죄인인지 아닌지는 모릅니다. 다만 한 가지 내가 아는 것은, 내가 눈이 멀었다가, 지금은 보게 되었다는 것입니다."(9:25)

_____ 하지만 그는 쉽게 굴복하지 않는다. '그가 당신들이 말하는 대로 죄인인지는 모르겠으나, 그를 통해 내게 나타난 이 변화는 아무도 부정할 수 없는 현실'이 아니냐고 그는 되묻고 있는 것이다. 누군가에 대한 인식 근거는 전통이라는

잣대가 아니라 그를 통해 나타나는 사건이어야 한다고 그는 넌지시 가르치고 있는 것이다. 당황한 바리새파 사람들이 그가 한 일이 무엇이냐고 묻자, 그는 내가 이미 말하지 않았느냐고 말함으로써 그들의 말문을 막히게 만든다. 그리고 그들이 그렇게 꼬치꼬치 캐묻는 것은 그분의 제자가 되고 싶어서냐고 묻는다. 기지에 찬 역공이다. 바리새파 사람들이 할 수 있었던 일은 욕을 퍼붓는 것 밖에 없었다. 우리는 모세의 제자라고, 근거도 없는 예수는 믿을 수 없다고 말한다. 이제 다 드러났다. 예수는 요즘으로 하면 학벌사회 혹은 새로운 신분사회라는 덫에 걸린 것이다. 성령의 바람은 불고 싶은 곳으로 불지만, 바리새파 사람들은 성령의 바람이 불어갈 길을 지정하고 싶은 것이다. 대체 누가 불경한 것인가?

그가 그들에게 대답하였다. "그분이 내 눈을 뜨게 해주셨는데도, 여러분은 그분이 어디에서 왔는지 모른다니, 참 이상한 일입니다. 하나님께서는 죄인들의 말은 듣지 않으시지만, 하나님을 공경하고 그의 뜻을 행하는 사람의 말은 들어주시는 줄을 우리는 압니다. … 그가 하나님께로부터 오신 분이 아니라면, 아무 일도 하지 못하셨을 것입니다."(9:30-31, 33)

_____ 가르치는 자와 가르침을 받는 자가 뒤집어졌다. 눈 뜬 사람에게 중요한 것은 생명 '사건'이다. 생명 사건이 일

어나는 곳이야말로 하나님이 현존하시는 곳이다. 예수, 그분이
야말로 하나님의 현존이다. 이쯤 되면 바리새파 사람들이 할
수 있는 일은 하나 밖에 없다. 그를 내쫓는 것이다. 배제와 축
출을 통해 그들은 자기들이 누구인지를 드러냈다. 그가 내쫓긴
자리에 예수가 찾아와 그를 더 깊은 믿음의 자리로 이끈다. 못
보는 사람은 보게 되고, 본다 하는 이들은 보지 못하게 되는 이
놀라운 역설!

message 6

목자와 도둑

예수께서 다시 말씀하셨다. "내가 진정으로 진정으로 너희에게
말한다. 나는 양이 드나드는 문이다. [나보다] 먼저 온 사람은
다 도둑이고 강도이다. 그래서 양들이 그들의 말을 듣지 않았다.
나는 그 문이다. 누구든지 나를 통하여 들어오면, 구원을 얻고,
드나들면서 꼴을 얻을 것이다. 도둑은 다만 훔치고 죽이고 파괴
하려고 오는 것뿐이다. 나는, 양들이 생명을 얻고 또 더 넘치게
얻게 하려고 왔다. 나는 선한 목자이다. 선한 목자는 양들을 위
하여 자기 목숨을 버린다. 삯꾼은 목자가 아니요, 양들도 자기의
것이 아니므로, 이리가 오는 것을 보면, 양들을 버리고 달아난
다. 그러면 이리가 양들을 물어가고, 양떼를 흩어 버린다. 그는
삯꾼이어서, 양들을 생각하지 않기 때문이다. 나는 선한 목자이
다. 나는 내 양들을 알고, 내 양들은 나를 안다. 그것은 마치, 아
버지께서 나를 아시고, 내가 아버지를 아는 것과 같다. 나는 양
들을 위하여 내 목숨을 버린다."(요한복음 10:7-15)

　여러 해 전 차를 타고 유대 광야를 지날 때의 풍경이 떠오릅니다. 굽이굽이 이어진 구릉, 그 허허로운 풍경을 쓸쓸하게 바라보다가 언덕의 중턱마다 누군가가 일부러 그어 놓은 듯한 몇 줄기 빗금에 눈길이 머물렀습니다. 나중에야 그것이 오랜 세월 양들이 먹이를 찾아다니면서 다져진 길인 것을 알게 되었습니다. 목자들이 양떼를 몰고 느릿느릿 광야를 지나는 모습은 어쩌면 수천 년 동안 변함없이 이어진 유대 땅의 일상이었을 것입니다. 가끔 싯딤나무 그늘 아래서 멍한 시선으로 하늘을 바라보거나, 나귀 등에 올라탄 채 천천히 이동하는 목자들의 모습도 눈에 띄었습니다. 집에서 멀지 않은 곳에 있는 목자들은 저녁 어스름이 내릴 무렵 밤이슬을 피하고, 맹수들의 습격을 피하기 위해 양들을 우리에 몰아넣을 것입니다. 그것으로 그들의 고단한 일상이 끝나는 것은 아닙니다. 목자들은 양 우리 옆에 문지기들을 세워 두고 잠을 잤습니다. 도둑들을 막기 위해서였습니다. 아침이 되면 목자들은 우리 앞에 와 자기 양들을 불러낸 다음 앞장서서 초장으로 향했습니다.

| 베두인족의 일상

　다큐멘터리를 통해 광야를 떠돌며 살아가는 베두인족의 모습을 볼 기회가 있었습니다. 광야 가운데서 야영을 할 수밖에 없는 목자들은 잠을 청하기 전에 우두머리 양의 다리와 자기 다리를 끈으로 이어놓더군요. 아침이 되어 우두머리 양이 풀을

찾아 이동하면 즉시 일어나기 위해서였습니다. 함께 걷고, 함께 먹고, 함께 뒹구는 동안 목자들은 양과의 일체감을 느끼게 될 겁니다. 부득이하게 처분해야 할 때도 있지만 목자에게 양은 확대된 가족의 일부이지, 돈벌이의 수단이 아닙니다. 예수님은 팔레스타인 땅에서 흔히 볼 수 있는 이런 광경을 사람들에게 상기시키심으로써 당신이 누구신지를 밝히고 계십니다.

> 나는 양이 드나드는 문이다(7절).
> 나는 선한 목자이다(11절).

언어는 마음속에 어떤 풍경을 떠올리게 해줍니다. '양이 드나드는 문'이라는 은유는 양을 훔쳐가기 위해 몰래 담을 넘는 사람들을 염두에 둔 발언이고, '선한 목자'라는 은유는 품삯을 위해 일하는 목자들과 대조하기 위해 채택된 것입니다.

| 갈등을 두려워하지 말라

알듯 모를 듯한 말씀에 고개를 갸웃하는 청중들을 향해 예수님은 조금 더 직접적으로 말씀하십니다. 그런데 그 설명이 좀 과격합니다.

> [나보다] 먼저 온 사람은 다 도둑이고 강도이다. 그래서 양들이 그들의 말을 듣지 않았다(8절).

아마도 들을 귀가 있는 사람들은 여기서 도둑과 강도로 지칭된 이들이 누구인지 대번에 알아차렸을 것입니다. 그것은 율법주의의 척도로 사람들을 마구 재단하던 종교 지도자들은 물론이고, 백성들의 사정에는 아랑곳없이 정쟁에만 몰두하던 정치 지도자들을 가리키는 말이었습니다. 예수님은 상처와 그늘을 안고 살아가는 사람들을 대할 때는 한없이 부드러우셨지만, 자기 의에 사로잡힌 사람들과 그들의 위선에 대해서는 대단히 엄격한 태도를 보이셨습니다.

권력에 도취해 자기 분수를 모르는 이들에 대해서도 마찬가지였습니다. 바리새인들과 서기관들을 향해 '회칠한 무덤'이라 하시고, 헤롯을 '여우'라고 부르신 것만 보아도 알 수 있습니다. 그들은 백성들의 눈물을 닦아주고 상처 입은 마음을 위로해 줄 생각이 없습니다. 극심한 가난에 시달리는 이들을 도울 생각도 없습니다. 그런 이들을 보면서 주님은 거룩한 분노를 터뜨리십니다. "나보다 먼저 온 사람은 다 도둑이고 강도이다." 그들은 다 양을 훔치려고 담을 넘는 도둑들과 다를 바가 없다는 것입니다. 이리가 오는 것을 보면 양들을 버리고 달아나는 삯꾼 목자들이라는 것입니다.

주님의 이런 과격함은 점잖은 종교인들, 교양 있는 사람들의 마음을 불편하게 만듭니다. 꼭 이렇게까지 대립각을 만드실 필요가 있나 싶은 생각이 들기도 합니다. 비판을 해도 조금은 타협의 여지를 남겨야 하지 않나 싶기도 합니다. 하지만 그

것은 머리로 살아가는 이들의 생각이고, 고통 받는 인류로 인
해 가슴 미어지는 슬픔을 느끼는 예수님에게는 해당될 수 없
는 이야기입니다. 하나님의 뜻을 누구보다도 잘 안다고 자부하
는 이들이, 자기들의 권력 유지를 위해 하나님의 뜻을 자의적
으로 왜곡하는 현실을 목도한 30대 초반의 청년 예수의 가슴
에 불이 붙지 않는다면 오히려 이상한 일이 아니겠습니까? 위
선자들, 기회주의자들, 도둑과 강도들과의 관계에서 필요한 것
은 타협의 기술이 아니라 대립이었습니다. 진리는 타협을 통해
서 드러나는 법이 없습니다. 그것은 대립과 갈등을 통해서 드
러나는 보화입니다. 그래서 주님은 "나는 세상에다가 불을 지
르러 왔다"(누가복음 12:49)고 하셨고, 나는 세상에 평화를 주러
온 것이 아니라 "분열을 일으키러 왔다"(누가복음 12:51)고 말씀
하셨습니다.

갈등을 회피하면 필요한 변화가 일어나지 않습니다. '좋은
게 좋은 거지' 하는 타협적 태도나, '세상이 다 그런 거지' 하
는 허무주의적인 태도는 모두 열린사회를 가로막는 적들입니
다. 시인 이재무는 여름 땡볕과 같은 세월에 아무리 둘러보아
도 땡감처럼 단단한 놈이 없다고, 떫은 놈이 없다고 탄식합니
다. 그는 떫은 놈일수록 벌레에 강하고, 비바람을 이길 수 있다
고 노래합니다. 땡감 같은 사람이란 사사건건 뻐딱하게 구는
이가 아니라, 불의에 대해 분노할 줄 알고 거짓과 위선에 맞설
줄 아는 사람을 가리킵니다. 시인은 덜 떫은 놈은 홍시로 익어

갈 수도 없다고 말합니다. 지금 한국교회에 필요한 이들은 이런 이들이 아닐까요? 예수정신의 야성, 함석헌 선생님의 말로는 '들사람 얼'이 사라져 한국 교회는 쇠퇴기에 접어들고 있습니다. 남아프리카 공화국의 순교자인 카즈 뭉크Kaj Munk는 "오랫동안 교회의 상징은 사자, 양, 비둘기, 그리고 물고기였다. 하지만 한 번도 카멜레온이었던 적은 없다"고 말했습니다. 우리는 교회가 선택받은 하나님의 백성들의 모임이라고 말합니다. 옳습니다. 하지만 우리가 선택받았다는 것은 오직 우리가 선택하는 것들을 통해서만 확증됩니다. 예수의 길을 걷지 않으면서 예수를 길이라고 고백하는 것은 허위일 뿐입니다.

| 양과 목자의 상관어

주님은 강도와 도둑에게 다 털려 기진한 이스라엘 민중들의 삶을 보며 기가 막힙니다. 아마도 우리의 현실을 보셔도 똑같은 심정이 되실 것입니다. 주님은 어느 시대든 주류 세계로부터 소외된 사람들, 마치 없는 사람처럼 취급받는 사람들을 일으켜 세우고, 자존감을 되찾게 하고, 풍성한 생명을 누리도록 하시기 위해 오늘도 우리 곁에 다가오고 계십니다.

나는, 양들이 생명을 얻고 또 더 넘치게 얻게 하려고 왔다(10절).

이 말씀처럼 예수님의 삶을 잘 요약해주는 말이 없는 것 같습니다. 사람들로 하여금 생명의 풍성함을 누리게 하는 것이 주님의 꿈입니다. 가끔 내 속의 진액이 다 빠져나간 것처럼 삶이 스산하게 느껴질 때면 죄스러운 마음이 듭니다. 주님을 믿는다고 하면서도 생명을 한껏 누리지 못한다는 사실이 부끄럽기 때문입니다. 가끔 저는 '불초(不肖) 제자'라는 말을 쓰곤 합니다만, 정말 예수님을 닮으려면 얼마나 많은 시간이 필요한 것인지 모르겠습니다. 사실 시간은 큰 문제가 아닙니다. 풍성한 삶은 미래의 어느 시점에 누릴 수 있는 것이 아닙니다. 바로 지금 여기에서 누려야 합니다.

영국의 BBC 방송은 행복한 삶이 어떻게 가능한지를 탐색하여 보도한 적이 있습니다. 답은 매우 간단했습니다. 풍성한 삶을 누리는 사람들은 세 가지 특색을 가지고 있습니다. 그들은 자기가 하는 일을 즐기는 사람이었고, 다른 이들과 긴밀하게 협력하고 연대할 줄 아는 사람이었고, 무엇보다도 그 일을 삶의 의미와 연결시키는 일에 익숙한 사람이었습니다. 예수님의 삶도 따지고 보면 여기에 해당한다고 볼 수 있습니다. 주님에게는 '억지로'가 없습니다. 주님이 계신 곳에는 일치와 사랑의 분위기가 감돕니다. 주님과 만난 사람들은 하나님의 뜻을 향해 자기 생의 방향을 바꿉니다.

주님 안에 있는 사람들은 누구나 풍성한 생명을 누립니다. 그들은 기존 질서가 제시하는 것과는 다른 삶이 가능하다는 사실을 알아차립니다. 남들보다 덜 버는 데도 행복한 사람들이 있습니다. 그들은 소유는 적지만 존재는 풍성한 이들입니다. 많이 웃고, 많이 어울리고, 많이 나누며 사는 삶의 비결을 터득한 이들을 보면 참 감동스럽습니다. 오늘 우리가 그런 행복을 누리지 못한다면 그 까닭은 무엇일까요? 주님에 대한 신뢰가 부족하기 때문이 아닐까요?

본문에서 양과 목자의 관계를 규정해주는 단어는 '안다'입니다. 목자는 양의 이름을 알고, 양들은 목자의 음성을 압니다. 과연 우리는 목자이신 주님의 음성을 알고 있습니까? 앞서 가시는 그분의 뒤를 따라가고 있습니까? 혹시 도둑이고 강도의 음성을 듣고 따라가고 있는 것은 아닙니까? 도둑과 강도들의 음성은 부드럽습니다. 그들은 신앙적 정체성을 유지하며 살아가려는 우리에게 왜 힘겹게 그 길로 가냐고, 인생은 짧다고, 그러니 적당히 즐길 줄도 알아야 한다고, 세상이 다 썩었는데 너 혼자만 고고한 척하냐고, 융통성 있게 살아야 한다고, 쉽게 돈 벌 수 있는 길이 있다고 말합니다. 하지만 그들은 우리 영혼을 도둑질하려는 이들입니다.

| 눈을 똑바로 뜨고

주님은 그런 도둑과 강도, 그리고 이리떼에 맞서 당신의 백성들을 지키려 하십니다. 그들에게 풍성한 삶을 누리게 하시려고 죽음조차 마다하지 않으십니다. 그 길은 외로운 길이지만 헛된 길은 아닙니다. 보이지 않는 하나님의 사랑의 손길이 그

를 붙들고 있었으니 말입니다.

아버지께서 나를 사랑하신다. 그것은 내가 목숨을 다시 얻으려
고 내 목숨을 기꺼이 버리기 때문이다(17절).

강력한 말씀입니다. 주님은 살기 위해 죽습니다. 죽어서 사
는 법을 아셨기 때문입니다. 우리 삶이 누추함을 면치 못하는
까닭은 죽음을 두려워하기 때문입니다. 누군들 죽음이 두렵지
않겠습니까? 하지만 주님은 하나님의 뜻을 수행하기 위해 죽
음과 맞서는 것을 주저하지 않으셨습니다. 〈엘라의 계곡〉이라
는 영화가 있습니다. 엘라 계곡은 다윗과 골리앗이 싸운 현장
입니다. 이 영화에서 행크라는 인물은 자기를 도와준 경찰관의
집에 찾아가 그의 어린 아들에게 이런 말을 들려줍니다.

다윗은 자신의 공포심을 이겼어. 그래서 골리앗이 상대가 안 된
거야. 골리앗이 달려오는 데 꼼짝 않고 기다렸단다. 그게 얼마나
큰 용기인 줄 아니? 괴물하고는 그렇게 싸우는 거야. 다가오게
놔뒀다가 눈을 똑바로 보고 끝장내는 거지.

주님은 죽음과 그렇게 싸우셨고, 마침내 죽음의 공포를 이겨
내셨습니다. 어떤 사람이 용기가 있다는 것은 그가 아무 것도
두려워하지 않는다는 말이 아닙니다. 용기란 두려움을 느끼면

서도 반드시 해야 할 일을 수행하는 것을 의미합니다. 사실 우리를 두렵게 하는 현실이 없다면 어떻게 용기를 발휘할 수 있겠습니까. 육체적인 고통이나 사회적 수치를 당할 우려가 있는데도 불구하고 그것에 맞서는 순간, 그 두려움은 더 이상 우리를 마비시킬 수 없습니다. 이게 자유입니다. 예수님은 하나님의 뜻을 이루기 위해 가장 큰 적인 두려움의 눈을 똑바로 보고 끝장을 냈던 겁니다. 죽음에 대해 죽은 사람을 누가 당해낼 수 있겠습니까?

십자가에 달리신 분은 인생의 패배자가 아니라 죽음에 대해 죽으신 분, 영원한 자유인입니다. 문익환 목사님은 〈마지막 시〉라는 시에서 "두 동강난 이 땅에 묻히기 전에/나는 죽는다./나의 스승은 죽어서 산다고 그러셨지./아./그 말만 생각하자./그 말만 믿자. 그리고/동주와 같이 별을 노래하면서/이 밤에도/죽음을 살자."고 노래했습니다. 이게 예수의 길입니다. 주님을 믿는다고 하는 것은, 주님을 따른다고 하는 것은 '죽어서 산다'는 말씀을 꼭 붙들고 살아가는 것입니다. 우리 삶이 누추한 까닭은 죽지 않으려는 마음 때문입니다. 주님의 사랑을, 주님의 은총의 신비를 가장 생생하게 경험하는 사람은 주님의 뜻을 이루기 위해 자기를 내려놓는 사람들입니다. 다니엘은 사자굴 속에서 하나님의 보호하심을 경험했고, 그의 친구인 사드락, 메삭, 아벳느고는 불타는 화덕 속에서 하나님을 만났습니다.

지금 우리는 누구의 목소리를 들으며 살고 있습니까? 누구의 뒤를 따라 가고 있습니까? 정말 잘 산다는 것은 누군가의 생명을 풍성하게 하는 사람이 되는 것 아니겠습니까? 우리가 날마다 만나는 사람들의 얼굴에 행복한 웃음이 피어나도록 하는 것, 낙심했던 영혼에 희망을 불어넣는 것, 배고픈 사람을 먹이는 것, 외로운 사람의 벗이 되어 주는 것… 우리는 이 일에 부름을 받았습니다. 사순절 순례의 길이란 다른 것이 아니라, 나를 버리는 길입니다. 아니 사실은 나를 버림으로 참 나가 되는 길입니다. 이 길을 걷다가 문득 길벗으로 다가오시는 주님과 만나게 되기를 기원합니다. 아멘.

하 나 님 으 로 가 득 찬 사 람 예 수

내가 진정으로 진정으로 너희에게 말한다. 양 우리에 들어갈 때에, 문으로 들어가지 아니하고 다른 데로 넘어 들어가는 사람은 도둑이요 강도이다. 그러나 문으로 들어가는 사람은 양들의 목자이다.(10:1-2)

_____ 문으로 들어가느냐 다른 데로 넘어 가느냐에 따라 도둑과 목자가 갈린다. 문이 아닌 다른 데로 넘어가는 것은 남의 눈에 띄지 않으려는 것이고, 눈에 띄기를 꺼리는 까닭은 떳떳하지 못하기 때문이다. 예수는 어떤 경우에도 편법으로 사람들의 마음을 얻으려 하지 않는다. 그의 행동에는 숨겨진 동기가 없다. 맑은 하늘처럼 명명백백하다.

문지기는 목자에게 문을 열어 주고, 양들은 그의 목소리를 알아듣는다. 그리고 목자는 자기 양들의 이름을 하나하나 불러서 이끌고 나간다. 자기 양들을 다 불러낸 다음에, 그는 앞서서 가고, 양들은 그를 따라간다. 양들이 목자의 목소리를 알고 있기 때문이다.(10:3-4)

——————— 양들은 목자의 음성을 알아듣고, 목자는 양들의 이름을 하나하나 부른다. 음성을 알아듣기까지는, 양들의 이름을 하나하나 호명할 수 있기까지는 꽤 긴 시간이 필요했을 것이다. 쌩 떽쥐페리의 《어린왕자》에 나오는 여우는 왕자에게 '길들인다'는 말을 가르쳐준다. 친구를 가지고 싶다면 참을성이 있어야 한다면서, 말은 오해의 근원이 되니 아무 말도 하지 말고 조금씩 조금씩 더 가까이 다가앉으라고 권한다. 그리고 서로를 길들이게 되면 어떤 일이 벌어지는지도 설명한다. '다른 사람의 발자국 소리가 들리면 더 깊은 곳으로 숨어버리겠지만, 네 발자국 소리가 들리면 반가워서 뛰어 나올 거야.' '밀밭을 일렁이며 지나가는 바람소리도 사랑하게 될 거야.' 목자와 양의 관계도 이러하다. 또한 목자는 양보다 앞서서 가고, 양들은 그를 따라간다. 목자와 양의 관계는 상호신뢰를 기반으로 한다. 하지만 삶으로 신뢰감을 주지 못하는 어리석은 목자들이 많다. 그들은 자기를 돌아볼 생각은 하지 않고 따르지 않는 양들만 탓한다. 진리를 가르치면서도 삶으로는 자기 가르침을 부정하는 이들이 얼마나 많은가?

나는 그 문이다. 누구든지 나를 통하여 들어오면, 구원을 얻고,
드나들면서 꼴을 얻을 것이다. 도둑은 다만 훔치고 죽이고 파
괴하려고 오는 것뿐이다. 나는, 양들이 생명을 얻고 또 더 넘치
게 얻게 하려고 왔다. 나는 선한 목자이다. 선한 목자는 양들을
위하여 자기 목숨을 버린다.(10:9-11)

_____ 예수의 표현이 자꾸 바뀐다. 앞에서는 자신을 일
러 '문으로 들어가는 사람'이라고 하더니 여기서는 나는 '양이
드나드는 문'이라고 말하고, 급기야는 '나는 선한 목자'라고 말
한다. 조금은 당황스럽다. 모순 어법이 아닌가? 하지만 당황할
이유가 없다. 이 셋은 모순이 아니다. 하나의 현실을 가리키는
다양한 은유일 뿐이다. 예수는 진리의 길을 걷는 분이지만, 동
시에 길이기도 하다. 진리를 가리키는 존재이기도 하지만 진리
자체이기도 하다. 예수는 자신이 이 세상에 온 까닭을 아주 간
명하게 밝힌다. '나는, 양들이 생명을 얻고 또 더 넘치게 얻게
하려고 왔다.' 누구를 만나든 그의 생명을 풍성하게 하는 것을
자기 소명으로 여기는 사람 예수, 그는 병든 사람을 고쳐주고,
귀신들린 사람에게서 귀신을 쫓아내고, 자기 존재를 긍정할 힘
을 잃은 사람들에게 살맛을 돌려주었다. 그리고 그들 속에 있
는 가장 아름다운 가능성을 호명해냈다. 예수를 따르는 이들에
게 요구되는 삶도 똑같다. 온갖 생명이 제 몫을 온전히 누리며
살도록 보살피고 북돋는 것이야말로 성도로 부름 받은 이들이

마땅히 추구해야 할 방향이다.

생명을 억압하거나 주눅 들게 하는 것은 하나님 나라와 무관하다. 그런데 종교는 때때로 사람들의 삶에 부당한 제한을 가함으로 그들을 위축시킨다. 하나님을 위해서가 아니라, 종교 기득권자들의 지배를 용이하게 하기 위해서 말이다. 선한 목자는 양들을 위해 목숨을 바친다. 목자는 양떼를 먹이는 사람이지, 양을 먹는 사람이 아니기 때문이다. 하지만 자기 본분을 잃은 목자는 많고도 많다. 에스겔은 이스라엘의 목자들이라 일컬어지는 이들을 준엄하게 꾸짖었다. "너희는 약한 양들을 튼튼하게 키워 주지 않았으며, 병든 것을 고쳐 주지 않았으며, 다리가 부러지고 상한 것을 싸매어 주지 않았으며, 흩어진 것을 모으지 않았으며, 잃어버린 것을 찾지 않았다. 오히려 너희는 양떼를 강압과 폭력으로 다스렸다"(에스겔 34:4). 예수는 이런 이들을 삯꾼이라 이른다. 그들은 이해의 언어 공감의 언어보다는 판단의 언어 정죄의 언어를 사용하는 데 익숙하다. 사람들의 영적 성장이나 내적 자유에는 무관심한 반면, 교인 수나 경상비 예산의 증감에는 매우 민감하다.

나에게는 이 우리에 속하지 않은 다른 양들이 있다. 나는 그 양들도 이끌어 와야 한다. 그들도 내 목소리를 들을 것이며, 한 목자 아래에서 한 무리 양떼가 될 것이다.(10:16)

_____ 놀라운 말이다. 선한 목자는 '우리에 속하지 않은 다른 양들'에 대한 관심의 끈을 놓지 않는다. 선한 목자는 길 잃은 양 한 마리를 찾아 산을 넘고 물을 넘는다. 가장 작고 연약한 양이라 해도, 혹은 우리에 갇혀 살기에는 피가 너무 뜨거운 불온한 양조차 마음에서 걸러내지 않는다. 우리we 의식이 타자를 배제하는 우리fold로 작용할 때 공동체는 병들기 시작한다. 선한 목자이신 예수에게는 '다른 양들이 있다'는 사실을 인정하지 못해 한국교회는 병이 들었다. 우리에 속해 있다는 사실은 감사의 조건이지 특권이 아니다. 신앙이 특권으로 인식되는 순간 우리는 또 다른 율법주의에 빠지게 된다.

아버지께서 나를 사랑하신다. 그것은 내가 목숨을 다시 얻으려고 내 목숨을 기꺼이 버리기 때문이다.(10:17)

_____ 온전히 바치지 않는 한 새로운 생명을 얻을 수 없다. 그런데 누가 바칠 수 있는가? 하나님으로 가득 찬 사람만 자기 생명을 바칠 수 있다. 하나님으로 가득 찬 사람 예수, 그는 자기 생명을 온전히 비움으로 하나님의 생명을 받아 누릴 수 있었다. 비우지 않고는 채울 수 없는 법이다. 채움에 대한 갈망은 넘치지만 비움을 위한 노력은 보기 어려운 시대이다. 비우고 또 비운 마음에 하나님의 숨결이 스며든다. "여전히 당신은 부어주시고 / 여전히 내 속에는 채울 자리가 있습니다."

타고르의 노래가 이명증처럼 귀에 맴돈다.

| 빛 너머의 어둠

예루살렘은 성전 봉헌절이 되었는데, 때는 겨울이었다. 예수께
서는 성전 경내에 있는 솔로몬 주랑을 거닐고 계셨다. 그 때에
유대 사람들은 예수를 둘러싸고 말하였다. "당신은 언제까지
우리의 마음을 졸이게 하시렵니까? 당신이 그리스도이면 그렇
다고 분명하게 말하여 주십시오."(10:22-24)

_____ 예수께서 주랑 사이를 거닐고 계시는 모습을 그
려본다. 무슨 생각을 하고 계셨을까? 미구에 닥쳐올 당신의 운
명에 대해 생각하셨을까? 아니면 온 땅에 가득 찬 슬픔에 대해
생각하셨을까? 알 수 없는 노릇이다. 하지만 단서가 아주 없는
것은 아니다. 요한은 그때가 '성전 봉헌절'(하누카)이라고 말하
고 있다. 이 축제는 유다 마카비를 중심으로 한 저항세력이 셀
류커스 왕조의 안티오커스 4세에 의해 더럽혀졌던 성전을 재
탈환하여 그것을 정화한 후 하나님께 봉헌했던 것을 기념하
는 절기이다. 하누카 축제 때면 유대인들은 가운데 있는 큰 가
지를 중심으로 좌우 각각 네 개씩 도합 여덟 개의 가지를 가진
촛대(메노라)에 매일 하나씩 불을 붙여나간다. 불이 하나씩 더
해질 때마다 그들의 종교적 감정은 더욱 고조되었을 것이고,
사람들이 부르는 '할렐 송'으로 인해 촛불은 더욱 흥겹게 일렁

였을 것이다.

하지만 예수님의 마음은 흔연할 수 없었다. 인위적으로 밝혀놓은 빛 너머의 어둠을 홀로 응시하고 계셨을 테니 말이다. 성전이 성전 구실을 하지 못하고 오히려 사람들의 의식을 옥죄는 올무가 되고 있는 현실을 대체 어떻게 타개해 나가야 한단 말인가? 그런 예수에게 사람들은 호기심에 가득 찬 시선으로 질문을 던진다. "당신이 그리스도이면 그렇다고 분명하게 말하여 주십시오." 예수를 그리스도로 받아들이기에는 석연치 않은 구석이 많고, 그렇다고 전적으로 부정하자니 그 또한 꺼림칙했을 것이다.

예수께서 그들에게 대답하셨다. "내가 너희에게 이미 말하였는데도, 너희가 믿지 않는다. 내가 내 아버지의 이름으로 하는 그 일들이 곧 나를 증언해 준다. 그런데 너희가 믿지 않는 것은, 너희가 내 양이 아니기 때문이다."(10:25-26)

_____ 말처럼 부질없는 게 또 있을까? 듣지 않으려고 작정한 이들에게는 어떤 말도 들리지 않는 법이다. '소리'가 들리지 않는다는 말이 아니라 '뜻'이 들어갈 자리가 없다는 말이다. 아무리 정문일침의 말이라 해도 둔감한 이의 마음을 열 수는 없는 법이다. 그래서 예수님은 '귀 있는 사람은 들어라' 하고 말씀하셨던 것이다. 어떤 사람의 존재가 어떠한지는 그의 자기

진술이 아니라 그가 하는 일을 통해 드러나기 마련이다. 예수가 하는 일이 곧 그가 누구인지를 말해준다. 생명을 귀히 여기고, 이런저런 억압으로 인해 질식 상태에 있는 생명을 일으켜 세우기 위해 어려움을 무릅쓰는 이들은 누구나 하나님께 속한 존재이다. 이것은 교회가 참 교회인지를 알아볼 수 있는 시금석이기도 하다.

예수를 통해 드러나는 일을 보면서도 믿지 않는 것은 다른 주인을 모시고 있기 때문이다. 그 주인의 이름은 다양하다. '돈, 자아, 체면, 이념, 가족, 성공….' 예수를 믿는다 하면서도 예수의 뜻에 순명하며 살기보다는, 자기 뜻을 이루기 위해 예수를 동원하고 있지는 않은가 돌아볼 일이다.

"내 양들은 내 목소리를 알아듣는다. 나는 내 양들을 알고, 내 양들은 나를 따른다. 나는 그들에게 영생을 준다. 그들은 영원토록 멸망하지 아니할 것이요, 또 아무도 그들을 내 손에서 빼앗아 가지 못할 것이다."(10:27-28)

——————— '내 양들은 내 목소리를 알아듣는다.' 너무도 당연한 말이지만, 이 말이 통렬하게 느껴지는 것은 오늘 우리가 경험하는 주어와 술어의 불일치 때문이다. '내 양'이라는 주어가 참이 되기 위해서는 '알아 듣는다'라는 술어와 호응관계가 이루어져야 한다. 하지만 안타깝게도 그러한 호응관계가 망가진

지 이미 오래다. 예수의 말은 오늘의 교회에서 경청되지 않는다. 아니, 오히려 침묵을 강요당하고 있다고 말할 수 있다. 사람들은 예수에게 금관을 씌워 그의 입을 봉인했다. 입 맞추어 예수를 배신하고 예수에게 침묵을 명했던 도스토예프스키의 대심문관은 도처에 있다.

목자의 목소리를 알아듣는 양, 그리고 그 양들을 하나하나 아는 목자, 그들이 맺는 상호신뢰와 사랑의 관계 속에서 나오는 것이 따름이다. 목자가 그들을 사망의 음침한 골짜기로 인도할지라도 해 받을 것을 두려워하지 않는 것은 목자에 대한 깊은 신뢰가 있기 때문이다. 신뢰의 기초는 모든 것이 잘 될 것이라는 낭만적 낙관주의가 아니다. 진정한 신뢰는 위험을 무릅쓰는 것이고 상처받기를 두려워하지 않는 것이다. 백척간두百尺竿頭에서 진일보進一步 할 수 있는 마음이다.

예수님은 당신을 믿고 따르는 이들에게 영생을 주신다고 확언하고 있다. 누구도 당신의 손에서 그들을 빼앗아 갈 수 없다고 말한다. 아, 이 말을 우리가 진정으로 믿기만 한다면 우리 삶이 이처럼 누추하지는 않을 것이다.

"그들을 나에게 주신 내 아버지는 만유보다도 더 크시다. 아무도 아버지의 손에서 그들을 빼앗아 가지 못한다. 나와 아버지는 하나이다."(10:29-30)

──────── 아, 가만. 예수님은 당신을 따르는 이들을 그저 제
자로 보는 것이 아니라 하늘 아버지께서 주신 자로 보고 있지
않은가? '주신 자'라는 말 앞에 생략된 것은 미루어 생각해보
건대 '잘 돌보라'는 말일 것이다. 그러니 어찌 한 사람이라도
소홀히 대할 수 있겠는가. 예수의 말을 경청하고 또 그분을 따
르는 이들은 이미 하늘 아버지께 속한 존재이다. 그러니 만유
보다 크신 하나님께 속한 것을 빼앗아 갈 자가 누구 있을까?
"하나님이 우리 편이시면, 누가 우리를 대적하겠습니까?"(로마
서 8:31) 바울 사도의 이런 일매진 선언도 같은 경험의 맥락에
서 나온 말이다.

　그런데 '나와 아버지는 하나이다'라는 말이 문제이다. 예수
는 이 말이 말귀를 알아듣지 못하는 이들에게 시비의 빌미가
될 것임을 몰랐을까? 이 말은 예수님께서 하나님과 당신을 동
일시한다identify는 뜻이 아니라, 하나님과 안팎 없이 일치됨unity
을 이르는 말이다. 하지만 유대인들은 그 말을 빌미로 예수를
신성모독자로 규정해 없애려 한다. 아, 성전 봉헌절에 그들은
스스로 성전이신 분을 죽이려 한다. 겨울이었다.

이 때에 유대 사람들이 다시 돌을 들어서 예수를 치려고 하였
다. 예수께서 그들에게 말씀하셨다. "내가 아버지의 권능을 힘
입어서, 선한 일을 많이 하여 너희에게 보여 주었는데, 그 가운
데서 어떤 일로 나를 돌로 치려고 하느냐?" 유대 사람들이 대

답하였다. "우리가 당신을 돌로 치려고 하는 것은, 선한 일을 하였기 때문이 아니라, 하나님을 모독하였기 때문이오. 당신은 사람이면서, 자기를 하나님이라고 하였소."(10:31-33)

_____ 하나님의 일을 하는 이가 하나님을 모독한다며 모욕을 당하는 이 아이러니. 문자는 죽이고 영은 살린다는 말이 이런 것일까? 유대 사람들은 예수의 말에 걸려 넘어졌다. 그들은 삶이 곧 증언이고 믿음이라는 사실을 알지 못한다. 신앙고백을 삶으로 번역할 엄두도 내지 못하는 이들일수록 문자에 집착한다. 집착은 자기와 생각이 다른 타자에 대한 배제를 낳고, 배제의 경험이 쌓일수록 자아는 강화된다. 갑각류를 닮은 신앙인들이 많을수록 하나님은 외롭고, 교회는 일반 사회로부터 점점 멀어진다.

예수께서 그들에게 말씀하셨다. "너희가 율법에, '내가 너희를 신들이라고 하였다' 하는 말이 기록되어 있지 않으냐? 하나님의 말씀을 받은 사람들을 하나님께서 신이라고 하셨다. 또 성경은 폐하지 못한다. 그런데 아버지께서 거룩하게 하여 세상에 보내신 사람이, 자기를 하나님의 아들이라고 한 말을 가지고, 너희는 그가 하나님을 모독한다고 하느냐?"(10:34-36)

_____ 예수는 시편 82편을 인용해서 응대한다. 여기서

말하는 '신들'은 경배의 대상인 초월적 신격을 이르는 말이 아니라 신의 위임을 받아 세상을 다스리는 사람들, 재판을 관할하는 사람들을 가리킨다. 그들이 '신들'이라고 지칭되는 까닭은 그들이 하나님의 말씀을 받았기 때문이다. 말씀을 받은 자는 자기 좋을 대로 사는 사람이 아니라 신의 뜻을 수행해야 한다. 하나님은 그들에게 악인을 편들지 말 것을 엄중하게 요구하신다. 그들의 소명은 가난한 사람과 고아를 변호해주고, 궁핍한 자에게 공의를 베푸는 것이다. 그들의 권한 행사는 자의적이어서는 안 된다. 하나님의 말씀을 위탁받은 이들이 그 말씀을 빙자하여 자기 잇속을 차리거나, 누군가의 정신을 마비시키거나 불구로 만든다면 그는 하나님의 원수가 된다. 예수가 하나님의 아들인 것은 그의 DNA가 우리와 다르기 때문이 아니라, 철저하게 하나님의 뜻에 자신을 맡겼기 때문이다.

"내가 내 아버지의 일을 하지 아니하거든, 나를 믿지 말아라. 그러나 내가 그 일을 하고 있으면, 나를 믿지는 아니할지라도, 그 일은 믿어라. 그리하면 너희는, 아버지께서 내 안에 계시고 또 내가 아버지 안에 있다는 것을, 깨달아 알게 될 것이다." (10:37-38)

─────── 사람의 사람됨은 오직 그가 하는 일을 통해 드러난다. '나는 ~이다'라는 자기 진술이 참임을 입증하기 위해서

는 삶의 열매가 있어야 한다. 하지만 스스로 마음을 닫아버린 사람들을 설복한다는 것은 여간 어려운 일이 아니다. 지금 눈앞에 꽃이 활짝 펴 대기 중에 향기가 가득 찼는데도 달력을 보며 봄이 오려면 아직 멀었다고 말하는 사람도 있는 법이다. '아우토 바실레이아'(오리게네스), 즉 몸소 하나님 나라이신 예수님을 보면서도 사람들은 그들의 나른한 일상을 깨뜨리고 돌입하고 있는 하나님 나라를 보지 못한다. 오죽 답답했으면 '나를 믿지는 아니할지라도, 그 일은 믿어라' 하고 하소연을 하실까.

오늘의 교회는 어떠한가? 삶으로 말하기보다는 말로 삶을 대체해버리고 만다. 종교적 언어는 상투어로 변한지 오래이다. 은혜, 구원, 화해, 용서, 섬김, 돌봄이라는 말을 들어도 가슴이 뛰지 않는다. 그 언어가 우리의 심장을 꿰뚫지도 않고, 삶을 뿌리로부터 흔들어놓지도 않는다. 오히려 삶으로 말하려는 이들에게는 불온의 낙인을 찍기 일쑤이다. 저 차가운 바람이 부는 거리에서 떠돌고 있는 사람들, 생존권을 박탈당한 사람들에게 다가가 그들의 눈물을 닦아 주는 이들을 시뜬 시선으로 바라본다. 어쩌겠는가? 그것이 참의 운명인 것을. 예수의 말을 들은 사람들은 스스로 변화의 길을 걷기보다는 예수를 없애려고 했다. 예수는 그들의 손에서 벗어나서 요단 강 건너로 몸을 피하셨다. 아직 당신의 때가 이르지 않았기 때문이다.

| 그대, 지금 예수의 눈물을 보는가?

한 병자가 있었는데, 그는 마리아와 그의 자매 마르다의 마을
베다니에 사는 나사로였다. 마리아는 주님께 향유를 붓고, 자
기의 머리털로 주님의 발을 씻은 여자요, 병든 나사로는 그의
오라버니이다.(11:1-2)

───────── 요한은 느닷없이 한 병자의 이야기를 우리에게
들려준다. 베다니 마을에 사는 나사로가 바로 그 사람이다. 그
는 마리아와 마르다 자매의 오라버니다. 감람산 동남쪽 사면에
있는 베다니는 히브리어로는 '빈민의 집'이라는 뜻이고, 아람
어로는 '고통의 집'이라는 뜻이다. 베다니는 한 마디로 눈물의
땅이다. 가난한 예수, 한없는 연민으로 세상의 고통을 부둥켜
안았던 예수는 그곳에서 편안함을 느끼셨다.

그 누이들이 사람을 예수께로 보내서 말하였다. "주님, 보십시
오. 주님께서 사랑하시는 사람이 앓고 있습니다." 예수께서 들
으시고 말씀하셨다. "이 병은 죽을 병이 아니라, 오히려 하나님
의 영광을 드러낼 병이다. 이것으로 말미암아 하나님의 아들이
영광을 받게 될 것이다. 예수께서는 마르다와 그의 자매와 나
사로를 사랑하셨다."(11:3-5)

───────── 어쩌면 나사로는 아주 오랫동안 앓고 있었던 것

이 아닐까? 그를 보살피느라 누이들은 결혼조차 미루어야 했던 것이 아닐까? 그렇다면 누이들이 요단강 저편으로 피신해 계신 예수님께 사람을 보낸 것은 그만큼 나사로의 상황이 절박했기 때문이리라. 그런데 누이들은 나사로를 '주님께서 사랑하시는 사람'이라고 말한다. 예사로운 호칭이 아니다. 예수님은 나사로에게 각별한 마음을 가지고 계셨음에 틀림없다. 사랑받을 만한 사람이었기 때문이 아니라, 병약한 사람이었고 돌봄을 필요로 하는 사람이었기에 말이다. 성경에서 나사로는 자기 목소리가 없는 사람이다. 예수는 그런 그를 깊이 사랑하셨다. 그런데 주님은 나사로의 병이 죽을병이 아니라 하나님의 영광을 드러낼 병이라고 말씀하신다. 무슨 말씀일까? 아직은 성급하게 대답을 모색하지 말자.

그런데 예수께서는 나사로가 앓는다는 말을 들으시고도, 계시던 그곳에 이틀이나 더 머무르셨다. 그리고 나서 제자들에게 "다시 유대 지방으로 가자" 하고 말씀하셨다.(11:6-7)

_____ 그 다급한 상황 가운데서 이틀이나 더 머무신 까닭이 무엇일까? 처리해야 할 일이 많아서? 유대인들에 대한 두려움 때문에? 아마도 아닐 것이다. 예수의 고의적인 지체는 납득하기 어렵다. 지금은 그저 때가 무르익기를 기다리셨다고만 말하자. 주님은 제자들에게 '다시 유대 지방으로 가자.'고 하신

다. 베다니라고 특정하지 않고 굳이 '유대 지방'이라 하신 까닭
이 무엇일까? 그곳은 예수에게 적대감을 보이는 이들이 있는
곳이다. 예수는 나사로의 운명과 자신의 운명이 긴밀히 연결되
어 있음을 직감하고 계신 것이다. 제자들도 역시 그런 현실을
잘 알고 있다.

그래서 그들은 아직은 때가 아니라며 만류한다. 죽음에 대한
공포가 그들을 사로잡고 있었던 것이다. 예수가 "우리 친구 나
사로는 잠들었다. 내가 가서, 그를 깨우겠다."고 말하자, 그렇
다면 굳이 위험을 무릅쓸 필요가 있느냐고, 그냥 두면 시간이
해결해 줄 것 아니냐고 항변하는 것도 그 때문이다. 예수는 결
국 '나사로가 죽었다'고 선언한다.

그러자 디두모라고도 하는 도마가 동료 제자들에게 "우리도
그와 함께 죽으러 가자" 하고 말하였다.(11:16)

_____ 비장하기 이를 데 없다. 도마의 결기어린 말에서
젊은이의 치기가 읽힌다. 하지만 그런 열정조차 없다면 어떻게
하나님 나라를 꿈꿀 수 있겠는가? 아직 다듬어지지 않았지만
목숨을 걸 수 있는 열정이 있었기에 그는 나중에 순교의 길을
마다하지 않았던 것이다. 도마의 미숙함을 비난하기에 앞서 우
리 스스로 주와 함께 죽을 마음이 조금이라도 있는지 돌아볼
일이다.

마르다가 예수께 말하였다. "주님, 주님이 여기에 계셨더라면,
내 오라버니가 죽지 아니하였을 것입니다. 그러나 이제라도,
나는 주님께서 하나님께 구하시는 것은 무엇이나 하나님께서
다 이루어 주실 줄 압니다."(11:21-22)

_____ 예수께서 베다니에 이르렀을 때 나사로는 이미
죽은 지 나흘이나 되었다. 많은 유대 사람이 조문을 위해 그 자
리에 와 있었다. 유대 사회에서 장례는 가족 구성원만의 일이
아니라 그가 속해 있던 공동체 전체의 일이었다. 유대인들은
장례를 돕는 일을 가장 큰 선행으로 여겼다. 망자로부터 보상
을 기대할 수 없었기 때문이다. 예수께서 오신다는 소식을 들
은 마르다는 동네 어귀까지 나가 예수를 영접했다. 예수가 선
자리는 마을과 마을 사이, 삶의 공간과 죽음의 공간 그 사이이
다. 예수의 운명을 예고해 주는 그 사이 공간. "주님이 여기에
계셨더라면 내 오라버니가 죽지 않았을 것"이라는 마르다의
말은 객관적 사실에 대한 진술이 아니라 아쉬움에 대한 토로
이다. '이제라도'라는 말은 나사로를 소생시킬 사건을 예기하
는 말은 아니다. 마르다는 예수께 매달려 오라버니를 살려달라
고 말하지 않는다. 오히려 주님이 구하시는 것은 무엇이나 하
나님께서 그대로 이루어 주실 줄 안다고 말한다. 주님이 어떤
선택을 하시든 그 결과를 수용할 준비가 되었다는 말이다. 신
뢰가 담긴 말이긴 하지만 자포자기적인 뉘앙스가 강하다. 그

말 속에 담긴 여운이 아릿하다.

| 영원과 잇대어 있는 사람

예수께서 마르다에게 말씀하셨다. "네 오라버니가 다시 살아
날 것이다." 마르다가 예수께 말하였다. "마지막 날 부활 때에
그가 다시 살아나리라는 것은 내가 압니다."(11:23-24)

_____ 예수는 '지금 여기서' 벌어질 사건에 대해 말하고
있는데, 마르다는 미래에 벌어질 수도 있는 불확정적인 현실
에 대해 말하고 있다. 마르다는 예수의 말을 통상적인 위로의
말로 들었을 뿐, 예수야말로 그 '마지막 날'에 속한 분임을 알
지 못했다. 어쩌면 당연한 일인지도 모르겠다. 보거나 만질 수
있는 존재를 궁극적 존재로 인식한다는 것은 사실상 거의 불
가능일 테니 말이다. 우리 믿음은 이런 아스라하고 미묘한 엇
갈림 속에 머물고 있다. 사건을 일으키는 말씀을 관습적으로
대할 때 신앙생활은 진부해지게 마련이다. 오늘 한국교회의
가장 큰 문제는 삶의 변혁에 대한 기대 없이 말씀을 듣는다는
것이다.

예수께서 마르다에게 말씀하셨다. "나는 부활이요 생명이니,
나를 믿는 사람은 죽어도 살고, 살아서 나를 믿는 사람은 영원
히 죽지 아니할 것이다. 네가 이것을 믿느냐?" 마르다가 예수

께 말하였다. "예, 주님! 주님은 세상에 오실 그리스도이시며, 하나님의 아들이심을, 내가 믿습니다."(11:25-27)

_____ 예수는 미래형 종결어미를 사용하여 '나는 부활할 것이다.' 라고 말하지 않는다. '나는 부활이다', '나는 생명이다.' 간결하지만 단호한 직설법이다. 표현은 다르지만 같은 말이다. 예수 안에서 부활은 교리나 철학이 아닌 현실이 된다. 부활은 우리 삶이 다한 후에 기대할 수 있는 가상현실virtual reality이 아니라, 지금 여기에서 경험하는 실제 현실actual reality이 된다. 예수 안에서 죽음은 이미 초극되었다. 바울 사도의 말을 빌자면 '죽음의 쏘는 가시'는 제거되었다. 죽음의 지배는 끝났다. 강력한 선언이다. 믿는 사람은 영원히 죽지 않는다. 육체적 죽음을 일컫는 말이 아니다. 영원과 잇대어 있는 사람에게 있어 '몸 나'의 죽음은 영원한 세계로의 귀환이다. 마르다는 엉겁결에 엄청난 고백을 했다. "내가 믿습니다." 이 고백은 공관복음서에 나오는 베드로의 고백에 상응한다.

마리아는 예수께서 계신 곳으로 와서, 예수님을 뵙고, 그 발 아래에 엎드려서 말하였다. "주님, 주님이 여기에 계셨더라면, 내 오라버니가 죽지 않았을 것입니다." 예수께서는 마리아가 우는 것과, 함께 따라온 유대 사람들이 우는 것을 보시고, 마음이 비통하여 괴로워하셨다.(11:32-33)

――――――― 주님이 오셨다는 전갈을 듣고 예수께 달려온 마리아가 울음을 터뜨렸다. 유대인들도 따라 울었다. 예수님의 부재 속에서 맞닥뜨려야 했던 그 슬픔의 시간이 눈물의 강이 되어 흘렀다. 예수도 마음이 비통하여 괴로워하셨다. 그리고 눈물을 흘리셨다. 예수의 눈물을 보는가? 함석헌 선생은 "눈에 눈물이 어리면 그 렌즈를 통해 하늘이 보인다"고 말했다. 그대, 지금 예수의 눈물을 보는가?

예수께서 다시 속으로 비통하게 여기시면서 무덤으로 가셨다. 무덤은 동굴인데, 그 어귀는 돌로 막아 놓았다. 예수께서 "돌을 옮겨 놓아라" 하시니, 죽은 사람의 누이 마르다가 말하였다. "주님, 죽은 지가 나흘이나 되어서, 벌써 냄새가 납니다." (11:38-39)

――――――― 돌로 막아놓은 무덤, 어떤 기시감이 느껴지지 않는가? 예수는 지금 비통한 마음이다. 생의 유한함에 대한 존재론적인 슬픔일까? 믿음 없는 세대에 대한 안타까움이었을까? 그런데 엉뚱하게도 비통해하는 예수의 모습에서 오히려 안도감이 느껴지는 것은 왜일까? 그도 또한 우리와 다를 바 없는 살과 피를 가진 분임을 확인하게 되기 때문이다. 마음을 수습한 예수는 사람들에게 "돌을 옮겨 놓아라" 하고 지시하신다. 마르다는 깜짝 놀란다. '도대체 어찌 하시려고…' 마르다는 나사

로의 시신에 이미 부패가 진행되고 있다는 사실을 상기시킨다. 안타깝지만 부질없는 미련을 내려놓고 쿨하게 현실을 받아들이자는 것이다. 옳은 말이다. 하지만 예수는 믿으면 하나님의 영광을 보게 되리라고 말씀하신다. 믿음은 몰상식과 무관하지만 가끔은 상식을 뛰어넘기도 한다. 믿음은 계산이 아니다. '불가능의 가능성'을 향해 자기를 개방하는 것이다.

사람들이 그 돌을 옮겨 놓았다. 예수께서 하늘을 우러러 보시고 말씀하셨다. "아버지, 내 말을 들어주신 것을 감사드립니다. 아버지께서는 언제나 내 말을 들어주신다는 것을 압니다. 그런데도 이렇게 말씀을 드리는 것은, 둘러선 무리를 위해서입니다. 그들로 하여금 아버지께서 나를 보내신 것을 믿게 하려는 것입니다."(11:41-42)

_____ 거역하기 어려운 어떤 강한 힘에 이끌려 그들은 예수의 말을 수행한다. 마치 돌 항아리에 물을 채웠던 가나 혼인 잔칫집의 하인들처럼. 인류의 보편적인 언어는 경청이라고 말한 이가 있다. 예수의 마음과 접속되었던 것일까? 그들은 자신의 경험과 지식을 내려놓았다. 예수는 하늘 아버지께 기도를 올린다. 하지만 그것은 '어떠어떠한 일'을 이루어달라는 청원이 아니다. 하나님의 뜻과 오롯이 일치된 채 살아가기에 그의 뜻은 곧 아버지의 뜻이다. 새삼스럽게 청할 필요가 없다는 말

이다. 하지만 예수는 둘러선 무리들의 연약한 믿음을 돕기 위해 하나님께 기도를 바친다.

이렇게 말씀하신 다음에, 큰 소리로 "나사로야 나오너라" 하고 외치시니, 죽었던 사람이 나왔다. 손발은 천으로 감겨 있고, 얼굴은 수건으로 싸매여 있었다. 예수께서 그들에게 "그를 풀어 주어서, 가게 하여라" 하고 말씀하셨다.(11:43-44)

───────── 조근 조근 말씀하시던 예수의 음성이 높아졌다. "나사로야 나오너라." 바람과 물결을 꾸짖으시던 예수가 지금은 죽음과 맞서고 있다. 에덴 이후 모든 생명을 사로잡고 있던 궁극적 어둠인 죽음의 세력에 맞서 예수는 생명을 깨운다. 혼돈과 공허와 흑암의 세상에서 빛을 불러내던 창조의 그 첫 순간처럼 황홀한 순간이다. 연약함과 유한함에 사로잡혀 있던 모든 나사로를 향해 예수님은 우렁우렁한 음성으로 '나오라'고 외치신다. 골짜기에서 뒹굴던 해골들이 하늘 바람과 만나 하늘 군대가 되었던 것처럼 죽음의 휘장을 찢고 나사로가 걸어 나왔다.

예수는 사람들에게 "그를 풀어 주어서, 가게 하여라." 하고 지시하신다. 나병환자의 몸에 직접 손을 대서 고쳐주시던 예수가 아니신가? 부정에 능동적으로 접촉해 스스로를 부정하게 만드시던 그 사랑은 어디로 간 것일까? 복잡한 신학적 논의를

뒤로 하고 단도직입적으로 말하자. 예수는 우리가 당신의 손과
발이 되기를 원하신다. 손과 발이 묶여 있고, 얼굴이 가려진 채
죽음의 세계, 망각의 세계, 절망의 세계에 유폐된 모든 나사로
를 풀어주는 일은 바로 우리에게 주어진 소명이라는 말이다.

　나사로를 보면서 많은 이들이 예수를 믿게 되었다. 믿음은
자기 한계를 넘어 타인의 세계로 나아갈 때 깊어진다. 그런데
몇몇 사람이 바리새파 사람에게 가서 예수를 통해 나타난 일
을 고했다. 나사로가 소생한 사건은 성전체제의 한 복판에 던
져진 폭탄이었다. 대제사장들과 바리새파 사람들이 공의회를
소집하고 대책을 숙의했다.

"이 사람이 표징을 많이 행하고 있으니, 어떻게 하면 좋겠습
니까? 이 사람을 그대로 두면 모두 그를 믿게 될 것이요. 그렇
게 되면 로마 사람들이 와서 우리의 땅과 민족을 약탈할 것입
니다." 그 가운데 한 사람으로서, 그 해의 대제사장인 가야바가
그들에게 말하였다. "당신들은 아무것도 모르오. 한 사람이 백
성을 위하여 죽어서 민족 전체가 망하지 않는 것이, 당신들에
게 유익하다는 것을 생각하지 못하고 있소."(11:47b-50)

_____ 이들의 마음이 참 복잡하다. 표징 그 자체를 부정
할 수는 없다. 목격자들이 많기 때문이다. 그들이 염려하는 것
은 둘이다. 첫째는 모든 사람이 그를 믿게 될 것이라는 사실이

다. 둘째는 그런 믿음이 초래할 사회적 혼란과 그를 진압하기 위해 로마가 개입하리라는 예측이다. 이 둘을 매개하고 있는 '그렇게 되면'이라는 단어는 과연 타당한 것일까? 전혀 타당성이 없다고는 할 수 없다. 하지만 그들이 직면하기를 꺼리는 진실이 있다. 지도자를 자처하는 그들은 민중들의 시선이 다른 이에게 쏠리는 것을 참을 수 없는 것이다. 애국심으로 포장하고 있기는 하지만 그들을 사로잡고 있는 것은 '시기심'이다. 그들은 남을 있는 그대로 인정하지 못하는 '인색'의 죄에 빠져 있다. 믿음이 좋다는 이들이 빠지기 쉬운 영적 함정이다.

곤경에서 그들을 구한 것은 가야바였다. 과연 대제사장답다. 로마와 유대교 전통 사이에서 아슬아슬한 줄타기를 하며 그 자리를 지켜온 노회한 사람답지 않은가. 그는 '민족 전체'와 '한 사람'을 마주 세워놓고 있다. 어느 쪽을 선택하는 게 현실적이냐는 것이다. 공교한 말이다. 하지만 그의 말은 신앙 인의 말은 아니다. 모두를 위해 무고한 한 사람을 희생시킬 수밖에 없다는 말이 통용되는 세상은 사탄의 지배에 들어간 세상이다. 이익 혹은 유익이 모든 판단의 척도로 작동하는 사회는 강자들의 편익에 의해 약자들이 유린될 수밖에 없는 사회이다. 가야바의 말은 사탄의 말이다.

예수를 죽이려는 모의가 진행될 때 예수는 광야에서 가까운 지방 에브라임으로 물러나 제자들과 함께 지내셨다. 아직은 당신의 때가 오지 않았기 때문이다.

| 일렁이는 예수의 마음

유월절 엿새 전에, 예수께서 베다니에 가셨다. 그 곳은 예수께서 죽은 사람 가운데에 살리신 나사로가 사는 곳이다. 거기서 예수를 위하여 잔치를 베풀었는데, 마르다는 시중을 들고 있었고, 나사로는 식탁에서 예수와 함께 음식을 먹고 있는 사람 가운데 끼여 있었다. 그때에 마리아가 매우 값진 순 나드 향유 한 근을 가져다가 예수의 발에 붓고, 자기 머리털로 그 발을 닦았다. 온 집 안에 향유 냄새가 가득 찼다.(12:1-3)

_____ 지금까지 요한은 장면 전환을 위해 '그 뒤' 혹은 '이틀 후'라는 표현을 즐겨 써왔다. 그것은 우리에게 아무런 정보도 주지 못하는 허사나 마찬가지였다. 그런데 바로 이 장면에서 그는 아주 구체적인 시간을 드러내고 있다. '유월절 엿새 전' 세례자 요한에 의해 '세상 죄를 지고 가는 하나님의 어린 양'이라고 지칭된 예수의 운명의 날이 다가왔음을 넌지시 암시하고 있는 것이다.

베다니, 고통과 눈물의 땅이던 그곳에서 잔치가 벌어졌다. 죽음에서 소생한 나사로도 예수의 식탁에서 함께 음식을 먹고 있었다. 그 기쁨의 자리에서 마리아는 누구도 예상치 못한 일을 한다. 값진 순 나드 향유 한 근을 가져다가 예수의 발에 붓고, 자기 머리털로 그 발을 닦아드린 것이다. 마리아는 누구의 눈치도 보지 않는다. 다만 자기중심이 명하는 대로 할 뿐이다.

혹시 아가서의 한 대목을 떠올렸을까? "임금님이 침대에 누우셨을 때에, 나의 나도 기름이 향기를 내뿜었어요"(아가서 1:12). 시인 김남조는 〈막달라 마리아〉라는 시에서 이 아름답고도 영적인 순간을 이렇게 표현했다. "눈물이며는/눈물에 감아 빗은 머리채며는/잘 비벼 적시는/감송향유며는/아아 탕약보다 좋아든 평생의 죄,/모든 참회며는/주님의 발에/간절히 한 번만 닿아보게/허락하시올지"

예수의 제자 가운데 하나이며 장차 예수를 넘겨줄 가룟 유다가 말하였다. "이 향유를 삼백 데나리온에 팔아서 가난한 사람들에게 주지 않고, 왜 이렇게 낭비하는가?"(12:4-5)

——————— 가룟 유다뿐이겠는가. 그 자리에 있던 모든 이들이 마리아의 어처구니없는 행동에 당혹스러웠을 것이다. 머리칼로 예수의 발을 닦아드린 그 행위의 외설성 보다는 '아깝다'는 감정에 그들의 마음은 울가망해졌다. 사랑보다는 명분, 관계보다는 일에 집중하는 이들이라면 누구라도 그러했을 것이다. 가룟 유다는 자기 속에서 솟아오르는 분노를 정당화하기 위해 가난한 사람에 대한 구제 가능성을 언급하며 여인을 비판한다. 반박하기 어려운 명분이다. 하지만 도덕적 당위로 모든 일을 평가하는 것처럼 어리석은 일은 없다. 유다는 여전히 스승의 중심과 접속하지 못한 채 버성기고 있다.

예수께서 말씀하셨다. "그대로 두어라. 그는 나의 장사 날에 쓰려고 간직한 것을 쓴 것이다. 가난한 사람들은 언제나 너희와 함께 있지만, 나는 언제나 너희와 함께 있는 것이 아니다." (12:7-8)

_____ 마리아가 예수님의 죽음을 예견하고 장례를 미리 준비한 것은 아닐 것이다. 하지만 예수는 마리아의 헌신을 그렇게 받아들이신다. 이제 거의 마지막에 이르렀다. 예수가 떠난 이후에도 세상은 여전히 그러할 것이다. 그렇기에 지금 제자들이 집중해야 할 것은 스승 예수의 존재 자체이다.

| 눈먼 인도자

다음날에는 명절을 지키러 온 많은 무리가, 예수께서 예루살렘에 들어오신다는 말을 듣고, 종려나무 가지를 꺾어 들고, 그분을 맞으러 나가서 "호산나! 주님의 이름으로 오시는 이에게 복이 있기를! 이스라엘의 왕에게 복이 있기를!" 하고 외쳤다.(12:12-13)

_____ 대제사장들은 나사로를 다시 살리신 사건으로 인해 많은 유대 사람이 예수를 믿게 되자, 나사로까지 죽여 없앨 작정을 한다. 자기 기득권을 지키기 위해 하나님이 하신 일조차 무화시키려고 한다. 눈먼 인도자란 바로 이런 이들을 두고

하는 말이다. 그들은 말을 붙들고 본은 버린다.

베다니 마을에서 일어난 사건은 유월절 순례 차 예루살렘에 온 사람들에게 빠르게 전파되었다. 해방에 대한 열망이 고조되기 마련인 유월절에 나귀를 타고 입성하는 예수의 행렬은 메시아를 향한 군중들의 열망에 기름을 부었다. 뭔가 심상치 않은 조짐을 느낀 것일까. 경건한 이방인들까지도 예수와 사적으로 만날 수 있기를 바란다. 하지만 군중들의 기대와 예수의 길 사이에는 건너기 어려운 간극이 있다. 아직 드러나지 않았을 뿐이다.

예수께서 그들에게 대답하셨다. "인자가 영광을 받을 때가 왔다. 내가 진정으로 진정으로 너희에게 말한다. 밀알 하나가 땅에 떨어져서 죽지 않으면 한 알 그대로 있고, 죽으면 열매를 많이 맺는다. 자기의 목숨을 사랑하는 사람은 잃을 것이요, 이 세상에서 자기의 목숨을 미워하는 사람은, 영생에 이르도록 그 목숨을 보존할 것이다. 나를 섬기려고 하는 사람은, 누구든지 나를 따라오너라. 내가 있는 곳에는, 나를 섬기는 사람도 나와 함께 있을 것이다. 누구든지 나를 섬기면, 내 아버지께서 그를 높여주실 것이다."(12:23-26)

———— 예수가 말하는 '영광을 받을 때'는 보내신 분의 뜻을 온전히 이루고, 보내신 분에게로 돌아가는 때, 곧 죽음의

시간을 가리킨다. 영광과 죽음이 긴밀하게 연결되어 있다. 땅에 떨어진 밀알 하나의 비유는 다름 아니라 예수 자신의 운명에 대한 예고이다. 하지만 그것은 동시에 그를 따르는 이들이 능동적으로 선택해야 할 삶의 길이기도 하다. 자기 목숨을 사랑하는 자는 잃을 것이고 미워하는 사람은 그 목숨을 보존할 것이라는 말은 같은 사실을 달리 표현한 것뿐이다. 목숨을 초개와 같이 여기라는 말이 아니다. 비루한 생을 유지하기 위해 영혼을 팔지 말라는 말이다. 잘 죽을 수 있어야 잘 살 수 있다. 본회퍼 목사는 〈자유의 도상에 있는 정거장〉이라는 시에서 죽음을 향해 이렇게 말한다. "자, 이제 오너라, 영원한 자유에의 도상에 있는/최고의 축제인 죽음이여" 죽음을 향해 오연하게 '오라'고 말할 수 있는 사람이라야 진정한 자유를 누릴 수 있다. 그리고 우리가 진정 예수를 따르는 이들이라면 예수가 계신 곳에 우리도 함께 있어야 한다. 마른 땅만 골라 걸으며 예수를 좇을 수는 없다. 지금도 예수는 세상의 그늘진 곳에서 우리를 기다리고 계신다.

"지금 내 마음이 괴로우니, 무슨 말을 하여야 할까? '아버지, 이 시간을 벗어나게 하여 주십시오' 하고 말할까? 아니다. 나는 바로 이 일 때문에 이 때에 왔다. 아버지, 아버지의 이름을 영광스럽게 드러내십시오." 그 때에 하늘에서 소리가 들려왔다. "내가 이미 영광되게 하였고, 앞으로도 영광되게 하겠다."

213 /

(12:27-28)

───────── 예수는 지금 예기되는 죽음의 현실 앞에서 흔들리고 있다. 몸으로 접촉해왔던 세상 모든 것들과의 분리, 사랑하는 이들과의 작별, 기억의 소멸 … 자연스런 죽음이 아니라 폭력적인 죽임의 현실을 생각하며 예수는 괴로워한다. 물을 포도주로 바꾸고, 병든 이를 고치시고, 죽은 자를 살리시던 이의 괴로움. 윤동주는 〈십자가〉라는 시에서 예수를 '행복했던 사나이'라고 말했지만 정말 그럴까? 예수의 마음이 일렁인다. 살고 싶은 마음과 죽음을 받아들여야 한다는 마음이 부딪쳐 삼각파도를 일으킨 것이다. 그러나 그는 흔들리는 마음을 떨쳐버리고 단호하게 말한다. '아니다.' 이 단어 하나가 천둥소리처럼 우렁우렁 가슴에 울려온다. 이 한 마디를 하지 못해 우리 삶이 누추하다. 예수는 "나는 바로 이 일 때문에 이 때에 왔다"고 말한다. '이 일'은 죽음을 받아들임으로 죽음을 넘어서는 것, 아버지의 영광을 드러내는 것이다. '아니다'라는 말을 경계로 하여 땅과 하늘이 공명하고 있다.

| 삶이 곧 심판이다

예수께서 그들에게 대답하셨다. "아직 얼마 동안은 빛이 너희 가운데 있을 것이다. 빛이 있는 동안에 걸어다녀라. 어둠이 너희를 이기지 못하게 하여라. 어둠 속을 다니는 사람은 자기가 어디로 가는지를 모른다. 빛이 있는 동안에 너희는 그 빛을 믿어서, 빛의 자녀가 되어라." 이 말씀을 하신 뒤에 예수께서는 그들을 떠나서 몸을 숨기셨다.(12:35-36)

_____ 사람들은 예수의 내면에서 일어난 그 치열한 고투를 알지 못한다. 그리고 하늘과 땅이 어떻게 공명하고 있는지도 알아차리지 못한다. 그들은 여전히 영적인 어둠 속에서 헤맬 뿐이다. 그들은 '인자'에 대해서도 알지 못하고, 그가 죽음을 통해 죽음을 넘어서는 존재임도 알지 못한다. 그럼에도 불구하고 예수는 그들에게 다정하게 권고한다. "빛이 있는 동안에 걸어다녀라. 어둠이 너희를 이기지 못하게 하여라." 어스름이 내렸다 하여 지레 날개를 접지 말라. 빛이 없다면 스스로 빛이 되어서라도 갈 길을 가라. 외부의 빛이 가물거린다면 그 빛을 안으로 모시면 된다. 빛의 자녀가 된다는 것은 그런 것이다. 주님은 제자들에게 신신당부를 하신 후 그들을 떠나 몸을 숨기셨다. 아직은 때가 무르익지 않았기 때문이다.

예수께서 그렇게 많은 표징을 그들 앞에 행하셨으나 그들은 예수를 믿지 아니하였다. … 그들이 믿을 수 없었던 까닭을, 이사야가 또 이렇게 말하였다. '주님께서 그들의 눈을 멀게 하시고, 그들의 마음을 무디게 하셨다. 그것은 그들이 눈이 있어도 보지 못하게 하고, 마음으로 깨달아서 돌아서지 못하게 하여,

215 /

나에게 고침을 받지 못하게 하려는 것이다."(12:37, 39-40)

가나의 혼인 잔치에 참여하여 물을 포도주로 변화시킨 사건에서부터 시작하여 죽은 나사로를 살리는 일까지 행하셨건만 사람들은 아직 예수가 누구인지 알아차리지 못한다. 자기 욕망의 터 위에 집을 짓느라 사람들은 다른 삶의 이야기에 귀를 기울이지 않는다. 예수의 이야기 혹은 예수에 관한 이야기는 흥미롭기는 하지만 그 이야기에 합류할 생각은 없다. 그들은 믿지 않은 게 아니라 믿을 수 없었다. 믿음이란 인습에 찌든 자아를 여의고 더 큰 생명을 향해 자기를 내던지는 모험이다. 마음이 무디고, 눈이 어두워 깨닫지 못하는 사람들은 누가 무슨 이야기를 해도, 그들 눈앞에서 생명의 춤판이 벌어져도 흘낏 한번 바라볼 뿐 그 말에 귀를 기울이거나 그 춤판에 뛰어들려 하지 않는다. 자기를 잃을까 두려운 까닭이다. 이사야는 그런 상황을 일러 주님께서 그렇게 하셨다고 말한다. 그렇다면 그들의 불신의 책임은 하나님께 돌려야 할까? 그렇지 않다. 애굽 온 땅에 재앙이 닥쳐올 때마다 하나님께서 바로의 마음을 강퍅하게 만드셨다는 말이 그렇듯이, 바닥까지 떨어지지 않고는 돌이킬 수 없는 인간의 어리석음을 이르기 위해 사용한 말일 뿐이다.

지도자 가운데서도 예수를 믿는 사람이 많이 생겼으나, 그들은

바리새파 사람들 때문에, 믿는다는 사실을 드러내지는 못하였
다. 그것은, 그들이 회당에서 쫓겨날까 봐 두려워하였기 때문
이다. 그들은 하나님의 영광보다는 사람의 영광을 더 사랑하였
다.(12:42-43)

_____ 모든 사람이 다 어둠 속에 있는 것은 아니다. 드물
기는 하지만 빛을 빛으로 인식하는 이들도 있었다. 하지만 인
식이 삶의 변화로 이어지는 것은 아니다. 백성의 지도자들 가
운데 예수를 믿는 이들이 생겼지만 그들은 두려움 때문에 그
사실을 드러내지는 못했다. 그들의 인식은 안전에 대한 욕구라
는 한계를 넘어설 수 없었던 것이다. 지켜야 할 것이 많은 사람
일수록 진리의 세계에 뛰어들기 어려운 법이다. 많은 이들이
진리의 세계에 성큼 뛰어들지 못하고 그 언저리만 맴돈다. 믿
음은 결단이고 모험이다. 안일한 행복에 붙들린 이들은 '다른
세계'로 넘어가는 다리를 발견하지 못한다. 가엾지 않은가? 차
라리 그들이 무지함 속에 있었더라면 좋았을 것이다. 그러나
길을 보면서도 그 길을 걷지 않는 자의 비애는 깊고도 깊다. 우
리는 어떠한가? 하나님의 영광이 아니라 사람의 영광을 더 사
랑하는 자의 영혼에는 자유가 없다.

"나는 빛으로서 세상에 왔다. 그것은, 나를 믿는 사람은 아무도
어둠 속에 머무르지 않도록 하려는 것이다. 어떤 사람이 내 말

217 /

을 듣고서 그것을 지키지 않는다 하더라도, 나는 그를 심판하지 아니한다. 나는 세상을 심판하러 온 것이 아니라 구원하러 왔다. 나를 배척하고 내 말을 받아들이지 않는 사람을 심판하시는 분이 따로 계시다. 내가 말한 이 말이, 마지막 날에 그를 심판할 것이다."(12:46-48)

————— 예수가 이 세상에 오신 것은 중첩된 어둠에 짓눌린 채 희망 없이 살아가는 이들을 빛 가운데로 인도하기 위해서였다. 하나님의 말씀이 떨어지자 혼돈과 암흑, 공허로 가득한 세상을 찢고 빛이 도래했다. 그 빛은 사람들을 포근하게 감싸 안는 빛, 치유하는 빛, 새로운 생명을 낳는 빛이었다. 예수는 싸늘한 심판관으로 세상에 오지 않았다. 예수는 당신을 배척하고 조롱하고 죽이려는 무리까지 받아 안으셨다. 그들의 폭력을 용서하심으로 피해자로 전락하지 않았다. 그러나 빛이신 그 분을 받아들이지 않는 이들은 이미 심판을 받았다. 그들의 삶이 곧 그들의 심판이다.

| 아! 그대, 생명의 손길과 접촉해 보았는가

유월절 전에 예수께서는, 자기가 이 세상을 떠나서 아버지께로 가야 할 때가 된 것을 아시고, 세상에 있는 자기의 사람들을 사랑하시되, 끝까지 사랑하셨다.(13:1)

_____ 아, 얼마나 좋은가! 누군가를 진심으로 사랑한다는 것, 누군가의 사랑을 받는다는 것. 예수의 공적인 사역과 가르침은 12장에서 끝났다. 무리들을 향하던 가르침은 이제 '세상에 있는 자기의 사람들', 아니 당신이 떠난 이후에도 이 세상에 있어야 할 제자들을 향한다. 가야 할 때가 다가왔음을 알기에, 제자 하나하나를 무심히 바라보실 수 없었을 것이다. 어떻게 해야 이들의 영혼을 뒤덮고 있는 어둠과 혼돈이라는 두꺼운 껍질을 열 수 있을까? 스승은 이전보다 훨씬 나직한 어조로, 마치 연필을 꾹꾹 눌러 쓰듯 그렇게 제자들을 가르치셨을 것이다. 그 가르침은 일종의 유언인 셈이다. 그런데 '끝까지 사랑하셨다'라는 말이 자꾸만 목에 걸린다. 부박하기 이를 데 없는 우리 믿음과 사랑을 상기시키기 때문이다. 상황이 어렵다 하여 자식 버리는 부모 없듯이 예수는 철없는 제자들을 사랑하신다. '끝까지.'

| '끝까지 사랑하셨다'

예수께서는, 아버지께서 모든 것을 자기 손에 맡기신 것과 자기가 하나님께로부터 왔다가 하나님께로 돌아간다는 것을 아시고, 잡수시던 자리에서 일어나서 겉옷을 벗고, 수건을 가져다가 허리에 두르셨다. 그리고 대야에 물을 담아다가, 제자들의 발을 씻기시고, 그 두른 수건으로 닦아주셨다. (13:3-5)

———— 예수는 '아신다'. 평범한 언술이지만 평범하게 읽히지 않는다. 이것은 인식을 이르는 말이기도 하지만 하나님의 뜻을 당신 삶으로 수용한다는 의미를 내포하고 있다. 하나님은 강요하시지 않는다. 모든 것은 그의 손에 맡겨졌다. 거절할 수도 있고 수용할 수도 있다. 내 뜻을 이루기 위해 하나님의 뜻을 등질 수도 있고, 그분의 뜻을 이루기 위해 자신을 바칠 수도 있다. 선택의 갈림길에서 예수는 자신의 삶의 뿌리와 목표에 주목한다. 일찍이 그는 '나는 내가 어디에서 와서 어디로 가는지 안다.'고 하셨다. 해야 할 일은 명백하다.

예수께서는 자리에서 일어나 겉옷을 벗고, 수건을 허리에 두르신 후 대야에 물을 떠와 제자들의 발을 씻기시고 수건으로 닦아주셨다. 비일상적이고 비상식적인 행동에 제자들의 말문이 막힌 것일까? 그들은 말이 없다. 그들의 발을 어루만지는 스승의 손길에서 그들은 많은 말을 들었을 것이다. 어떤 필설로도 형용할 수 없는 영혼의 교류, 어쩌면 손은 가장 깊은 의사소통의 수단인지도 모르겠다. 앞 못 보는 사람과 열병환자와 나환자의 몸에 닿았던 그 손, 죽었던 소녀를 잡아 일으켰던 손, 물속에 빠져 들어가던 베드로를 건져주셨던 그 손으로 예수는 제자들의 발을 닦으셨다.

시인 강은교는 〈당신의 손〉이라는 시에서 이렇게 노래한다. "당신의 손이 길을 만지니/누워 있는 길이 일어서는 길이 되네./당신의 슬픔이 살을 만지니/머뭇대는 슬픔의 살이 달리는

기쁨의 살이 되네./아, 당신이 죽음을 만지니/천지에 일어서는
뿌리들의 뼈."

아, 그대. 이 생명의 손길과 접촉해 보았는가?

시몬 베드로의 차례가 되었다. 이 때에 베드로가 예수께 말하
였다. "주님, 주님께서 내 발을 씻기시렵니까?" 예수께서 그에
게 대답하셨다. "내가 하는 일을 지금은 네가 알지 못하나, 나
중에는 알게 될 것이다." 베드로가 다시 예수께 말하였다. "아
닙니다. 내 발은 절대로 씻기지 못하십니다." 예수께서 그에게
말씀하셨다. "내가 너를 씻기지 아니하면, 너는 나와 상관이 없
다."(13:6-8)

_____ 베드로답다. 그는 관습을 뒤집는 이런 행동을 납
득할 수 없다. 그래서 그는 단호하게 말한다. "주님께서 내 발
을 씻기시렵니까?" 어쩌면 그는 '주님께서'라는 단어에 힘을
주어 말하지 않았을까? 지금 예수가 하고 있는 일은 종에게나
어울리는 일이라는 것이 그의 언표 너머의 속뜻이다. 사회의
당연한 질서를 뒤집어엎는 일을 해서는 안 된다는 것이다. 베
드로는 지금 상식적 세계를 대표하고 있다. 예수께서 첫 번째
수난 예고를 하셨을 때도 베드로는 "주님 안 됩니다. 절대로 이
런 일이 주님께 일어나서는 안 됩니다"(마태복음 16:22)라고 말했
다. 우리는 베드로의 진정을 안다. 그러나 모든 진정이 곧 최선

은 아니다. 분별력 없는 진정성은 어리석음이 될 수도 있으니 말이다. 어리석음을 깨기 위해서는 충격이 필요하다. 에둘러 말하지 말아야 한다. 예수는 단호하게 말한다. "내가 너를 씻기지 아니하면, 너는 나와 상관이 없다." '스승이 제자의 발을 닦아주는 이 일을 수용할 수 없다면 너는 나와 꿈을 나눈 사람이 될 수 없다.' '힘 있는 이들이 세도를 부리고, 은인인 척하는 세상을 전복시켜, 사람들이 서로 섬기고 돌보고 나누는 벗들의 나라를 세우고 싶은 것이 나의 꿈이다.' 발을 닦아주는 행위 속에는 그런 심오한 뜻이 담겨 있다. 우리 마음을 말랑말랑하게 만드는 값싼 힐링의 퍼포먼스가 아니라는 말이다.

| 예수, 본이 된 사람

그러자 시몬 베드로는 예수께 이렇게 말하였다. "주님, 내 발뿐만이 아니라, 손과 머리까지도 씻겨 주십시오." 예수께서 그에게 말씀하셨다. "이미 목욕한 사람은 온 몸이 깨끗하니, 발 밖에는 더 씻을 필요가 없다. 너희는 깨끗하다. 그러나, 다 그런 것은 아니다."(13:9-10)

─────── 손과 머리까지도 씻겨 달라고? 베드로는 여전히 예수님이 행동을 통해 전하는 메시지를 알아차리지 못한다. 스승을 진심으로 존경하고 사랑하지만 그분의 핵심과 만나지 못했다는 말이다. 평생 교회 출입을 해도 예수의 핵심과 만나지

못한 이들이 얼마나 많은가? 믿는다는 이들은 많지만 주님의
마음을 알아차리는 이들은 적다. 핵심과 접속하지 못한 이들일
수록 권위주의적인 태도를 보이는 경우가 많다. 예수는 베드로
에게 단도직입적으로 말한다. 하나님의 통치를 받아들이는 사
람은 넘어지고 일어서기를 반복하기는 하겠지만 그래도 깨끗
하다. 지향에 흔들림이 없으면 더디더라도 낙심할 것 없다. 자
주 발을 씻으면 된다. 그러나 모두가 깨끗한 것은 아니다. 이게
우리 현실이다.

예수께서 제자들의 발을 씻겨주신 뒤에, 옷을 입으시고 식탁에
다시 앉으셔서, 그들에게 말씀하셨다. "내가 너희에게 한 일을
알겠느냐? 너희가 나를 선생님 또는 주님이라고 부르는데, 그
것은 옳은 말이다. 내가 사실로 그러하다. 주이며 선생인 내가
너희의 발을 씻겨 주었으니, 너희도 서로 남의 발을 씻겨 주어
야 한다."(13:12-14)

_____ "너희도 서로 남의 발을 씻겨 주어야 한다." 기독
교의 핵심은 여기에 있다. 화려하고 장엄한 의례가 아니라, 수
건과 대야가 기독교의 상징이다. 그 소박한 상징물이 외면 받
고 있다. 그래서 교회는 지금 위기에 처해 있다.

내가 너희에게 한 것과 같이, 너희도 이렇게 하라고, 내가 본을

보여 준 것이다.(13:15)

_____ 세상에 가르치는 사람은 많고도 많다. 가르침의 중요한 매개는 물론 말이다. 하지만 영적인 가르침은 정보나 지식의 전달이 아니기에 말보다 더 중요한 것이 있다. 그것은 태도이다. 태도는 가르칠 수 없다. 다만 물결처럼 가슴에서 가슴으로 번져갈 뿐이다. 그렇기에 '너희도 이렇게 하라고, 내가 본을 보여 준 것이다'라는 표현은 췌사에 지나지 않는다. 예수, 그는 본이 된 사람이다. 참 사람의 길, 하늘에 잇댄 존재의 아름다움을 그는 그저 보여주었다. 그 길을 걷는 것, 그 아름다움에 물드는 것은 우리의 몫이다.

너희가 이것을 알고 그대로 하면, 복이 있다. 나는 너희 모두를 가리켜서 말하는 것이 아니다. 나는 내가 택한 사람들을 안다. 그러나 '내 빵을 먹는 자가 나를 배반하였다' 한 성경 말씀이 이루어질 것이다.(13:17-18)

_____ 아는 것과 행하는 것 사이의 거리 혹은 괴리가 깊다. 신앙생활이란 앎을 삶으로 번역하는 과정이다. 우리는 '말씀이 육신이 되어 우리 가운데 거하셨다.'는 말씀을 은혜로 받는다. 하지만 말씀에 육신을 부여하는 것이 우리의 과제라는 사실은 외면하며 산다. 한국교회가 세상의 타매거리로 전

락한 것은 고백과 삶의 불일치 때문이다. 복은 다른 것이 아니다. 예수처럼 사는 것이다. 하지만 예수는 안다. 모두가 그렇게 살지는 못하리라는 사실을.

'내 빵을 먹는 자가 나를 배반하였다.' 이 구절을 읽는 순간 우리는 조건반사적으로 가롯 유다를 떠올림으로 알리바이를 구성한다. 나와는 무관한 말처럼 말이다. '나를 배반하였다'라는 말이 이명증처럼 울리고 있다. 입 맞추어 예수를 배반한 유다와 우리가 닮았다는 자각 때문이다.

예수님도 괴로우셨다. 가장 가까운 이가 배신자가 되는 현실을 편하게 받아들일 사람이 어디 있겠는가. 그래서 '너희 가운데 한 사람이 나를 팔아넘길 것'이라고 말씀하셨다. 제자들은 어리둥절해져 서로의 얼굴만 바라보았다. 베드로가 예수의 품에 기대어 앉은 제자에게 고갯짓을 하여, 누구를 두고 하시는 말씀인지 여쭈어 보라고 하였다. 그러자 예수께서 대답하셨다.

| 저절로 '되는' 사랑을 넘어 '하는' 사랑

"내가 이 빵조각을 적셔서 주는 사람이 바로 그 사람이다." 그리고 그 빵조각을 적셔서 시몬 가롯의 아들 유다에게 주셨다. 그가 빵조각을 받자, 사탄이 그에게 들어갔다. 그 때에 예수께서 유다에게 말씀하셨다. "네가 할 일을 어서 하여라."(13:26-27)

_____ '빵'을 나누어 먹는 사이는 가까운 사이다. 친밀함

의 은유인 빵이 배신의 은유로 변하는 아이러니. 그렇기에 쓰라림은 더욱 크다. 요한은 유다가 빵조각을 받는 순간 사탄이 그에게 들어갔다고 말한다. 이후에 유다가 보인 행태를 이해할 수 없었기에 그렇게 표현했을 것이다. 사탄은 분단의 세력이다. 정체성에 혼란을 가져오는 것은 물론이고 사람들 사이를 갈라놓곤 한다. 사탄이 위험한 것은 그 유혹 혹은 틈입이 은밀하기 때문이다. 사탄은 절제된 우리 욕망을 들쑤셔 욕망을 부풀린다. 부푼 욕망이 서식하는 곳에서 이웃은 경쟁자가 된다. 경쟁은 불안과 분노를 낳고, 그것은 결국 어떠한 형태든 폭력으로 귀결된다. 사탄은 또한 '옳음'이라는 명분을 타고 들어온다. 나의 옳음에 대해 강박적으로 집착하는 것이야말로 사탄이 암약할 최적의 조건이다. 가룟 유다에게 있어서 예수의 길은 '옳은 길'이 아니었다. 그렇기에 그는 자기의 옳음을 추구하기 위해 예수에게 등을 돌리려 한다. "네가 할 일을 어서 하여라." 문장이 간결하기에 메시지는 묵직하다. 일어날 일은 일어나는 수밖에 없다. 그것이 사탄의 궤휼이라 해도. 예수는 묵묵히 그것을 수용하려 한다. 이해하기 어렵다.

유다는 그 빵조각을 받고 나서, 곧 나갔다. 때는 밤이었다.(13:30)

──────── 말씀과 실행 사이가 이처럼 긴밀하게 결합되다

니. 때는 밤이었다. 어둠이 지배하는 때였다는 말이다. 유다는 사랑과 친교의 징표로 건네진 빵조각을 받고도 돌이키지 못했다. 그는 '어둠의 권세들'이 지배하는 영역을 향해 길을 떠났다.

유다가 나간 뒤에, 예수께서 말씀하셨다. "이제는 인자가 영광을 받았고, 하나님께서도 인자로 말미암아 영광을 받으셨다." (13:31)

_____ 보냄을 받은 자의 영광은 보내신 분의 뜻을 완수하는 것이다. 삶으로 뒷받침하지 않으면서 '영광을 받으소서'라고 기도하는 것은 그 자체로 모순이다. 하지만 인자이신 예수의 영광이 배신의 쓰라림과 고난을 통해 주어진다는 사실을 어떻게 이해해야 할까? 이해를 넘어서는 하나님의 뜻에 대해 '아멘' 할 때 하나님도 인자로 말미암아 영광을 받으신다. 예수의 순종 혹은 수용을 통해 하나님의 뜻이 살아났다.

"이제 나는 너희에게 새 계명을 준다. 서로 사랑하여라. 내가 너희를 사랑한 것 같이, 너희도 서로 사랑하여라. 너희가 서로 사랑하면, 모든 사람이 그것으로써 너희가 내 제자인 줄을 알게 될 것이다."(13:34-35)

'서로 사랑하라'는 것이 어째서 새 계명인가? 새로움은 지금까지 없던 것이 나타나는 것을 이르는 말이 아니다. 새로울 신 이 글자는 서 있는 나무에 도끼가 기대어져 있는 모습을 그린 것이다. 새로움이란 상투성을 깨뜨리는 데서 오는 생생한 아픔 혹은 전율이다. 예수께서 제자들에게 당부하고 있는 것은 그들 가운데서 사랑이 진부한 상투어가 아니라 늘 생생한 사건이 되게 하라는 것이다. 그것이 예수 공동체와 세상의 다른 집단을 구별 짓는 표지이다. 사랑한다는 것은 '다른 나'의 가능성을 향해 자기를 개방하는 것이다. 사랑은 그렇기에 자기 초월이고, 관계 속에서 발생하는 사건이다. 예수와 더불어 시작되는 새로운 인류는 이렇듯 매 순간 새롭게 탄생해야 한다. 오늘 우리는 어떠한가? 사랑의 담론은 풍성하지만 사랑을 위한 희생은 한사코 거부하는 교회로 인해 하나님은 지금 곤욕을 치르고 계신다. 제자됨의 징표, 그것은 저절로 '되는' 사랑을 넘어 '하는' 사랑을 능동적으로 선택하는 것이다. 차마 사랑할 수 없는 사람조차 부둥켜안으려는 노력이 없다면 우리가 어찌 예수의 제자라 하겠는가.

시몬 베드로가 예수께 물었다. "주님, 어디로 가십니까?" 예수께서 대답하셨다. "내가 가는 곳에 네가 지금은 따라올 수 없으나, 나중에는 따라올 수 있을 것이다." 베드로가 예수께 말하였다. "주님, 왜 지금은 내가 따라갈 수 없습니까? 나는 주님을

위하여서는 내 목숨이라도 바치겠습니다."(13:36-37)

_____ 여전히 베드로는 무명 속을 걷고 있다. 제자이면
서도 스승의 지향을 알지 못한다. 아직 그의 눈이 열리지 않은
까닭이다. 예수는 아직 베드로의 때가 이르지 않았음을 분명히
알고 계신다. '내가 가는 곳'은 하나님의 품이지만 그것은 또한
죽음을 통해서만 갈 수 있는 곳이다. '지금'과 '나중'은 분리된
것처럼 보이지만 사실은 외올실로 연결되어 있다. 예수는 바로
그 지점을 보고 있다. 주님을 위하여서는 목숨이라도 바치겠다
는 베드로의 장담은 조금의 허위의식도 없는 진심이었을 것이
다. 하지만 그가 한 가지 잊은 것이 있다. 자신이 유한성에 사
로잡힌 인간이라는 사실 말이다.

예수께서 대답하셨다. "네가 나를 위하여 네 목숨이라도 바치
겠다는 말이냐? 내가 진정으로 진정으로 너에게 말한다. 닭이
울기 전에, 너는 세 번 나를 모른다고 할 것이다."(13:38)

_____ 베드로는 자신이 아니라 바로 예수께서 자신을
위해 목숨을 바치시려 한다는 사실을 아직 깨닫지 못하고 있
다. '닭이 울기 전에, 너는 세 번 나를', 두 음절로 이루어진 이
단어의 행렬이 마치 스타카토처럼 단절적으로 가슴에 파고든
다. 아, 닭이 울기 전 시간을 어떻게 알아차릴 수 있을까? 시간

은 언제나 닭 울음 소리가 난 후에 의식되지 않던가.

"너희는 마음에 근심하지 말아라. 하나님을 믿고 또 나를 믿어라. 내 아버지의 집에는 있을 곳이 많다. 그렇지 않다면, 내가 너희가 있을 곳을 마련하러 간다고 너희에게 말했겠느냐? 나는 너희가 있을 곳을 마련하러 간다. 내가 가서 너희가 있을 곳을 마련하면, 다시 와서 너희를 나에게로 데려다가, 내가 있는 곳에 너희도 함께 있게 하겠다. 너희는 내가 어디로 가는지 그 길을 알고 있다."(14:1-4)

─────── '속에 근심 밖에 걱정, 늘 시험'하는 세상에 사는 이들에게 마음에 근심하지 말라는 말은 격려인가, 기만인가? 근심의 뿌리는 불확실한 미래에 맞닿아 있다. 그런데 주님은 근심의 해독제가 믿음이라고 말씀하신다. 믿음이란 유보 없는 맡김이다. 어떤 상황이 벌어지든 주님과 함께 그 상황을 겪어내겠다고 결심하는 순간 근심은 스러진다. 쓰라림과 고통은 피하기 힘들지만 근심에 사로잡히지 않을 수는 있다. 예수는 제자들을 위해 있을 곳을 마련하러 가신다고 하신다. 있을 곳을 마련하면 다시 와서 그리로 제자들을 데려가겠다는 것이다. 그 '있을 곳'은 예수의 죽음과 부활을 통해 열리게 될 새로운 삶이리라.

도마가 예수께 말하였다. "주님, 우리는 주님께서 어디로 가시는지도 모르는데, 어떻게 그 길을 알겠습니까? 예수께서 그에게 말씀하셨다. "나는 길이요, 진리요, 생명이다. 나를 거치지 않고서는, 아무도 아버지께로 갈 사람이 없다. 너희가 나를 알았더라면 내 아버지도 알았을 것이다. 이제 너희는 내 아버지를 알고 있으며, 그분을 이미 보았다."(14:5-7)

_____ 도마를 두고 흔히 의심 많은 도마라 한다. 하지만 나는 그를 정직한 도마라 부르고 싶다. 모르면서도 아는 척 엉너리치는 것이야말로 깨달음 혹은 진정한 믿음의 적이 아니던가? 일견 어리석어 보이는 질문이 있었기에 예수의 가르침과 존재를 관통하는 대답이 나올 수 있었다. "나는 길이요, 진리요, 생명이다." 30대 초반의 젊은이가 한 대답치고는 장엄하기 이를 데 없다. 길과 진리와 생명을 추상적으로 이해하지 않기 위해서는 그 앞에 생략되어 있는 단어들을 되살려야 한다. '십자가의 길', '성육신의 진리', '부활의 생명'. 이것은 셋이지만 하나이다. 예수라는 생명을 일이관지로 꿰뚫고 있으니 말이다. "나를 거치지 않고서는, 아무도 아버지께로 갈 사람이 없다." 사람들은 '나'라는 말에 불필요할 정도로 집착하여 이 진술에 담긴 심오한 의미를 왜곡 혹은 외면한다. 사람들은 일쑤 예수가 아니고는 구원 받을 수 없다는 사실을 입증하기 위해 이 구절을 즐겨 인용한다. 하지만 '나를 거친다'는 말은 십자가

의 길, 성육신의 진리, 부활의 생명을 산다는 말이 아닌가? 그런 삶 속으로 돌입하기 위해 치열하게 노력하지 않고는 아버지의 세계에 이를 수 없다.

빌립이 예수께 말하였다. "주님, 우리에게 아버지를 보여주십시오. 그러면 좋겠습니다." 예수께서 대답하셨다. "빌립아, 내가 이렇게 오랫동안 너희와 함께 지냈는데도, 너는 나를 알지 못하느냐? 나를 본 사람은 아버지를 보았다. 그런데 네가 어찌하여 '우리에게 아버지를 보여 주십시오' 하고 말하느냐?" (14:8-9)

_____ (너희는) "그분을 이미 보았다"는 말 때문이었을 것이다. 빌립은 답답하다. 본 적이 없는 데 보았다고 말씀하시니 말이다. 그래서 아버지를 보여 달라고 말한다. 해맑은 요구 아닌가? 그런데 그가 말하는 '봄'과 예수께서 말씀하신 '봄'은 살짝 어긋나고 있다. 볼 눈이 없는 사람에게는 아무 것도 보여줄 수 없다. 그래서 예수는 말씀하신다. '나를 본 사람은 아버지를 보았다'고 말이다. 한결같은 사랑, 깊은 공감, 무한한 책임, 그 미쁘심, 우람한 산줄기와 같은 의로우심, 심연과도 같은 공평하심, 그 모든 것을 구현하신 분에게서 하나님을 볼 수 없다면 하나님을 볼 수 있는 길은 없다고 말해야 할 것이다.

말씀의 빛 속을 거닐다 / 232

"내가 진정으로 진정으로 너희에게 말한다. 나를 믿는 사람은 내가 하는 일을 그도 할 것이요, 그보다 더 큰 일도 할 것이다. 그것은 내가 아버지께로 가기 때문이다."(14:12)

_____ 주님을 믿는다는 것은 주님의 일을 자기의 일로 알고 행하는 것이다. 행함이 없는 믿음은 죽은 믿음이다. 예수의 손과 발이 되어 사는 것, 그 분의 몸이 되어 사는 것이 곧 신앙생활이다. 예수는 남겨질 제자들을 격려하신다. '더 큰 일'도 할 것이라고 말이다. 여기서 말하는 '더 큰 일'을 큰 예배당을 짓고, 이러저러한 시설을 만드는 일로 곡해하지 말아야 한다. 예수의 지향을 굳게 붙드는 일을 규모의 문제로 환원하는 순간 교회는 신의 무덤이 되고 만다.

"너희가 나를 사랑하면, 내 계명을 지킬 것이다. 내가 아버지께 구하겠다. 그리하면 아버지께서 다른 보혜사를 너희에게 보내셔서, 영원히 너희와 함께 계시게 하실 것이다. 그는 진리의 영이시다. 세상은 그를 보지도 못하고 알지도 못하므로, 그를 맞아들일 수가 없다. 그러나 너희는 그를 안다. 그것은, 그가 너희와 함께 계시고, 또 너희 안에 계실 것이기 때문이다."
(14:15-17)

_____ 사랑은 구속이 아니다. 자유로운 헌신이다. 타자

를 향한 무한대의 자기 개방이다. 사랑은 자기 만족이나 기쁨이 아니라 그의 만족과 기쁨을 지향한다. 만해 한용운은 님을 향한 사랑을 〈복종〉이라는 시에 담아서 노래했다. "복종하고 싶은데 복종하는 것은/아름다운 자유보다도 달콤합니다." 사랑에서 비롯되는 복종은 깊은 수동성이지만 굴욕감과는 무관하다. 예수를 사랑한다는 고백 속에는 그의 가르침을 기꺼이 지키겠다는 다짐이 담겨 있다. 우리는 안다. 그럴 수 있는 힘이 우리에게 없다는 사실을. 그렇기에 주님은 또 다른 보혜사를 보내달라고 아버지께 구하겠다고 말씀하신다. '진리의 영'이라고도 일컬어지는 보혜사는 헬라어 '파라클레토스*parakletos*'의 번역어이다. 원래의 의미는 '변호인'이지만 곁으로의 부름, 위로, 권면 등의 의미망을 거느리고 있는 단어이다. 보혜사는 우리 곁에 다가와 흔들리는 우리 삶을 꼭 붙들어주고, 위로해주고, 하나님의 뜻을 일깨워주신다. 예수는 오감으로는 지각할 수 없지만 너무나 분명히 존재하는 어떤 힘, 이미 제자들 속에서 작동하고 있는 그 힘을 감동적으로 설명하고 있다.

"나는 너희를 고아처럼 버려 두지 아니하고, 너희에게 다시 오겠다. 조금 있으면, 세상이 나를 보지 못할 것이다. 그러나 너희는 나를 보게 될 것이다. 그것은 내가 살아 있고, 너희도 살아 있을 것이기 때문이다."(14:18-19)

_____ 얼마나 좋은가? 예수의 사람들은 이 무심한 우주 가운데서 끈 떨어진 연처럼 살지 않아도 된다. 우리가 그분께 등을 돌릴 수는 있지만 그분은 당신의 사람들을 버리지 않으신다. 하지만 그 사실을 알기 위해서는 실존의 어둔 밤을 거치지 않으면 안 된다. 캄캄한 어둠 속에서도 빛의 현존을 아는 사람은 낙심하지 않는다. 주님이 다시 오시는 날은 역사의 특정한 시점을 일컫는 말이 아니다. 그날은 제자들이 눈을 뜨는 날, 거울로 영상을 보듯이 희미하게 보던 것을 뚜렷하게 보게 되는 날, 그래서 새로운 세계의 문지방을 넘는 날이다.

가롯 유다가 아닌 다른 유다가 물었다. "주님, 주님께서 우리에게는 자신을 드러내시고, 세상에는 드러내려고 하지 않으시는 것은 무슨 까닭입니까?"(14:22)

_____ 숨겨진 욕망을 적나라하게 드러내는 해맑은 질문 아닌가? 하지만 예수는 자신을 드러내는 일에는 관심이 없다. 오히려 사람들의 시선으로부터 한사코 멀어지려 하신다. 하지만 그럴수록 예수는 더욱 드러난다. 빛은 저절로 드러나는 법 아니던가. 빛 아닌 이들이 스스로를 빛으로 드러내기 위해 안간힘을 다하는 법이다. 내면에 빛이 없는 이들일수록 자기를 겉꾸미는 일에 열중한다. 스스로를 드러내지 않는 까닭을 묻는 제자에게 예수는 '나를 사랑하는 사람은 내 말을 지킬 것'이라

고 응수하신다. 동문서답이다. 어쩌면 이러한 어긋남이야말로 진리가 자신을 드러내는 방식인지도 모른다. 이 미묘한 어긋남이 빚어내는 불편함에 주목할 때 우리가 당연하다고 생각하던 상식의 세계는 무너지고, 새로운 세계가 열린다. 하지만 그 세계의 문은 저절로 열리지 않는다.

"그러나 보혜사, 곧 아버지께서 내 이름으로 보내실 성령께서, 너희에게 모든 것을 가르쳐 주실 것이며, 또 내가 너희에게 말한 모든 것을 생각하게 하실 것이다."(14:26)

———— 그 어긋남 속에서 길을 찾지 못할 때, 인식의 벼랑 끝에 섰을 때, 하나님의 도우심이 다가온다. 보혜사 성령은 우리가 삶의 고비에 직면할 때마다 말없이 다가와 모든 것을 가르쳐 주기도 하고, 일상의 분주함 속에서 까맣게 잊고 살았던 말씀을 기억나게도 한다. 그 말씀은 길 안내자가 되기도 하고, 흔들리지 않는 반석이 되어 우리를 지탱해주기도 하고, 불병거가 되어 우리를 보호하기도 한다. 시인 구상은 자기 속에 신령한 새싹이 돋아난 순간을 이렇게 노래한다. "어둠으로 감싸여 있던 만물들이/저마다 총총한 별이 되어 반짝이고/그물코처럼 엉키고 설킨 事理들이/타래실처럼 술술 풀린다"(〈신령한 새싹〉 부분) 어쩌면 이러한 순간이 보혜사를 모신 순간인지도 모르겠다.

"나는 평화를 너희에게 남겨 준다. 나는 내 평화를 너희에게
준다. 내가 너희에게 주는 평화는 세상이 주는 것과 같지 않다.
너희는 마음에 근심하지 말고, 두려워하지도 말아라."(14:27)

_____ 박해가 예상되는 길을 가면서 예수는 제자들에
게 세상이 주는 것과는 다른 평화를 남겨 준다고 말한다. 세상
이 주는 평화는 물론 외적 상황이 변할 때마다 요동치는 평화
이다. 그 평화는 불안을 내포한 평화로서 지속성이 없다. 그러
면 예수가 주는 평화란 어떤 것일까? 상황이 어떻게 변해도 흔
들리지 않는 평화, 환난 중에도 기뻐하는 평화, 죽음을 넘어선
자의 평화, 그리스도로 말미암아 하나님과 더불어 누리는 평
화(롬5:1)이다. 죽음이 생명에 삼켜졌음을 아는 자의 평화이다.
하나님의 뜻대로 살다가 나는 패하는 것처럼 보여도 하나님은
결코 패하실 수 없다는 사실을 아는 이가 누리는 평화이다. 그
렇기에 예수는 근심하지도 말고, 두려워하지도 말라고 말씀하
신다.

"나는 너희와 더 이상 말을 많이 하지 않겠다. 이 세상의 통치
자가 가까이 오고 있기 때문이다. 그는 나를 어떻게 할 아무런
권한이 없다. 다만 내가 아버지를 사랑한다는 것과, 아버지께
서 내게 분부하신 그대로 내가 행한다는 것을, 세상에 알리려
는 것이다. 일어나거라. 여기에서 떠나자."(14:30-31)

———————　예수는 이 세상의 통치자 곧 '사탄'의 시간이 다가옴을 직감하신다. 지배의 욕망과 쾌락의 열망으로 부풀어 오른 대지 위를 활보하는 자가 다가온다. 하지만 그는 예수에 대해 어떠한 권한도 없다. 이미 세상에 대해 죽은 자를 유혹하거나 두렵게 할 수는 없기 때문이다. 하지만 예수는 기꺼이 고난의 길을 걸으려 하신다. 그의 걸음걸음이 곧 아버지에 대한 사랑이고, 그분의 뜻에 대한 순복임을 증언하기 위해서. '일어나 거라'라는 말이 예사롭게 들리지 않는다. 주저하는 마음과 두려움을 떨쳐버리고 용감하게 십자가를 향해 나아가자는 초대이니 말이다.

동고동락同苦同樂

유월절 전에 예수께서는, 자기가 이 세상을 떠나서 아버지께로 가야 할 때가 된 것을 아시고, 세상에 있는 자기의 사람들을 사랑하시되, 끝까지 사랑하셨다. 저녁을 먹을 때에, 악마가 이미 시몬 가룟의 아들 유다의 마음속에 예수를 팔아넘길 생각을 불어넣었다. 예수께서는, 아버지께서 모든 것을 자기 손에 맡기신 것과 자기가 하나님께로부터 왔다가 하나님께로 돌아간다는 것을 아시고, 잡수시던 자리에서 일어나서, 겉옷을 벗고, 수건을 가져다가 허리에 두르셨다. 그리고 대야에 물을 담아다가, 제자들의 발을 씻기시고, 그 두른 수건으로 닦아주셨다. 시몬 베드로의 차례가 되었다. 이때에 베드로가 예수께 말하였다. "주님, 주님께서 내 발을 씻기시렵니까?" 예수께서 그에게 대답하셨다. "내가 하는 일을 지금은 네가 알지 못하나, 나중에는 알게 될 것이다." 베드로가 예수께 말하였다. "아닙니다. 내 발은 절대로 씻기지 못하십니다." 예수께서 그에게 말씀하셨다. "내가 너를 씻기지 아니하면, 너는 나와 상관이 없다." 그러자 시몬 베드로는 예수께 이렇게 말하였다. "주님, 내 발뿐만이 아니라, 손과 머리까지도 씻겨 주십시오." 예수께서 그에게 말씀하셨다. "이미 목욕한 사람은 온 몸이 깨끗하니, 발 밖에는 더 씻을 필요가 없다. 너희는 깨끗하다. 그러나, 다 그런 것은 아니다."(요한복음 13:1-10)

| 때를 분간하는 지혜

가야 할 때가 언제인가를
분명히 알고 가는 이의 뒷모습은
얼마나 아름다운가

이형기 님의 〈낙화〉라는 시의 1연입니다. 전도서 기자인 코헬렛은 "모든 일에는 다 때가 있다. 세상에서 일어나는 일마다 알맞은 때가 있다"(전도서 3:1)고 했습니다. 나아갈 때와 물러설 때를 알면 누추함을 면할 수 있고, 허물 때와 세울 때를 분별하면 비애에 빠지지 않을 수 있습니다. 때를 분별할 줄 아는 인생을 가리켜 '철들었다'고 말합니다. 코헬렛은 더 나아가 "하나님은 모든 것이 제때에 알맞게 일어나도록 만드셨다"(전도서 3:11)고 말합니다. 주님처럼 때를 잘 분별하신 분이 또 있을까요? 요한은 오늘 매우 의미심장한 이야기를 들려주고 있습니다.

유월절 전에 예수께서는, 자기가 이 세상을 떠나서 아버지께로
가야 할 때가 된 것을 아시고…(1a).

아버지께로 가야 할 때는 죽는 때입니다. 그런데 그 죽음은
비극적 끝이 아닙니다. 그것은 돌아감입니다. 요한복음에서 예
수님은 스스로를 보냄을 받은 자라고 선언하셨습니다. 보냄을
받은 자가 할 일은 보내신 분의 일을 하는 것입니다. 보내신 분
의 일을 완수하고 돌아간 사람은 보내신 분의 칭찬을 받게 됩
니다. 그것이 영광입니다. 하나님께 영광을 돌린다는 것은 여
느 교회에서 그러는 것처럼 하나님께 영광의 박수를 쳐드리는
그런 것이 아닙니다. 그분이 맡기신 일을 하는 것입니다. 맡겨
진 일을 자기 일로 여기고 사는 것을 일러 소명이라 합니다. 소
명에 충실한 사람은 참 씩씩합니다. 프랑스 철학자 파스칼 브
루크너Pascal Bruckner는 우리 시대의 특징을 '유아적 엄살'이라
했습니다. 많은 현대인들이 징징거리며 삽니다. 자기의 상처와
고통에만 눈길을 주면서, 자기 자신이 희생물이라고 느끼기 때
문입니다. 그들은 항상 잘못은 남에게 있다고 생각합니다. 칭
얼거리고 불평하며 살면 삶이 역겨워집니다(안셀름 그륀).

그런데 하나님이 예수님께 맡기신 일은 무엇입니까? 세상
떠나는 날까지 결코 놓을 수 없었던 소명 말입니다. 그것은 사
람들 가슴에 사랑의 불씨가 타오르도록 하는 것이었습니다. 요
한이 간결하게 요약한 말씀은 감격스럽습니다.

세상에 있는 자기의 사람들을 사랑하시되, 끝까지 사랑하셨다 (1b).

하지만 유다는 주님의 그런 사랑에 마음을 열지 않았습니다. 자기가 생각하는 메시아상과 일치하지 않자 그는 예수를 팔기로 작정합니다. 그의 비극은 무엇입니까? 하나님의 때를 기다릴 수 없었다는 사실입니다.

| 예수의 소명

주님은 살려고 발버둥치지도 않지만 죽음을 향해 돌진하지도 않으셨습니다. 맡겨주신 일을 하며 때가 무르익기를 기다리실 뿐입니다. 맡겨주신 일은 하나님과 사람 사이의 화해를 이루는 일이었습니다. 나는 보상에 대한 기대나 형벌에 대한 두려움 때문에 하나님을 믿는 것처럼 슬픈 일이 없다고 말했습니다만, 율법에 얽매어 사는 이들에게 하나님은 늘 두려운 분이었습니다. 잘못을 하나하나 기억하고, 그에 합당한 벌을 내리시는 분으로 여겼으니 말입니다. 하지만 예수님이 보여주신 하나님은 사람들과 함께 아파하고, 함께 기뻐하는 아버지이셨습니다.

율법주의자들은 병들어 신음하는 이들을 보면 그것이 누구의 죄 때문인가를 먼저 따졌습니다. 병으로 고통을 겪는 이들의 아픔이나 소외감 따위는 안중에도 없었습니다. 하지만 주님은 그들 곁에 다가서시고, 손을 내밀어 그들을 어루만지시고, 용서를 선포하심으로 그들을 치유하셨습니다. 굶주린 사람들을 보면 그들의 게으름을 탓하기 전에 그들을 먹이실 방도를 마련하느라 애쓰셨습니다. 길 잃은 양들을 보면 그들의 부주의를 꾸짖기 전에 그들이 느낄 두려움을 먼저 헤아리셨습니다. 무정한 사회가 강요한 자기 비하의 너울을 쓴 채 그늘진 곳으로만 숨어드는 사람들을 보고는 그들을 역사의 주체로 세우셨습니다. 부정한 사람으로 규정되어 잘난 사람들과 한 밥상에 앉을 수도 없었던 사람들과 스스럼없이 어울리기도 하셨습니다. 주님은 숙명의 노예처럼 살고 있는 사람들에게 고개를 들라고, 더 이상 피해자 역할에 만족하지 말라고 말씀하셨습니다. 공간적으로 이미 사람들을 위계질서로 서열화함으로써 사람들을 차별하고 주눅 들게 하는 성전은 더 이상 하나님의 집일 수 없다고 말씀하셨습니다. 모두 다 사랑 때문이었습니다. 예수님처럼 깊은 사랑을 보이신 분이 또 있을까요? 주님은 사람들의 눈물 속에, 아픔 속에, 그 못남 속에 풍덩 뛰어드셨습니다. 그들을 하늘의 길로 이끌기 위해서였습니다. 무위당 장일순 선생님의 말씀이 떠오릅니다.

친구가 똥물에 빠져 있을 때 우리는 바깥에 선 채 욕을 하거나 비난의 말을 하기 쉽습니다. 대개 다 그렇게 하며 살고 있어요. 그럴 때 우리는 같이 똥물에 들어가서 '여기는 냄새가 나니 나가서 이야기하는 게 어떻겠느냐'고 말해야 합니다. 그러면 친구도 알아듣습니다. 바깥에 서서 입으로만 나오라 하면 안 나옵니다 (《나는 미처 몰랐네 그대가 나였다는 것을》중에서).

이게 성육신입니다. 우리는 인간의 탐욕과 폭력의 강물에 풍덩 뛰어드신 하나님을 믿는 이들입니다. 왜 그러셨습니까? 우리를 사랑하시기 때문입니다. 이런 사랑을 어느 신학자는 '동고적同苦的 사랑compassion'이라 했습니다. 함께 아파하고, 함께 고통을 겪는 사랑 말입니다. 주님은 이런 사랑을 통해 병든 우리를 치유하시고, 가려졌던 하나님의 형상이 드러나도록 해주십니다.

| 어루만짐

주님은 당신의 그 사랑을 제자들의 가슴에 심어주고 떠나고 싶으셨습니다. 음식을 잡수시던 주님은 자리에서 일어나, 겉옷을 벗고, 수건을 가져다가 허리에 두르신 후, 대야에 물을 담아다가, 제자들의 발을 씻기시고는, 두른 수건으로 닦아주셨습니다. 소위 '세족식'이 벌어진 것입니다. 발 마사지를 직업으로 하는 이들이 아닌 이상 누군가의 발을 닦아줄 일은 별로 없습니다. 어쩌면 에로틱한 장면을 연상하는 이들이 있을지도 모르겠습니다. 하지만 제자들은 자기들의 발을 닦아주시는 주님의 몸짓 언어를 명료하게는 아니지만 어렴풋이나마 알아들었을

겁니다.

어루만짐은 그 대상에게 주체의 사랑을 표현하는 행위입니다. 우리는 마음의 상처를 입은 이들을 보면 함께 마음 아파하며 등을 토닥여줍니다. 그런 몸짓처럼 많은 것을 전달해주는 언어는 없습니다. 저널리스트인 고종석 씨는 "어루만짐은 일종의 치유이고 보살핌이고 연대"(《어루만지다》, 233쪽)라고 말합니다. 어루만짐은 참 아름다운 행위입니다. 그런데 예수님은 먼길을 걸어 먼지투성이가 된 제자들의 발을 닦아주십니다. 어쩌면 그것이 예수님과 제자들이 처음이자 마지막으로 신체적으로 접촉한 일이었는지도 모르겠습니다.

하지만 늘 성찰보다 열정이 앞섰던 베드로는 주님께 엄중하게 그러나 정중하게 항의합니다.

| 주님, 주님께서 내 발을 씻기시렵니까?

눈치 없는 그를 책망하고 싶으시더라도 잠시 그를 용납해주시기 바랍니다. 그는 자기 마음을 숨기지 않습니다. 이해할 수 없는 행동에 이의를 제기합니다. 이게 베드로입니다. 만약 이의를 제기하는 용기가 없었더라면 깨달음의 기회도 없었을 것입니다. 베드로와 주님의 문답이 계속됩니다.

내가 하는 일을 지금은 네가 알지 못하나, 나중에는 알게 될 것이다. 아닙니다. 내 발은 절대로 씻기지 못하십니다. 내가 너를 씻기지 아니하면, 너는 나와 상관이 없다.

이 말은 무슨 뜻일까요? 예수님은 베드로가 나중에 배신하
리라는 사실을 잘 알면서도 그의 발을 씻으시며 그를 용서해
주셨습니다. 유다의 경우도 마찬가지입니다. 장 바니에는 유다
의 발을 닦아주시는 주님의 마음을 이렇게 헤아려 봅니다.

나는 당신을 사랑합니다. 어떤 일이 일어나도 나는 여전히 당신
을 사랑합니다. 나는 당신의 마음속에 있는 나약함과 상처와 질
투심을 알고 있습니다. 악마가 당신을 사로잡으려 하고 있습니
다. 그러나 나는 당신을 사랑합니다. 나는 당신이 모든 두려움,
특히 악한 영에서 벗어나 사랑하면서 충만하게 살아가기를 간
절히 바랍니다《봉사의 스캔들》).

베드로는 새벽 닭 울음소리를 들으며 주님의 어루만지시던
손길을 느꼈는지도 모릅니다. 유다는 목을 매다는 그 순간 주
님의 마음이 떠올라 울었을지도 모릅니다. 믿음이란 주님께서
나를 위해 하시는 일을 받아들이는 것입니다. 더러워진 내 발
을 차마 보일 수 없어 우리는 주님의 초대를 거절할 때가 많습
니다. 우리 영혼을 짓누르고 있는 삶의 무게를 그분 앞에 내려
놓지 못합니다. 하지만 주님은 말씀하십니다.

내가 너를 씻기지 아니하면, 너는 나와 상관이 없다.

| 서로 남의 발을 씻겨 주어라

이 말씀을 들은 베드로는 또 오버쟁이의 기질을 유감없이
발휘합니다.

주님, 내 발뿐만이 아니라, 손과 머리까지도 씻겨 주십시오. 이미
목욕한 사람은 온 몸이 깨끗하니, 발 밖에는 더 씻을 필요가 없
다. 너희는 깨끗하다. 그러나, 다 그런 것은 아니다.

주님은 우리가 이미 깨끗한 사람이라고 말씀해주십니다. 구
름에 가려 있다고 해서 해가 사라진 것이 아니듯이, 죄와 욕심
에 가려있다 해도 하나님의 형상은 사라질 수 없습니다. 사람
들이 죄 가운데 사는 것은 자기 자신이 얼마나 소중한 존재인
지를 알지 못하기 때문입니다. 죄란 하나님이 이미 우리에게
주신 소중한 생의 가능성을 허비하는 것입니다. 제자들의 발을
씻겨주신 후에 옷을 입으신 주님은 식탁에 다시 앉으셔서 그
들에게 물으십니다.

내가 너희에게 한 일을 알겠느냐? 너희가 나를 선생님 또는 주
님이라고 부르는데, 그것은 옳은 말이다. 내가 사실로 그러하다.
주이며 선생인 내가 너희의 발을 씻겨 주었으니, 너희도 서로 남

의 발을 씻겨 주어야 한다(12b-14).

  은총은 새로운 소명입니다. 은혜 받은 자의 삶은, 주님의 손
과 발이 되는 데 있습니다. 은총은 우리를 봉사의 삶으로 부릅
니다. 봉사자를 뜻하는 라틴어 세르부스servus는 본래 지휘관에
게 전황을 알리러 가는 전령을 뜻한다고 합니다. 봉사자란 그
러니까 공동체 구성원들 사이에 의사소통이 원활하게 이루어
지도록 하는 사람입니다. 누가 이런 역할을 할 수 있을까요?
성격이 뾰족하여 남을 찔러대는 사람, 말이 많은 사람, 냉랭한
사람은 못합니다. 늘 감사할 줄 아는 사람, 사랑의 시선으로 사
람들을 바라보는 사람, 자기 뜻보다 주님의 뜻을 우선으로 생
각하는 사람이라야 할 수 있습니다. 주님은 제자들의 발을 닦
아주심을 통해 사랑은 본래 비언어 수단, 즉 우리의 태도와 시
선, 몸짓과 웃음으로 전달된다는 사실을 깨우쳐주셨습니다. 헬
라어로는 봉사자를 디아코노스diakonos라 하는 데 그 뜻은 식
탁 옆에서 기다리고 선 사람을 일컫는다고 합니다. 그들은 사람
들에게 헌신하고 생명과 사랑을 일깨우는 것을 자기 본분으로
삼은 사람입니다. 성도는 이런 일에 부름을 받은 사람입니다.
  이렇게 사는 사람, 또 이런 사람이 있는 공동체는 친밀한 우
정에 바탕을 둔 기쁨이 넘칩니다. 이런 기쁨을 가리켜 '동락적
同樂的 기쁨'이라 할 수 있습니다. 교회란 무엇입니까? 그것은
주님의 '동고적 사랑'을 바탕으로 하여 '동락적 기쁨'을 누리는

이들입니다. 하지만 동락적 기쁨은 우리가 이웃들과 함께 서기 위해 동고적 사랑을 선택하지 않는 한 불가능한 꿈입니다. 인권을 유린당하는 이들 곁에 머물고, 그들의 목소리가 되어주고, 희망조차 없이 살아가는 이들에게 웃음을 되찾아주기 위해 고난을 마다하지 않을 때 우리는 진정한 기쁨이 무엇인지를 알 수 있습니다.

교회는 한 마디로 하여 주님의 뜻을 가슴에 품고 동고동락하는 새로운 가족 혹은 인류입니다. 평화와 생명의 꽃은 누군가의 발을 닦아주기 위해 겉옷을 벗고 무릎을 꿇는 사람이 있는 곳에서 피어납니다. 높아지려는 마음들이 부딪치는 곳은 풀한 포기 피어날 수 없는 사막으로 변하고 맙니다. 주님의 이름으로 모이는 교회들마다 말이 아니라 몸으로 사랑을 살아내는 신실한 사람들이 조용히 일어나기를 기원합니다.

사랑의 깊이 속에 뛰어드는 '친구'

"나는 참 포도나무요, 내 아버지는 농부이시다. 내게 붙어 있으면서도 열매를 맺지 못하는 가지는, 아버지께서 다 잘라버리시고, 열매를 맺는 가지는 더 많은 열매를 맺게 하시려고 손질하신다. 너희는, 내가 너희에게 말한 그 말로 말미암아 이미 깨끗하게 되었다."(15:1-3)

———— '나는 참 포도나무'라니! 예수님의 은유, 참 발랄하기도 하다. 포도, 무화과, 올리브는 지중해 세계를 대표하는 과일들이다. 생각하는 것만으로도 마음이 따뜻해지고, 고마운 식물들이다. 일찍이 이사야는 하나님의 백성을 일러 '여호와의 포도원'이라 하였다. 하나님은 그 백성이 공의와 정의의 열매 맺기를 기대하셨지만 현실은 그렇지 못했다. 포학과 부르짖음만 가득한 세상에서 하나님은 탄식하신다. 그런데 예수님은 자

신을 참 포도나무라고 하신다. 하지만 포도나무는 스스로 열매
를 맺지 못한다. 가꾸는 농부의 손길이 필요하다. 예수님은 하
나님을 농부에 빗대고 있다. 농부가 심혈을 기울여서 하는 일
가운데 하나는 가지치기이다. 다른 가지들의 생장을 억압하는
가지, 쓸데없이 웃자란 가지를 잘라내지 않으면 탐스런 열매가
맺히지 않는다. 삶도 그러하지 않던가? 버릴 것을 버리지 않으
면 내면의 뜨락은 이내 쓰레기 하치장으로 변하고 만다. 삶에
서 겪게 되는 시련과 아픔이 때로는 하나님의 가지치기임을
느낄 때가 있다. 시련과 아픔은 우리로 하여금 근본을 생각하
도록 하는 초대이다.

　예수님은 당신의 제자들을 가리켜 이미 깨끗하게 되었다고
말씀하신다. 이것은 도덕적인 완전함을 가리키는 말이 아니다.
그들의 지향에 대한 긍정이다. 모든 것을 버려두고 예수를 따
른 이들, 그들도 완전하지는 않다. 하지만 그들은 이미 삶의 단
순함과 접속된 이들이다.

"내 안에 머물러 있어라. 그리하면 나도 너희 안에 머물러 있
겠다. 가지가 포도나무에 붙어 있지 아니하면 스스로 열매를
맺을 수 없는 것과 같이, 너희도 내 안에 머물러 있지 아니하면
열매를 맺을 수 없다. 나는 포도나무요, 너희는 가지이다. 사람
이 내 안에 머물러 있고, 내가 그 안에 머물러 있으면, 그는 많
은 열매를 맺는다. 너희는 나를 떠나서는 아무것도 할 수 없

다."(15:4-5)

포도나무의 비유에서 가장 눈에 띄는 단어는 '머물다'이다. 이 단어는 이야기의 맥락에 따라 '붙어 있음'으로, 그리고 '떠나지 않음'으로 변주되고 있다. 나무와 가지는 분리될 수 없다. 가지가 나무로부터 분리되는 순간 그 가지는 죽은 것이다. 물론 가지 없는 나무도 있다. 겨울을 나기 전 앙상하게 가지치기 당한 가로수 같은 경우 말이다. 하지만 가지가 튼실하지 못하면 열매도 없다. 열매를 맺기 위해서는 어찌하든 나무에 붙어 있어야 한다.

예수가 보여준 생명의 열매를 맺기 위해서는 예수와의 접속을 유지해야 한다. 우리가 그 분 안에 머무는 것과 그분이 우리 안에 머무는 것은 편의상 선후관계처럼 표현되어 있지만 사실은 동시적 사건이다. 우리가 예수와 접속되어 있기만 하다면 열매는 저절로 맺힌다. 그것이 성령의 아홉 가지 열매이든 진실과 정의와 평화의 열매이든 마찬가지이다. 접속이 먼저고 열매는 따라온다. 어떤 이들은 그 열매를 '성화'라고 일컫기도 한다.

'나를 떠나서는 아무것도 할 수 없다.' 정말 그러한가? 불의한 자들과 불신의 무리들 가운데 능력 있는 이들이 얼마나 많은가? 하지만 예수님이 여기서 말하는 '아무것'은 굳이 한정하여 말하자면 '하나님이 기뻐하시는 일'이라 할 수 있다. 예수와의 접속이 끊어지는 순간 우리는 속절없이 세상의 중력에 이끌려 추락할 수밖에 없다. 시몬느 베이유는 은총이 아니고는 중력을 이길 수 없다 했다.

"너희가 내 안에 머물러 있고, 내 말이 너희 안에 머물러 있으면, 너희가 무엇을 구하든지 다 그대로 이루어질 것이다. 너희가 열매를 많이 맺어서 내 제자가 되면, 이것으로 내 아버지께서 영광을 받으실 것이다."(15:7-8)

_____ 예수 안에 머문다는 말과 그의 말씀이 우리 안에 머문다는 말은 같은 말이다. 말씀은 곧 그의 존재가 아니던가. 변화산 꼭대기에서 제자들은 구름 사이에서 들려오는 소리를 들었다. "이는 내 사랑하는 아들이니 너희는 그의 말을 들으라"(마가복음 9:7). 그 말은 세상을 창조하신 말씀이고, 세상을 든든하게 붙들고 있는 말씀이다.

예수 안에 혹은 그분의 말씀 안에 머무는 이들에게 주어지는 놀라운 특권이 있다. 무엇을 구하든 다 그대로 이루어지는 특권이다. 이 말은 욕망하는 바를 다 실현할 수 있다는 말이 결코 아니다. 자의적 신앙에 사로잡힌 이들이 의도적으로 혹은 무지로 인해 외면하는 것은 이 약속의 전제인 '예수 안에 머문다.'는 말이다. 예수의 마음과 접속된 이들이 구하는 것은 그분이 기뻐하시는 일이 아니겠는가?

제자는 그런 삶의 열매를 맺는 사람을 이르는 말이다. 제자를 자처하지만 열매를 맺지 못하는 이들이 많다. 이름과 실상이 일치하지 않는 것이다. 그로 인해 하나님의 영광이 가려지고 있다. 예수의 제자들이 이름값을 할 때 하나님은 영광 받으신다. '하나님의 영광을 위해서'라고 말하면서 자아를 확대하는 일에만 몰두하는 이들로 인해 하나님은 모독 받고 있다.

| 오늘 우리는 누구의 친구인가

"너희가 내 계명을 지키면, 내 사랑 안에 머물러 있을 것이다. 그것은 마치 내가 내 아버지의 계명을 지켜서, 그 사랑 안에 머물러 있는 것과 같다. 내가 너희에게 이러한 말을 한 것은, 내 기쁨이 너희 안에 있게 하고, 또 너희의 기쁨이 넘치게 하려는 것이다."(15:10-11)

————— 믿는다는 말은 사랑한다는 말로 치환될 수 있다. 바울 사도도 사랑은 믿어줌이라 하지 않던가? 사랑하는 이는 그 사랑의 대상을 기쁘게 하기 위해 자기를 초월한다. 그것은 기꺼운 희생이다. 예수는 하나님의 뜻을 이루기 위해 모든 것을 바쳤다. 하지만 그 때문에 비참해지지 않았다. 오히려 세상이 줄 수 없는 기쁨을 누렸다. 예수는 제자들을 그러한 기쁨의 자리에 초대하고 있다. 누군가를 소외시키지 않는 기쁨, 나누어도 줄어들지 않는 기쁨, 그것은 예수의 사랑 안에 머무는 이

들에게 주어지는 선물이다.

"내 계명은 이것이다. 내가 너희를 사랑한 것과 같이, 너희도
서로 사랑하여라. 사람이 자기 친구를 위하여 자기 목숨을 내
놓는 것보다 더 큰 사랑은 없다. 내가 너희에게 명한 것을 너희
가 행하면, 너희는 나의 친구이다. 이제부터는 내가 너희를 종
이라고 부르지 않겠다. 종은 그의 주인이 무엇을 하는지를 알
지 못한다. 나는 너희를 친구라고 불렀다. 내가 아버지에게서
들은 모든 것을 너희에게 알려 주었기 때문이다."(15:12-15)

_____ '사랑하라'는 말, 자칫하면 진부할 수도 있는 말
이다. 진부할 수도 있는 이 말을 예수는 지치지도 않고 말한다.
하지만 그가 말하는 사랑은 준 것만큼 받고자 하는 통속적 사
랑이 아니다. 친구를 위해서 기꺼이 목숨을 내놓을 수도 있는
사랑이다. 예수 자신이 삶으로 보여주신 그런 사랑 말이다. 그
사랑의 깊이 속에 뛰어드는 이들을 예수는 '친구'라고 부르신
다. 황감한 일 아닌가? 오늘 우리는 누구의 친구인가?

"세상이 너희를 미워하거든, 세상이 너희보다 먼저 나를 미워
하였다는 것을 알아라. 너희가 세상에 속하여 있다면, 세상이
너희를 자기 것으로 여겨 사랑할 것이다. 그러나 너희는 세상
에 속하지 않았고 오히려 내가 너희를 세상에서 가려 뽑아냈

으므로, 세상이 너희를 미워하는 것이다."(15:18-19)

─────── 세상은 예수의 제자를 미워한다. 그럴 수밖에 없다. 어둠은 빛을 싫어한다. 아니, 싫어한다기보다는 두려워한다. 빛은 어둠을 어둠으로 폭로하기 때문이다. 어둠은 스스로 빛으로 가장하며 살기에 진짜 빛을 견디지 못한다. 문제는 소속이다. 그 어둠의 세상에 속한 자로 살아간다면 문제될 것이 없다. 오히려 세상은 자기 자식을 사랑으로 대한다. 그런데 오늘 우리는 어떤가? 예수를 믿고 따른다고 고백하고 주일이면 착실하게 교회에 가는 데도 세상은 우리에게 관심이 없다. 가끔 조롱하기는 해도 박해하지는 않는다. 무엇 때문일까? 세상은 우리가 예수의 사람들이라고 말하지만 실은 자기들에게 속해 있음을 용케도 알아본다. 어둠을 어둠으로 폭로하지 않을 뿐더러 스스로 어둠이 일을 하고 있기 때문이다.

살기 위해서는 어쩔 수 없지 않느냐고 말하며 우리는 자신의 비겁과 불의와 탐욕에 대해 스스로 면죄부를 발행한다. 산다는 일의 무거움과 그 무거움에서 비롯된 상처를 내보이며 '힐링'이 필요하다고 말한다. 어둠은 자기 상처를 들여다보고 있는 이들을 두려워하지 않는다. "그러나 너희는 세상에 속하지 않았고 오히려 내가 너희를 세상에서 가려 뽑아냈으므로, 세상이 너희를 미워하는 것이다." 하신 주님의 말씀은 회초리가 되어 우리 종아리를 치고 있다. 돈과 명예와 권세에 맛 들여 세상과 대결하지 않는 교회는 박해 받지 않는다.

| 가슴에 샛별이 떠오르기까지

"내가 너희에게 이 말을 한 것은 너희를 넘어지지 않게 하려는 것이다. 사람들이 너희를 회당에서 내쫓을 것이다. 그리고 너희를 죽이는 사람마다, 자기네가 하는 그러한 일이 하나님을 섬기는 일이라고 생각할 때가 올 것이다. 그들은 아버지도 나도 알지 못하므로 그런 일들을 할 것이다."(16:1-3)

_____ 예수님은 대책 없이 정직하다. 달콤한 말로 어르고 달래도 추종자를 얻기 어려운 판에 당신을 따르는 이들을 기다리고 있는 것은 평안과 행복이 아니라 박해와 고통이라고 말한다. 그것이 설사 진실이라 해도 굳이 그렇게까지 말씀하실 필요가 있었을까? 예기치 않은 일을 겪을 때 사람들은 한 순간에 꺾일 수 있다. 그러나 두렵더라도 미구에 닥쳐올지도 모를 일을 내다보며 그 현실과 자꾸 맞대면하다보면 그 일의 규정력은 줄어들게 마련이다. 불세출의 권투선수 무하마드 알리는 조지 포먼이라는 강자와의 대결을 앞두고 불안했다. 포먼의 묵직한 주먹은 공포 그 자체였다. 시합 전날 저녁 알리는 경기가 열리는 체육관에 들어가 링 위에 섰다. 그리고 내일 벌어질 경기를 머리에 그려 보았다. 상대방의 주먹을 맞고 쓰러진 자신의 모습을 떠올리며, 링 바닥에 한 동안 누워있었다. 그리고는

일어나 쉐도우 복싱을 했다. 미리 그런 상황을 경험해보니 마음이 고요해졌다. 다음 날 그는 상대를 압도할 수 있었다.

예수님은 제자들을 준비시킨다. 박해의 현실을 현실로 수용할 수 있는 견결함을 가지라는 의미에서. 예수님은 회당 공동체에서 쫓겨나는 상황을 예시하고 있다. 물론 이것은 주후 70년 성전이 무너진 후 회당이 유다인들의 종교생활의 중심지가 되었을 때, 예수를 따르는 이들이 겪을 수밖에 없었던 현실이다. 회당 공동체에서 축출된다는 것은 유대의 사회적 세계에서 외부자로 간주된다는 것이다. 외부자들은 언제나 폭력의 표적이 될 수도 있다. 문제는 그 박해자들이 자기들이 하는 일을 하나님을 섬기는 일이라고 생각한다는 사실이다. 바른 인식과 결합되지 않은 종교적 열정은 파괴적인 경우가 많다. 그들은 신념과 지식을 혼동한다. 자기들이 절대적 확실성을 가지고 있다고 믿기에 자기와 다른 방식으로 믿는 이들을 견디지 못한다. 바로 이 지점에서 종교는 폭력과 손을 잡는다. 세상의 모든 근본주의는 다 위험한 까닭이 여기에 있다. "그들은 아버지도 나도 알지 못하므로, 그런 일들을 할 것"이라는 예수님의 말은 안타깝게도 그들의 가슴에까지 도달하지 못한다. 폐쇄적인 자기 확신은 누구도 통과할 수 없는 장벽이기 때문이다. 그 장벽이 영혼의 감옥이라는 사실은 당사자만 모른다.

"그러나 내가 너희에게 진실을 말하는데, 내가 떠나가는 것이

너희에게 유익하다. 내가 떠나가지 않으면, 보혜사가 너희에게
오시지 않을 것이다. 그러나 내가 가면, 보혜사를 너희에게 보
내주겠다."(16:7)

_____ 예수님은 이제 보내신 분에게로 갈 때가 되었는
데, 제자들은 여전히 혼돈 가운데 있다. 박해와 수난에 대한 이
야기에 사로잡혀 있기 때문이다. 예수님은 당신이 떠나가는 것
이 제자들에게 유익하다고 말씀하신다. 스승이 곁에 있는 한
그들은 자기 삶의 주체로 서지 못하기 때문일 것이다. 신앙을
'절대적 의존의 감정'이라고 말한 신학자가 있다. 그것은 종교
체험의 깊이를 맛본 이의 말이다. 하지만 그 말을 오해하지 말
아야 한다. 믿는다는 것은 그저 의존적인 존재가 되어야 한다
는 말이 아니다. 하나님에 대한 절대적 의존은 우리를 당당한
주체로 세운다. 바울 사도는 로마서 8장에서 세상의 그 어떤
것도 그리스도의 사랑에서 우리를 끊을 수 없다고 말했다. 스
승의 빈자리를 채우는 것은 보혜사이다. 임의로 부는 바람처럼
자유롭게 다가오셔서 우리의 공허한 가슴에 하늘 숨결을 불어
넣는 이 말이다.

"그가 오시면, 죄와 의와 심판에 대하여 세상의 잘못을 깨우치
실 것이다. 죄에 대하여 깨우친다고 함은 세상 사람들이 나를
믿지 않기 때문이요, 의에 대하여 깨우친다고 함은 내가 아버

지께로 가고 너희가 나를 더 이상 못 볼 것이기 때문이요, 심판
에 대하여 깨우친다고 함은 이 세상의 통치자가 심판을 받았
기 때문이다."(16:8-11)

──────── 보혜사가 하시는 일 가운데 하나는 사람들이 잘
못 생각하고 있는 것들을 깨우쳐 바른 길로 인도하는 것이다.
흔히 죄는 우리가 구체적으로 저지르는 잘못이라고 생각한다.
하지만 진짜 죄는 불신앙에 있다. 불신앙은 눈에 보이는 것에
만 의존하려는 영혼의 완고함이다. 불안이라는 숙명을 타고난
인간은 뭔가 확실한 것을 붙들고 싶어 한다. 모세가 산에 있는
동안 두려움에 사로잡힌 사람들은 '우리를 인도할 신을 만들
어 달라'며 아론을 압박했다. 죄는 우상 없이 불확실함을 견디
지 못하는 인간의 허약함과 무관하지 않다. 의는 율법이 요구
하는 바를 수행하는 것이 아니라, 믿음과 소망을 품고 살아가
는 것이다. 믿는 이들은 하나님의 약속을 기억하며 오늘을 살
아간다. 그런 의미에서 믿음이란 '미래에 대한 기억'이다. 세상
은 빛으로 오신 분을 쫓아냈지만 어둠은 빛을 결코 이길 수 없
다. 빛을 몰아내려 함으로써 세상은 이미 심판을 받은 것이다.
죄와 의와 심판에 대해서만 제대로 알아도 우리 삶은 든든해
진다.

"아직도. 내가 너희에게 할 말이 많으나. 너희가 지금은 감당하

지 못한다 … 조금 있으면 너희는 나를 보지 못할 것이다. 그러나 또 조금 있으면 나를 볼 것이다."(16:12, 16)

_____ 아무리 급해도 실을 바늘에 매서 쓸 수는 없는 법이다. 벼의 생장을 돕는다고 벼를 조금씩 잡아 뽑았던 拔苗助長 어리석은 송나라 사람처럼 해서는 안 된다. 진리의 길을 걷는 이들에게 닥쳐올 현실에 대해 어섯눈조차 뜨지 못한 제자들이 안타깝지만 예수는 그들의 때를 앞당기기 위해 무리하지 않는다. 다만 진리의 영이 오시면 그들을 진리 가운데로 인도하실 것이라고 말한다. 눈을 가리던 것이 벗겨지면 그 때야 비로소 수난의 길이 곧 영광임을 알게 될 것이라는 것이다.

예수는 자신을 기다리고 있는 운명을 제자들에게 슬며시 드러낸다. '그러나'로 연결되고 있는 대구, 즉 '조금 있으면 나를 보지 못하게 되고'와 '조금 있으면 나를 볼 것'이라는 말은 신앙적 역설을 함축적으로 보여준다. '그러나'는 십자가와 부활 사이에 위치한다. 하지만 제자들은 여전히 오리무중이다. 그럴 수밖에 없다. 그들의 가슴에 샛별이 떠오르기까지는 더 깊은 어둠을 통과해야 하기 때문이다.

"내가 진정으로 진정으로 너희에게 말한다. 너희는 울며 애통하겠으나, 세상은 기뻐할 것이다. 그러나 너희가 근심에 싸여도, 그 근심이 기쁨으로 변할 것이다."(16:20)

_____ '너희'와 '세상'이 대조되고 있다. 한쪽에는 울음과 근심이 있고 다른 쪽에는 기쁨이 있다. 하지만 여기도 역시 '그러나'를 통해 역전이 일어난다. 빛에 속한 이들이 겪어야 할 근심 속에는 이미 기쁨이 잉태되어 있다. 그 기쁨과 만나기 위해서는 근심과 울음의 골짜기를 통과해야 한다. 그 때 세상은 기뻐하겠지만, 하늘에 계신 분은 웃고 계실 것이다(시편 2:4).

제자들의 근심이 기쁨으로 변하는 날은 해산의 날이다. 해산하는 여인이 아이를 낳은 후 고통을 잊는 것처럼 제자들이 맛볼 기쁨은 아무도 빼앗아 갈 수 없다. 세상의 풍랑에 따라 속절없이 흔들리다가 마침내 중심을 얻은 이의 기쁨을 누가 빼앗아 갈 수 있겠는가. 부활 체험은 하나님이라는 중심과의 일치이고 일어섬이다. 시인 김수영의 말대로 우리 속에 '거대한 뿌리'가 생기면 누가 우리를 흔들 수 있겠는가.

"지금까지는 너희가 아무것도 내 이름으로 구하지 않았다. 구하여라. 그러면 받을 것이다. 그래서 너희의 기쁨이 넘치게 될 것이다."(16:24)

_____ 예수님은 무엇이든 당신의 이름으로 구하면 받을 것이라고 말씀하신다. 주님과 깊은 일치를 이룬 이들이 구하는 것은 무엇일까? 그것은 주님의 뜻을 이루는 일일 것이다. 하나님의 일을 하는 이들은 무능하면 안 된다. 하나님의 일은 하나

님이 공급하시는 힘으로만 감당할 수 있다. 그렇기에 하나님께 자꾸 구해야 한다. 구하지 않기에 받지 못한다. 그런데 이 말을 사적인 욕망 충족으로 환원시키는 이들이 너무 많다. 하나님과의 깊은 일치를 이루지 못한 채 욕망의 바람이 부는 대로 나부끼는 인생의 천박함이여!

"나는 아버지에게서 나와서 세상에 왔다. 나는 세상을 떠나서 아버지께로 간다."(16:28)

_____ 떠나온 곳으로 다시 돌아간다. 그것이 세상의 이치다. 헤겔은 역사를 하나님의 자기 소외라 했다. 역사는 절대 정신으로부터 나와 절대 정신으로 돌아가는 과정이라는 것이다. 예수는 죽음을 극복되어야 할 한계 혹은 저주로 보지 않는다. 보내신 분에게로의 돌아감으로 본다. 그렇다고 하여 예수가 직면하게 될 폭력적인 죽음을 미화하자는 말은 아니다. 그럼에도 불구하고 삶을 소명으로 이해한 이들은 소명을 주신 분에게로 돌아가는 것을 영광으로 여긴다.

그의 제자들이 말하였다. "보십시오. 이제 밝히어 말씀하여 주시고, 비유로 말씀하지 않으시니, 이제야 우리는 선생님께서 모든 것을 알고 계시다는 것과, 누가 선생님께 물어볼 필요가 없을 정도로 환히 알려 주신다는 것을 알았습니다. 이것으로 우리

는 선생님이 하나님께로부터 오신 것을 믿습니다."(16:29-30)

_____ 제자들은 이제 비로소 스승이 모든 것을 알고 계시다는 것을 알게 되었다고 말한다. 그리고 베드로의 신앙 고백을 연상시키는 고백을 한다. "우리는 선생님이 하나님께로부터 오신 것을 믿습니다." 아직 불완전하기는 하지만 제자들은 참된 인식의 문 앞에 이르렀다. 하지만 제자들은 불과 물을 통과하지 못한 신앙고백은 언제든 무너질 수 있다는 사실을 모른다. 참된 인식은 수많은 억견들이 무너진 후에야 다가온다. 마치 미네르바의 부엉이가 날이 어둔 후에야 날아오르는 것처럼 말이다.

"보아라. 너희가 나를 혼자 버려두고, 제각기 자기 집으로 흩어져 갈 때가 올 것이다. 그 때가 벌써 왔다. 그런데 아버지께서 나와 함께 계시니, 나는 혼자 있는 것이 아니다. 내가 이것을 너희에게 말한 것은, 너희가 내 안에서 평화를 얻게 하려는 것이다. 너희는 세상에서 환난을 당할 것이다. 그러나 용기를 내어라. 내가 세상을 이겼다."(16:32-33)

제자들의 고백처럼 예수는 모든 것을 알고 계신다. 미구에 닥쳐올 일을 마치 거울을 보는 것처럼 환히 보고 말씀하신다. "너희가 나를 혼자 버려두고, 제각기 자기 집으로 흩어져 갈 때가 올 것이다." 바람에 흩날리는 검불처럼, 물 위를 떠다니는 부평초처럼 부유하는 마음을 너무나 잘 아시기에 주님은 담담하게 말씀하신다. 그렇기에 '혼자'라는 단어와 '제각기'라는 단어를 발설하며 느꼈을 예수의 외로움과 쓸쓸함이 더욱 짙게 느껴진다.

어쩌면 십자가의 길은 누구와 함께 걸을 수 있는 길이 아닐 것이다. 홀로 감당해야 한다. 예수님이 그런 말씀을 하신 까닭은 제자들에게 죄책감을 불러일으키기 위해서가 아니다. 오히려 그들의 연약함을 다 받아 안으셨다는 사실을 암시하는 것이다. 죄책감에 사로잡힌 채 살지 말고, 넘어진 자리를 딛고 일어서라는 초대이다.

그러나 예수님은 당신이 혼자 있는 것이 아니라고 말씀하신다. 아버지께서 나와 함께 계시기 때문이라는 것이다. 그 아버지는 아들의 고통을 면하게 해주는 분이 아니라 고통의 시간을 함께 겪어내는 분이시다. 가장 외로운 시간이야말로 어쩌면 아버지와 가장 깊이 결속되는 시간인지도 모른다. 하지만 '아버지가 나와 함께 계신다.'는 말은 예수와 하나님의 특수 관계를 설명하기 위한 말이 아니라, 하나님의 뜻을 따라 살려는 이들 모두에게 주어진 약속이다. 그리고 마침내 저 장엄한 고백이 나온다. "너희는 세상에서 환난을 당할 것이다. 그러나 용기를 내어라. 내가 세상을 이겼다." 이 한 마디를 할 수 있기까지 가야 할 길이 참 멀다.

| '진리'와 '거룩'과 '아버지의 말씀'

예수께서 이 말씀을 마치시고, 눈을 들어 하늘을 우러러보시고
말씀하셨다. "아버지, 때가 왔습니다. 아버지의 아들을 영광되게
하셔서, 아들이 아버지께 영광을 돌리게 하여 주십시오."(17:1)

──────── '때가 왔다'는 말이 무슨 뜻인 줄 아는 데, 그 말
을 저렇게도 담담하게 하실 수가 있다니. 요한복음에서 예수님
이 영광을 받을 때는 죽음의 시간을 의미한다. 보내심을 받은
자는 임무를 완수하고 자신을 보내신 분에게로 돌아가는 것을
영광으로 여긴다. 라이너 마리아 릴케의 시 〈가을날〉의 한 대
목을 쓸쓸하게 읊조린다. "주여,/때가 왔습니다./여름은 참으
로 위대했습니다./해시계 위에 당신의/그림자를 드리우시고/
들판 위엔 바람을 놓아주십시오."

시인은 마지막 열매들이 영글도록 이틀만 더 남국의 따뜻한
날을 베풀어 달라고 기도한다. 그 마음이었을 것이다. 예수께
서 기도를 올리는 것은 자신을 위해서가 아니라 아직도 무르
익지 못한 제자들과 세상을 위해서이다. 가르침을 받고, 그의
길을 걷는다고는 하지만 여전히 세속적 욕망의 거리에서 바장
이는 이들을 위해서 예수는 중보의 기도를 올린다.

"나는 이제 더 이상 세상에 있지 않으나, 그들은 세상에 있습
니다. 나는 아버지께로 갑니다. 거룩하신 아버지, 아버지께서

내게 주신 아버지의 이름으로 그들을 지켜주셔서, 우리가 하나
인 것 같이, 그들도 하나가 되게 하여 주십시오."(17:11)

_____ 주님은 진리를 거스르는 세상, 어둠이 지배하는
세상에 남겨질 제자들을 아버지의 품에 맡긴다. 그리고 그들의
일치를 위해 기도를 올린다. 아, 그런데 '우리가 하나인 것 같
이, 그들도 하나가 되게 하여 주십시오'라는 구절이 도무지 삼
켜지지 않는다. 오늘의 교회 현실이 떠오르기 때문이다. 분열
에 분열을 거듭하는 못난 제자들 때문에 주님은 피울음을 삼
키고 계실 것이다. 예수를 통해 나타난 모든 권능과 사랑의 기
적은 아버지와의 깊은 일치가 빚은 열매였다. 아들은 아버지의
뜻에 대한 '아멘'이 되기 위하여 자기를 비웠고, 아버지는 그런
아들을 충만하게 채우셨다. '하나가 되는 것은 더욱 커지는 일'
이라던 어느 분의 말이 참 적실하지 않은가. 사탄은 사람 사이
를 버름하게 만들고 그 버름해진 틈에 쐐기를 박아 갈라지게
하는 힘이다. 하지만 하나님은 버름했던 사이에 사랑을 채워
기어코 일치를 이뤄내는 분이시다. 예수님은 그런 하나님의 사
랑에 제자들을 위탁한다. 나뉜 상태로는 생명과 평화를 본질로
하는 하나님 나라에 속할 수 없음을 아시기 때문이다.

"나는 그들에게 아버지의 말씀을 주었는데, 세상은 그들을 미
워하였습니다. 그것은, 내가 세상에 속하여 있지 않은 것과 같

이, 그들도 세상에 속하여 있지 않기 때문입니다. 내가 아버지께 비는 것은, 그들을 세상에서 데려 가시는 것이 아니라, 악한 자에게서 그들을 지켜 주시는 것입니다. 내가 세상에 속하지 않은 것과 같이, 그들도 세상에 속하지 않았습니다."(17:14-16)

─────── 참 제자들은 세상의 미움을 받는다. 소속이 다르기 때문이다. 악하고 어두운 세상은 다름을 용납하지 않는다. 모두가 일사불란한 대오를 이루어 앞으로 나아가는 데, 힐끔힐끔 해찰하며 곁길로 나가는 이들은 불온시 되기 일쑤이다. 진리의 길을 걷는 이들의 운명은 세상으로부터 미움을 받는 것이다. 그래서 주님도 '의를 위하여 박해를 받은 사람'이 복이 있다 하지 않으셨던가. 참 이상한 복이다. "너희가 나 때문에 모욕을 당하고, 박해를 받고, 터무니없는 말로 온갖 비난을 받으면, 복이 있다"(마태복음 5:11). 그런데 오늘의 우리는 어떤가? 예수의 제자라 하여 미움을 받는가? 그렇다. 미움을 받기는 한다. 하지만 우리가 그들의 거짓과 위선과 탐욕을 폭로하기 때문에 미움을 받기보다는, 우리의 거짓과 위선과 탐욕 때문에 욕을 먹고 있다. 세상에 초월의 빛을 비춰 길 잃은 이들의 향도가 되기는커녕, 오히려 비리척지근한 냄새를 풍기고 있는 것은 아닌가? "내가 세상에 속하여 있지 않은 것과 같이, 그들도 세상에 속하여 있지 않기 때문입니다." 두 번씩이나 반복되는 이 말씀 앞에서 우리는 다만 유구무언일 따름이다.

"진리로 그들을 거룩하게 하여 주십시오. 아버지의 말씀은 진리입니다. 아버지께서 나를 세상에 보내신 것과 같이, 나도 그들을 세상으로 보냈습니다. 그리고 내가 그들을 위하여 나를 거룩하게 하는 것은, 그들도 진리로 거룩하게 하려는 것입니다."(17:17-19)

_____ '진리'와 '거룩'과 '아버지의 말씀'은 분리될 수 없는 하나이다. 진리가 아니고는 거룩하게 될 수 없고, 아버지의 말씀이 아니고는 진리를 알 수 없으니 하는 말이다. 아버지의 말씀이 아니라 자기 경험과 생각을 앞세우는 것은 분열의 씨를 심는 일이다. 하나님의 말씀에 오롯이 사로잡히기를 소망하지 않으면 이웃들을 하나님의 형상으로 대할 수도 없다. 예수님은 제자들을 진리로 거룩하게 하기 위하여 당신을 거룩하게 한다고 말씀하신다. '거룩하다'는 말은 '구별되다'라는 뜻과 '봉헌하다'라는 뜻을 내포한다. 하나님의 뜻을 이루기 위해 구별되고 봉헌된 것이 곧 거룩한 것이다. 주님은 스스로를 거룩하게 하셨다. 우리를 그 거룩의 길로 인도하기 위해서. 그 길은 세상을 거스르는 좁은 길이다. 너무나 많은 이들이 스스로 지은 거룩의 옷을 입고 넓은 길을 걷고 있다. 왜곡된 거룩은 세상의 웃음거리일 뿐이다.

"아버지, 아버지께서 내게 주신 사람들도, 내가 있는 곳에 나

와 함께 있게 하여 주시고, 창세 전부터 아버지께서 나를 사랑
하셔서 내게 주신 내 영광을, 그들도 보게 하여 주시기를 빕니
다… 나는 이미 그들에게 아버지의 이름을 알렸으며, 앞으로도
알리겠습니다. 그것은, 아버지께서 나를 사랑하신 그 사랑이
그들 안에 있게 하고, 나도 그들 안에 있게 하려는 것입니다."
(17:24, 26)

————— 24절의 말씀은 주님께서 당신을 찾아온 베드로
와 안드레에게 하신 말씀을 떠올리게 한다. "랍비님 어디에 묵
고 계십니까?"라는 물음에 주님은 "와서 보아라" 하고 응대하
셨다. 요한은 "그들이 따라가서, 예수께서 묵고 계시는 곳을 보
고, 그 날을 그와 함께 지냈다"(1:39)고 전한다. 제자가 있어야
할 곳은 스승이 계신 곳이다. 제자의 눈이 지향해야 할 곳은 스
승의 눈이 머물고 있는 곳이다. 스승이신 주님은 다시 한 번 제
자들이 당신이 계신 곳에 머물고, 당신이 받으실 영광을 보게
해달라고 기도하신다. 머지않아 뿔뿔이 흩어질 그들의 모습을
보고 계셨기 때문일까. 하지만 주님의 사랑은 변함이 없다. "나
는 이미 그들에게 아버지의 이름을 알렸으며, 앞으로도 알리겠
습니다." '앞으로도' 사랑은 낙심하지 않는 것이다. 주님의 이
사랑이 아니고는 참 제자가 될 사람이 없다.

| "내가 그 사람이다"

예수께서 이 말씀을 하신 뒤에, 제자들과 함께 기드론 골짜기
건너편으로 가셨다. 거기에는 동산이 하나 있었는데, 예수와
그 제자들이 거기에 들어가셨다. 예수가 그 제자들과 함께 거
기서 여러 번 모이셨으므로, 예수를 넘겨줄 유다도 그곳을 알
고 있었다.(18:1-2)

――――― 올리브산과 예루살렘 동쪽 성벽 사이에 있는 기
드론 골짜기에는 무덤이 많다. 기드론은 '탁하다, 흐리다, 어두
컴컴하다'는 뜻이다. 사람들은 그곳을 '여호사밧 골짜기'라고
도 불렀다. 왕들이 우상들과 그 제단을 파괴하고 불태우는 곳
이었기 때문이다. 기드론 골짜기는 어쩌면 '거룩'과 '속됨'의
경계선으로 받아들여졌는지도 모르겠다. 골짜기 건너편에는
예수가 그 제자들과 함께 머물던 만남의 장소가 있었다. 그곳
은 번잡한 일상에서 비껴난 곳, 톨스토이의 야스나야 폴랴나
와 비슷한 곳이었을 것이다. 예수는 소란이 예기되는 상황에서
'그곳'을 찾는다. 은신처가 아니다. 유다도 그 장소를 잘 알고
있었으니 말이다. '그곳'은 하나님과의 친밀한 대화를 나누던
자리였다.

유다는 로마 군대 병정들과, 제사장들과 바리새파 사람들이 보
낸 성전 경비병들을 데리고 그리로 갔다. 그들은 등불과 횃불

과 무기를 들고 있었다. 예수께서는 자기에게 닥쳐올 일을 모두 아시고, 앞으로 나서서 그들에게 물으셨다. "너희는 누구를 찾느냐?"(18:3-4)

——————— 비무장일 뿐 아니라 비폭력을 삶의 원리로 삼고 있는 예수를 잡으러 온 사람들이 참 많기도 하다. 게다가 공관복음서에는 나오지 않는 '로마 군대 병정들'이 무대에 등장한다. 그것도 맨 앞에. 요한은 공관복음서 저자들이 한사코 외면하려고 했던 현실을 직시한다. 예수의 죽음은 유대교와의 갈등에서 비롯된 것이라기보다는 '이 세상'의 지배자인 로마와의 갈등에서 비롯된 것임을 드러내려는 것이다. '등불', '횃불'은 그 시기가 어둠의 때임을 보여주는 상징이고, '무기'는 불의한 세계가 어디에 기대고 있는지를 보여주는 상징이다.

무장한 그들의 모습은 그 자체로 위협적이다. 하지만 예수는 조금도 위축된 기색이 없다. 이미 아버지께로 돌아갈 때가 되었음을 직감하고 있었기 때문이리라. 예수는 제자들을 안전한 곳에 머물게 한 후, 그들 앞으로 나서서 누구를 찾느냐고 물으신다. 그들이 '나사렛 사람 예수'라고 대답하자 "내가 그 사람"이라고 말씀하신다. 예수는 제자들 뒤로 숨지 않으신다. 당신의 운명을 향해 당당히 나아가신다.

예수께서 그들에게 "내가 그 사람이다" 하고 말씀하시니, 그들은 뒤로 물러나서 땅에 쓰러졌다. 다시 예수께서 그들에게 물으셨다. "너희는 누구를 찾느냐?" 그들이 대답하였다. "나사렛 사람 예수요." 예수께서 말씀하셨다. "내가 그 사람이라고 너희에게 이미 말하였다. 너희가 나를 찾거든, 이 사람들은 물러가게 하여라. 이렇게 말씀하신 것은, 예수께서 전에 '아버지께서 나에게 주신 사람을, 나는 한 사람도 잃지 않았습니다' 하신 그 말씀을 이루게 하시려는 것이었다."(18:6-9)

_____ "너희는 누구를 찾느냐?" "나사렛 사람 예수요." "내가 그 사람이다." 긴박한 문답이 두 번씩 반복된다. "내가 그 사람이다"라는 선언은 문답과 문답 사이에 한 번 더 등장한다. 이 선언의 원어인 '에고 에이미ego eimi'를 영어로 번역하면 'I am'이 된다. 당신들이 찾는 사람이 바로 나라는 평범한 대답처럼 들린다. 하지만 이 대답은 그렇게 단순하지 않다. 우리는 호렙산 떨기나무 불꽃 사이에 현현하신 하나님께서 이름을 묻는 모세에게 하신 대답을 알고 있다. "나는 곧 나다"(출애굽기 3:14). 세상의 어떤 서술어로도 형용할 수 없는 분, 세상의 모든 것들을 '있게' 하시고, 그것들을 돌보고 지탱하시는 분의 이름이 바로 '나는 나다'이다. 세 번씩이나 반복된 "내가 그 사람이다"라는 말은 그렇기에 장엄하기 이를 데 없다. 예수를 잡으려고 왔던 이들이 뒤로 물러나서 땅에 쓰러졌다는 말은 그런 배경에서만 이해될 수 있다.

"이 사람들은 물러가게 하여라." 선한 목자는 훔치고 죽이고 파괴하기 위해 이리들이 몰려올 때 양들을 지키기 위하여 목숨을 버린다. 예수는 죽음을 회피하려 하지 않는다. 다만 아직 여물지 않은 제자들을 지켜내고 싶으신 것이다.

시몬 베드로가 칼을 가지고 있었는데, 그는 그것을 빼어 대제사장의 종을 쳐서, 오른쪽 귀를 잘라버렸다. 그 종의 이름은 말고였다. 그 때에 예수께서 베드로에게 말씀하셨다. "그 칼을 칼집에 꽂아라. 아버지께서 나에게 주신 이 잔을, 내가 어찌 마시지 않겠느냐?"(18:10-11)

_____ 역시 베드로다. 다른 제자들이 두려움에 떨고 있을 때 그는 스승을 지키기 위해 분연히 일어났다. 하지만 중과부적이었다. 그런데도 그는 물러서려 하지 않는다. 결기 있는 사나이답다. 그가 휘두른 칼에 말고의 귀가 떨어져 나갔다. 하지만 예수는 베드로의 행동을 준엄하게 꾸짖는다. 아직도 베드로는 예수의 길을 알지 못한다. 폭력에 폭력으로 맞서는 것은 더 강한 자들의 에고를 강화해 줄 뿐이다. 예수의 길은 비폭력 저항의 길이다. 예수의 싸움은 칼을 든 적들과의 싸움이 아니라 '쓴 잔'을 회피하고 싶은 마음과의 싸움이요, 살기 위해 남을 해치려는 마음과의 싸움일 뿐이다. 그러나 예수는 이미 죽었다. 그렇기에 그 잔을 기꺼이 마시려 한다. 예수는 체포되었

고, 잡아 묶인 채 가야바의 장인인 안나스에게로 끌려갔다.

| 베드로의 엇갈림

시몬 베드로와 또 다른 제자 한 사람이 예수를 따라갔다. 그 제자는 대제사장과 잘 아는 사이라서, 예수를 따라 대제사장의 집 안뜰에까지 들어갔다. 그러나 베드로는 대문 밖에 서 있었다. 그런데 대제사장과 잘 아는 사이인 그 다른 제자가 나와서, 문지기 하녀에게 말하고, 베드로를 데리고 들어갔다. 그 때에 문지기 하녀가 베드로에게 말하였다. "당신도 이 사람의 제자 가운데 한 사람이지요?" 베드로는 "아니오" 하고 대답하였다. 날이 추워서, 종들과 경비병들이 숯불을 피워 놓고 서서 불을 쬐고 있는데, 베드로도 그들과 함께 서서 불을 쬐고 있었다.(18:15-18)

_____ 예비 심문 자리이다. '다른 제자'가 대제사장과 어떤 사이였는지는 전혀 궁금하지 않다. 다만 문지기 하녀의 추궁하는 듯한 질문에 대한 베드로의 대답이 목에 걸린 가시처럼 아플 뿐이다. '내가 그 사람'이라 하셨던 예수와 '나는 아니오.'라고 대답하는 베드로의 이 엇갈림. 죽음으로 사는 것을 아는 사람과 모르는 사람의 차이이다. 요한은 날이 추웠다고 말하지만 정작 추운 것은 베드로의 마음이었을 것이다. 그 결기 많던 사나이 베드로가 경비병들과 함께 곁불을 쬐고 있다.

대제사장은 예수께 그의 제자들과 그의 가르침에 관하여 물었
다. 예수께서 대답하셨다. "나는 드러내 놓고 세상에 말하였소.
나는 언제나 모든 유대 사람이 모이는 회당과 성전에서 가르
쳤으며, 아무것도 숨어서 말한 것이 없소. 그런데 어찌하여 나
에게 묻소? 내가 무슨 말을 하였는지를, 들은 사람들에게 물어
보시오. 내가 말한 것을 그들이 알고 있소."(18:19-21)

——————— 물음이 없으면 답도 없다. 똑같은 텍스트라도 묻
는 방식이 달라지면 답도 달라진다. 질문은 능력이다. 자기가
무엇을 모르는지를 모르면 질문조차 할 수 없기 때문이다. 하
지만 불순한 질문도 있다. 말꼬투리를 잡기 위한 질문이 그렇
고, 함정에 빠뜨리기 위한 질문이 그렇다. 대제사장의 질문이
전형적인 불순한 질문이다. 예수는 그의 음모를 꿰뚫어보고 계
셨기에 그의 요구에 응하지 않으신다. 오히려 "나는 … 아무것
도 숨어서 말한 것이 없소"라고 대답하심으로써 질문자의 숨
은 동기를 역설적으로 폭로하신다. 예수는 아무에게도 당신의
가르침을 숨기시지 않았다. 자기 속내를 숨기는 일에 익숙한
사람들일수록 다른 이들의 진실을 못미더워한다. 예수의 대답
이 불순하다 하여 경비병 한 사람이 그를 때렸다. 서 있는 삶의
자리가 세상을 바라보는 방식을 결정하기 쉽다. 그 경비병에게
성찰은 없다. 충성스러운 일꾼으로 인식되고 싶은 욕망만 있을
뿐이다.

시몬 베드로는 서서, 불을 쬐고 있었다. 사람들이 그에게 물었다. "당신도 그의 제자 가운데 한 사람이지요?" 베드로가 부인하여 "나는 아니오!" 하고 말하였다. 베드로에게 귀를 잘린 사람의 친척으로서, 대제사장의 종 가운데 한 사람이 베드로에게 말하였다. "당신이 동산에서 그와 함께 있는 것을 내가 보았는데 그러시오?" 베드로가 다시 부인하였다. 그러자 곧 닭이 울었다.(18:25-27)

_____ 예수는 대제사장 가야바의 집으로 보내졌다. 시몬 베드로도 사람들 틈에 섞여 가야바의 집에 들어갔다. 그는 짐짓 구경꾼인 것처럼 불을 쬐며 사태를 주시하고 있었다. 그러나 희생양 만들기에 능동적으로 동참한 이들은 그를 알아보고는 묻는다. "당신도 그의 제자 가운데 한 사람이지요?" 베드로는 반사적으로 대답했다. "나는 아니오!" "나는 주님을 위하여서는 내 목숨이라도 바치겠습니다."(요한복음 13:37) 장담하던 베드로는 어디로 갔는가? 이게 인간의 슬픈 자화상이다. 거듭되는 부인은 "내가 그 사람이다"(18:5,6,8) 하셨던 스승의 대답과 선명하게 대비된다. "그러자 곧 닭이 울었다." '그러자'라는 접속 부사가 참 공교롭다. 그 단어를 굳이 확대해석하자면 '마치 기다렸다는 듯이'가 될 것이다. 깨달음은 언제나 너무 늦게 오는 법이다.

사람들이 가야바의 집에서 총독 관저로 예수를 끌고 갔다. 때
는 이른 아침이었다. 그들은 몸을 더럽히지 않고 유월절 음식
을 먹기 위하여 관저 안에는 들어가지 않았다.(18:28)

──────── 안나스의 집에서 가야바의 집으로, 가야바의 집
에서 총독의 관저로, 예수는 밤새 조리돌림을 당했다. 아침은
희뿌옇게 밝아오지만 여전히 어둠의 세상이었다. 예수를 고발
하는 이들은 관저 안에 발을 들여놓지 않았다. 이방인의 집에
들어가는 것만으로도 부정해질 수 있었기 때문이었다. 정결예
법은 이렇게 철저하게 지키는 이들이 한 무고한 생명을 거두
는 일에는 어찌 이리 집요하단 말인가? 회칠한 무덤이 따로 없
다. 예수는 일찍이 잔과 접시의 겉은 깨끗이 하지만, 그 안은
탐욕과 방종이 가득한 위선자들을 책망하셨다(마태복음 23:25).
잘 믿는다 하는 이들 가운데는 이처럼 본本은 버리고 말末은
붙드는 이들이 참 많다.

빌라도가 그들에게 나와서 "당신들은 이 사람을 무슨 일로 고
발하는 거요?" 하고 물었다. 그들이 빌라도에게 대답하였다.
"이 사람이 악한 일을 하는 사람이 아니라면, 우리가 총독님
께 넘기지 않았을 것입니다." 빌라도가 그들에게 말하였다.
"그를 데리고 가서, 당신들의 법대로 재판하시오." 유대 사람
들이 "우리는 사람을 죽일 권한이 없습니다" 하고 대답하였

다.(18:29-31)

밖으로 나온 빌라도는 짐짓 아무 것도 모르는 체 하며 고발의
사유를 묻는다. 그러나 우리는 빌라도가 유대교의 지도자들과
이미 내통하고 있었음을 안다. 그는 수하의 군인들을 보내 예
수의 체포를 돕도록 하지 않았던가?(18:3) 불의한 공모자인 그
가 마치 공정한 재판관인 것처럼 행세를 하고 있다. 지도자들
은 죄를 특정하기보다는 예수가 '악한 일을 하는 사람'이라고
말한다. 적반하장이다. 언어는 누가 부리느냐에 따라 진실의
도구가 되기도 하고 거짓의 도구가 되기도 한다. 물론 그들의
입장에서 예수는 악하다. 자기들의 어둠을 폭로하는 존재였으
니 말이다. 선과 악은 이렇게 쉽게 뒤집힌다. 그들은 비루한 자
기들의 욕망을 이루기 위해 빌라도를 칼로 사용하려 한다. 비
열하기 이를 데 없다.

빌라도가 다시 관저 안으로 들어가, 예수를 불러내서 물었다.
"당신이 유대 사람들의 왕이오?" … 예수께서 대답하셨다. "내
나라는 이 세상에 속한 것이 아니오. 나의 나라가 세상에 속한
것이라면, 나의 부하들이 싸워서, 나를 유대 사람들의 손에 넘
어가지 않게 하였을 것이오. 그러나 사실로 내 나라는 이 세상
에 속한 것이 아니오."(18:33, 36)

_____ 이제 빌라도는 예수에게 묻는다. "당신이 유대 사람들의 왕이오?" 예수는 가타부타 대답하지 않으시고 오히려 빌라도가 주체적으로 판단하는 인물이 아니라는 사실을 넌지시 지적한다. 그럼에도 불구하고 빌라도는 "당신은 무슨 일을 하였소?"라는 질문에 대해 내 나라는 이 세상에 속한 것이 아니라고 답하신다. 예수가 일컫는 '이 세상'은 강압에 의한 통치가 정당화되는 세계질서이다. 하지만 예수의 나라는 폭력이 아니라 사랑을, 착취가 아니라 나눔을, 지배가 아니라 섬김을 원리로 하는 나라이다.

빌라도가 예수께 물었다. "그러면 당신은 왕이오?" 예수께서 대답하셨다. "당신이 말한 대로 나는 왕이오. 나는 진리를 증언하기 위하여 태어났으며, 진리를 증언하기 위하여 세상에 왔소. 진리에 속한 사람은, 누구나 내가 하는 말을 듣소." 빌라도가 예수께 "진리가 무엇이오?" 하고 물었다(18:37-38a).

_____ 당신이 왕이냐는 질문에 예수는 그렇다고 대답한다. 정치적인 왕이 아니라 진리의 왕이라는 말이다. 오로지 진리를 위해 살고, 진리를 위해 죽는 사람이 바로 왕이 아니겠는가? 무력하게 포박당한 사람, 모욕당하고 있는 사람의 담담한 대답이 낯설기 이를 데 없다. 범접할 수 없는 기운을 느꼈던 것일까? 그는 놀라서 묻는다. "진리가 무엇이오?" 진리가 바로

눈앞에 있건만 그는 진리를 볼 수 없는 청맹과니였다. 누가 승자이고 누가 패자인가?

비아 돌로로사

예수께서 십자가를 지시고 '해골'이라 하는 데로 가셨다. 그 곳은 히브리 말로 골고다라고 하였다. 거기서 그들은 예수를 십자가에 못 박았다. 그리고 다른 두 사람도 예수와 함께 십자가에 달아서, 예수를 가운데로 하고, 좌우에 세웠다.… 예수께서는 자기 어머니와 그 곁에 서 있는 사랑하는 제자를 보시고, 어머니에게 "어머니, 이 사람이 어머니의 아들입니다" 하고 말씀하시고, 그 다음에 제자에게는 "자, 이분이 네 어머니시다" 하고 말씀하셨다. 그 때부터 그 제자는 그를 자기 집으로 모셨다. 그 뒤에 예수께서는 모든 일이 이루어졌음을 아시고, 성경 말씀을 이루시려고 "목마르다" 하고 말씀하셨다. 거기에 신 포도주가 가득 담긴 그릇이 있었는데, 사람들이 해면을 그 신 포도주에 듬뿍 적셔서, 우슬초 대에다가 꿰어 예수의 입에 갖다 대었다. 예수께서 신 포도주를 받으시고서, "다 이루었다" 하고 말씀하신 뒤에, 머리를 떨어뜨리시고 숨을 거두셨다.(요한복음 19:17-18, 26-30)

| 슬픔의 길

'비아 돌로로사'는 라틴어로 '슬픔의 길' 혹은 '고난의 길', 곧 주님께서 빌라도에게 사형판결을 받으신 후 십자가를 지고 골고다에 오르시던 바로 그 길을 뜻합니다. 이 곡은 멜로디와 가사가 다 심금을 울립니다. 좋은 구경거리라도 만난 듯 웅성거리며 한 불행한 사내의 행진을 가까이서 보려고 서로 밀치는 사람들, 창자루로 그들을 밀어내며 길을 여는 군인들의 위압적인 목소리, 그 소란의 한 복판에 채찍질 당한 등과 가시 면류관이 씌워진 머리에서 피를 흘리며 십자가를 지고 가는 예수님이 있습니다. 이상한 흥분상태에 빠진 사람들은 그를 죽이라고 외칩니다. 주님은 왜 십자가를 지셔야만 했나요? 비아 돌로로사는 이렇게 노래합니다.

왕이신 그리스도, 구세주께서 어린양처럼 오셨지만,
그는 당신과 나를 위한 사랑으로 그 길을 걷기로 결정하셨지요.
갈보리에 이르는 고통스럽기 그지없는 힘든 길을….

| 십자가 위의 일곱 말씀

예수님이 십자가 위에서 인류에게 남기신 일곱 마디 말씀을 함께 묵상하면서, 오늘의 우리가 어떤 자세로 살아야 하는지를 생각해 보겠습니다. 그 말씀들이야말로 예수 수난의 신비를 오롯이 드러내고 있기 때문입니다.

처형자들은 아무런 연민도 없이 기계적인 동작으로 주님을 십자가에 못 박은 후, 십자가를 똑바로 세웠습니다. 십자가에 달리신 주님은 지금 사람들을 내려다보고 있습니다. 지극한 고통에 정신조차 몽롱해질 지경입니다. 훈련받은 대로 일을 처리하고는 마치 아무 일도 없었다는 듯 태연하게 처형자의 옷을 나누어 갖는 군병들, 조롱의 뜻으로 머리를 주억거리며 '네가 하나님의 아들이거든, 너나 구원하여라' 외치는 사람들, 그리고 음모를 꾸며 기어코 예수를 없애게 되었다고 득의의 표정을 나누는 지도자들…. 십자가 앞에 서있던 군상들은 바로 하나님을 등진 인류의 모습 그 자체였습니다. 자기들이 하고 있는 일의 의미를 알지 못한 채 무력한 약자에게 고통을 가하며 희희낙락하는 저 가련한 군상을 바라보던 주님은, 당신이 겪는 육체의 고통보다 더 큰 고통을 느낍니다. 마침내 주님은 하늘 아버지께 구합니다.

아버지, 저 사람들을 용서하여 주십시오. 저 사람들은 자기네가 무슨 일을 하는지를 알지 못합니다.(누가복음 23:34)

주님은 마지막 순간까지 인류의 구원을 위해 중보자의 역할을 하고 계십니다. 한때 금강산의 유점사에서 수도생활을 하기도 했던 시인 김달진은 십자가 사건을 두고 이렇게 말합니다.

십자가 위의 예수의 사형!/이때처럼 인간의 잔학성을 보인 일은
아직 인류의 역사에 없었으리라./그러나 이때처럼 인간의 깊은
사랑과 신뢰를 세상에 보인 일은 역사의 어느 곳에도 보이지 않
으리라.(김달진, 《山居日記》)

주님의 좌우편에 있던 강도 중 하나가 주님께 구합니다.

예수님, 주님이 주님의 나라에 들어가실 때에, 나를 기억해 주십
시오(누가복음 23:42).

그러자 주님은 말씀하십니다.

내가 진정으로 네게 말한다. 너는 오늘 나와 함께 낙원에 있을
것이다(누가복음 23:43).

참으로 장엄한 대답입니다. 주님은 일찍이 "나를 보내신 분
의 뜻은, 내게 주신 사람을 내가 한 사람도 잃어버리지 않고,
마지막 날에 다시 살리는 일"(요한복음 6:39)이라고 말씀하셨습
니다. 주님께 자기를 기억해달라고 부탁한 사람은, 일제시대에
불령선인不逞鮮人이라 낙인찍힌 이들처럼 로마 식민 통치자들에
의해 강도라는 오명을 뒤집어쓴 사람이었습니다. 새로운 세상
에 대한 그의 꿈은 임박한 죽음과 더불어 속절없이 스러지게

되었습니다. 하지만 그는 당신을 죽음으로 내몬 사람들까지도 용서해달라고 기도하는 예수님에게서 죽음을 넘어서는 삶을 발견한 것일까요? 주님은 그의 청을 받아들인다고 말씀하십니다. 한 존재가 새로운 존재로 탄생하는 순간이었습니다. 주님 안에서 너무 늦은 시간은 없습니다. 십자가에 처형당하는 이의 모습에서 주님을 알아보는 열린 눈과, 그를 잃어버린 어린 양으로 맞아들이는 주님의 마음이 만나 구원사건이 일어난 것입니다.

그리고 주님은 십자가 아래 기진한 채 서 계신 어머니를 바라보셨습니다. 어쩌면 어머니는 예수님이 태어난 지 여드레째 되는 날 성전에서 만났던 시므온이 했던 말을 되새기고 있었을까요?

그리고 칼이 당신의 마음을 찌를 것입니다(누가복음 2:35).

울음소리조차 내지 못한 채 파리해져가는 어머니. 그의 곁에는 망연자실한 채 서있는 사랑하는 제자가 있었습니다. 주님은 그 둘을 향해 말씀하십니다.

어머니. 이 사람이 어머니의 아들입니다….자. 이분이 네 어머니시다(요한복음 19:26-27).

주님은 인류의 죄를 대신하여 십자가를 지셨지만, 어머니를 염려하는 '사람의 아들'이었던 것입니다. 주님은 혈연을 넘어서는 사랑의 관계가 가능함을 믿었고, 또 그런 삶을 제자에게 부탁한 것입니다. 하늘 아버지의 뜻을 행하는 이가 내 어머니요 형제자매라 하셨던 주님이 아닙니까?

아, 그런데 지극한 고통이 밀려옵니다. 육체의 아픔보다 더한 아픔, 그것은 이해할 수 없는 하나님의 침묵이었습니다. 주님의 한 평생은 아빠 아버지이신 하나님과의 깊은 일치 속에서 살아온 나날이었습니다. 아버지는 빛으로, 능력으로, 말씀으로 아들의 삶 속에 현존했습니다. 그러나 이제 아버지가 멀리 계신 것처럼 느껴집니다.

나의 하나님, 나의 하나님, 어찌하여 나를 버리셨습니까?(마태복음 27:46)

16세기에 살았던 십자가의 성 요한의 표현대로 '어둔 밤'이 그의 영혼에 내린 것입니다. 낯설고, 고독합니다. 아무도 그의 위로가 될 수 없습니다. 주님의 이 외침은 지금도 계속되고 있습니다. 전쟁과 테러로 말미암아 가족을 잃은 사람들, 굶주림과 전염병으로 죽어가는 사람들, 평생을 살아온 고향에서 쫓겨나는 사람들, 길거리에서 노숙하는 사람들, 감방과 수용소에 갇힌 외로운 사람들, 부드러운 말 한 마디를 염원하는 사람들,

미래의 희망을 보지 못하는 젊은이들, 억압 속에 살고 있는 여인들, 외로운 노인들…그 수많은 사람들을 대신하여 주님은 하나님께 묻습니다. 절대적인 고독의 순간입니다.

그러나 하나님의 침묵은 완강합니다. 십자가 아래에서 들려오는 수군거림조차 주님께는 비현실적으로 들립니다. 물과 피가 쏟아지면서 주님의 입은 바짝 타오릅니다. 그의 입에서 물기조차 머금지 못한 소리가 비어져 나옵니다.

목마르다(요한복음 19:28).

이 말씀은 그의 몸이 겪고 있는 극심한 고통을 드러냅니다. "내가 주는 물을 마시는 사람은, 영원히 목마르지 아니할 것이다. 내가 주는 물은, 그 사람 속에서, 영생에 이르게 하는 샘물이 될 것이다"(요한복음 4:14) 하신 주님께서 목마르다 하십니다. 사람들이 달려가 해면에 신 포도주를 듬뿍 적셔서 우슬초 대에다 꿰어 주님의 입에 갖다 댑니다. 호의일까요? 짓궂은 장난일까요? 해석하기 나름입니다. 하지만 우리가 잊지 말아야 할 것은 주님은 지금도 목이 마르시다는 사실입니다. 세월호 참사로 목이 바짝 타고, 팔레스타인 가자 지구에서 벌어진 학살극 때문에 목이 타고, 가난한 사람들을 벼랑 끝으로 밀어붙이는 세태 때문에 목이 마르십니다. 주님의 타는 목을 해갈시켜 드려야 할 책임이 바로 우리에게 있습니다.

다 이루었다(요한복음 19:30).

마침내 아버지께로 돌아갈 때가 된 것입니다. 요한복음에서 주님은 '보냄을 받은 분'으로 소개되고 있습니다. 보냄을 받은 사람은 보내신 분의 뜻을 행해야 합니다. 이제 주님은 당신의 일을 다 마치셨습니다. 여기서 사용된 '테텔레스타이tetelestai'라는 단어는 목적을 완수했다는 뜻입니다. 보냄을 받은 자로서 얼마나 기쁜 일입니까? 죽음에 이르는 마지막 순간까지도 주님은 당신을 온전히 하나님의 뜻을 이루기 위해 내놓았습니다. 그의 찢기신 몸은 새 생명을 잉태하는 자궁입니다. 그의 손에 난 못자국은 용서와 치유와 화해의 샘입니다. 주님은 이제 마지막 숨을 모아 최후의 말을 합니다.

아버지, 내 영혼을 아버지 손에 맡깁니다(누가복음 23:46).

여전히 하나님의 침묵은 이해할 수 없습니다. 하나님의 방법도 이해할 수 없습니다. 하지만 주님은 하나님의 변함없는 사랑을 신뢰하십니다. 그래서 그의 존재 전체를 아버지의 품에 봉헌합니다. 이보다 큰 신뢰는 없습니다. 주님은 끝까지 우리에게 믿음이 무엇인지를 보여주십니다. 판화가인 이철수는 한 노 성직자에게 들은 이야기를 들려줍니다.

해야 할 일이니 한다고 생각해야지, 이겨야 한다, 결과를 얻어야 한다, 그런 생각은 않아야 해. 이기려 드니 상처 입고 마음 상하고… 그렇지 않은가(이철수의 나뭇잎 편지, 《있는 그대로가 아름답습니다》).

그렇지요? 주님은 그런 계산이 없으셨습니다. 다만 해야 할 일이기에 십자가의 길을 걸으셨습니다. 그 십자가가 우리를 구원합니다. 그 이후에도 인류의 고난은 사라지지 않고 있습니다. 비아 돌로로사, 주님은 지금도 그 길을 걷고 계십니다. 그렇기에 그 길을 걷는 것이 구원입니다. 십자가 위에서 들려주신 말씀은 우리 삶의 소명이기도 합니다. 이 한 주간 주님과의 깊은 일치를 소망하십시오. 고난과 구원의 신비에 눈을 뜨십시오. 그리고 당당하게 인생을 경축하며 살아가십시오. 아멘.

예 수 는 알 몸 이 다

그 때에 빌라도는 예수를 데려다가 채찍으로 쳤다. 병정들은
가시나무로 왕관을 엮어서 예수의 머리에 씌우고, 자색 옷을
입힌 뒤에, 예수 앞으로 나와서 "유대인의 왕 만세!" 하고 소리
치고, 손바닥으로 얼굴을 때렸다.(19:1-3)

_____ 예수에게서 아무런 죄도 찾을 수 없다던 빌라도
는 유대인들의 적개심을 달래기 위해서인지 예수에게 채찍질
을 가하도록 한다. 거기에 가시나무 왕관, 자색 옷, 조롱, 모욕
이 가해졌다. 예수는 조롱거리로 변했다. 그의 인간적 존엄은
박탈되었다. 그는 인격이 아니라 사물이다. 병정들은 예수를
조롱하면서 가학적 쾌감을 느꼈을까? 이 병정들의 모습과 관
타나모 수용소에서 포로로 잡힌 이들을 조롱하고 학대하던 미
국 군인들의 모습이 겹쳐진다. 이들은 왜 이리 무력한 사람에

게 적대감을 보일까? 그들은 어찌 보면 제국이라는 거대한 체제의 한 부품이다. 그들은 제국의 폭력을 대행하는 기계들이다. 처음부터 그들이 악인은 아니었을 것이다. 하지만 주어진 일을 하는 동안 그들은 스스로 사유하는 주체가 되기를 포기했다. 생각 혹은 반성이 없어야 그러한 일을 할 수 있는 법이다. 한나 아렌트는 이러한 무사유thoughtlessness야말로 전체주의의 뿌리라고 말했다. 겉으로 드러난 그들보다는 뒤에 숨어서 폭력을 사주하고 또 격려하는 자들의 죄가 더 크다.

빌라도는 기다리고 있던 유대 사람들 앞에 조리돌림 당한 예수를 끌어냈다. "보시오, 이 사람이오." 상처 입은 예수, 무력한 예수, 조롱당하는 예수가 그들 앞에 있었다. 이 장면은 15-17세기 서양의 많은 화가들의 영감을 자극했다. "이 사람을 보라Ecce Homo"라는 제목을 달고 있는 그림들은 상처받은 예수를 통해 참 사람과 참 하나님의 모습을 드러내려 한다. 그러나 동원된 사람들은 이면의 진실을 볼 수 없는 법이다. 그들은 자동인형처럼 예수를 십자가에 못 박으라고 외친다. 십자가는 로마가 정치범들을 처형하던 도구이다. 예수는 정말 정치적인 위험인물이었나? 불연기연不然其然이다. 그른 말이기도 하고 맞는 말이기도 하다는 뜻이다. 예수가 폭력을 선동하지 않았다는 측면에서는 '아니다'라고 하는 게 맞다. 그러나 예수의 말씀과 실천이 제국의 토대를 흔들 수도 있었다는 측면에서 보면 '맞다'고 할 수 있다. 군중들의 소요 속에서도 빌라도는 미심쩍

은 눈을 거두지 못한다. 이윽고 유대인들은 예수가 '하나님의
아들'을 참칭했으니 죽어 마땅하다고 외친다.

| 타락한 종교의 전형

빌라도는 이 말을 듣고, 더욱 두려워서 다시 관저 안으로 들어
가서 예수께 물었다. "당신은 어디서 왔소?" 예수께서는 그에게
아무 대답도 하지 않으셨다. 그래서 빌라도가 예수께 말하였다.
"나에게 말을 하지 않을 작정이오? 나에게는 당신을 놓아줄 권
한도 있고, 십자가에 처형할 권한도 있다는 것을 모르시오?" 예
수께서 대답하셨다. "위에서 주지 않으셨더라면, 당신에게는 나
를 어찌할 아무런 권한도 없을 것이오. 그러므로 나를 당신에게
넘겨준 사람의 죄는 더 크다 할 것이오."(19:8-11)

_____ "당신은 어디서 왔소?" 빌라도의 내면의 동요가
엿보인다. 하지만 예수의 침묵은 깨지지 않는다. 들을 생각이
없는 자에게 하는 말의 부질없음을 잘 알기 때문이다. 빌라도
는 예수의 침묵을 깨뜨리기 위해 죽이고 살릴 권한이 자기에
게 있다고 말한다. 빌라도는 그 권한이 효력을 갖는 것은 자기
앞에 서 있는 사람이 어떻게든 살아남기 위해 발버둥 칠 때뿐
이라는 사실을 알지 못한다. 시절이 변하면 언제든 올무로 변
할 수 있는 권력의 속성을 노회한 정치가인 그가 모를 리 없다.
하지만 그에게 예수는 너무나 낯선 존재였다. 증오의 태풍이

몰아치는 곳에서 홀로 고요한 예수. 이윽고 그의 권한이라는 것이 잠시 동안 위임된 것임을 일깨우시기 위해 예수께서 입을 여셨다. 이것 또한 사랑일 것이다.

이 말을 듣고서, 빌라도는 예수를 놓아주려고 힘썼다. 그러나 유대 사람들은 "이 사람을 놓아주면, 총독님은 황제 폐하의 충신이 아닙니다. 자기를 가리켜서 왕이라고 하는 사람은, 누구나 황제 폐하를 반역하는 자입니다" 하고 외쳤다.(19:12)

_____ 빌라도가 '예수를 놓아주려고 힘썼다.'는 말은 아마도 역사적 진실은 아닐 것이다. 하지만 초대교회는 예수의 처형 책임은 제국보다는 유대인들에게 더 있다고 생각했던 것 같다. 음모를 꾸미는 자들은 상대방의 어디를 건드려야 자기들의 의도대로 움직이는지 너무나 잘 안다. "이 사람을 놓아 주면, 총독님은 황제 폐하의 충신이 아닙니다." 대제사장들조차 "우리에게는 황제 폐하 밖에는 왕이 없습니다"(19:15)라고 말한다. 타락한 종교의 전형이다. 그들이 더 이상 하늘을 바라보지 않는다. 다만 자기들의 밥줄을 쥐고 있는 이들만 바라본다. 하나님의 왕권은 유대교를 대표하는 이들에 의해 철저히 부정되고 있다. 이로써 유대교는 사망선고를 받은 셈이다. 권력 앞에 두 손을 모으고 머리를 조아리는 종교는 이미 참 종교가 아니다.

이리하여 이제 빌라도는 예수를 십자가에 처형하라고 그들에게 넘겨주었다. 그들은 예수를 넘겨받았다.(19:16)

_____ 마침내 빌라도가 항복했다. 예수는 철저히 물화(物化)되었다. '넘겨주었다'와 '넘겨받았다'는 말이 그러하다. 철저한 수동이다. 하지만 구원사의 흐름은 그 수동성을 통해 이어진다. 패망 이후 나라 없이 떠돌던 유대인들은 자기를 방어할 수 없을 정도로 무기력해져서 강자의 처분만 기다리는 상황에 직면할 때마다 '이삭의 결박'을 뜻하는 '아케다akedah'라는 단어를 묵상했다. 예수야말로 '아케다'였다.

예수께서 십자가를 지시고 '해골'이라 하는 데로 가셨다. 그 곳은 히브리 말로 골고다라고 하였다. 거기서 그들은 예수를 십자가에 못 박았다. 그리고 다른 두 사람도 예수와 함께 십자가에 달아서, 예수를 가운데로 하고, 좌우에 세웠다.(19:17-18)

_____ '예수께서 십자가를 지시고'라는 말은 당연한 듯싶지만 의도적이다. 초대교회는 영지주의 이단들과 힘겨운 싸움을 해야 했다. 영지주의자들은 십자가에서 죽은 것은 예수가 아닌 다른 인물이라고 주장했다. 하나님의 아들은 죽을 수 없다는 것이 그들의 주장이었다. 요한복음은 그 주장을 반박하기 위해 '예수께서 십자가를 지시고'라는 말을 추가하고 있다. 골

고다 위에 십자가가 세워졌다.

빌라도는 또한 명패도 써서, 십자가에 붙였다. 그 명패에는 '유대인의 왕 나사렛 사람 예수'라고 썼다. 예수께서 십자가에 달리신 곳은 도성에서 가까우므로, 많은 유대 사람이 이 명패를 읽었다. 그것은, 히브리 말과 로마 말과 그리스 말로 적혀 있었다. 유대 사람들의 대제사장들이 빌라도에게 말하기를 "'유대인의 왕'이라고 쓰지 말고, '자칭 유대인의 왕'이라고 쓰십시오" 하였으나, 빌라도는 "나는 쓸 것을 썼다" 하고 대답하였다.(19:19-22)

사법적 판단이 아니라 정치적 판단에 따라 예수에게 사형을 선고한 빌라도는 유대 지도층의 압박에 굴복한 것 같은 느낌 때문에 괴로웠던 것일까? 그는 예수의 십자가 위에 '유대인의 왕 나사렛 사람 예수'라는 명패를 붙임으로 유대 민족 전체를 조롱한다. 유대인의 왕이 얼마나 무력한지 보라는 것이다. 지도자연하는 이들은 언어에 민감하다. 그들이 그 명패 속에 담긴 조롱의 뜻을 읽지 못했을 리 없다. 그래서 그들은 명패 앞에 '자칭'이라는 말을 넣어달라고 요구한다. 빌라도 풍자를 웃음거리로 바꾸려는 그들의 꼼수를 모르지 않는다. 그렇기에 단호히 그 청을 거절한다. 하지만 그들은 알았을까? 조롱을 위해 부착한 그 명패가 실은 예수가 누구인지에 대한 적절한 증언이었다는 사실을.

병정들이 예수를 십자가에 못 박은 뒤에, 그의 옷을 가져다가
네 몫으로 나누어서, 한 사람이 한 몫씩 차지하였다. 그리고 속
옷은 이음새 없이 위에서 아래까지 통째로 짠 것이므로 그들
은 서로 말하기를 "이것은 찢지 말고, 누가 차지할지 제비를
뽑자" 하였다. 이는 '그들이 나의 겉옷을 서로 나누어 가지고,
나의 속옷을 놓고서는 제비를 뽑았다' 하는 성경 말씀이 이루
어지게 하려는 것이었다. 그러므로 병정들이 이런 일을 하였
다.(19:23-24)

_____ 예수는 알몸이다. 십자가는 시시각각으로 다가오
는 죽음과 장시간 대면하도록 고안된 잔혹한 형벌도구인 동시
에 처형당하는 이에게 치욕을 안겨주는 도구이기도 하다. 로마
는 희생자들의 옷을 사형 집행인의 몫으로 정해두었다. 병정들
은 지금 죽어가는 이에게는 아무런 관심이 없다. 그들의 제국
에 의해 고용된 처형 기계일 뿐이다. 그 일을 시작할 때는 저어
하는 마음도 있었으리라. 하지만 같은 일을 반복하면서 그들은
철저히 기계로 변했을 것이다. 기계가 마음 쓰는 것은 인간이
아니라 자기에게 돌아올 몫뿐이다. 끔찍한 소외 아닌가? 예수
의 겉옷을 나눈 사람은 네 사람이었다. 통째로 짠 속옷은 제비
뽑기를 통해 한 사람의 차지가 되었다.

| '십자가 위에서도 춤을 추었다'

그런데 예수의 십자가 곁에는 예수의 어머니와 이모와 글로바의 아내 마리아와 막달라 사람 마리아가 서 있었다. 예수께서는 자기 어머니와 그 곁에 서 있는 사랑하는 제자를 보시고, 어머니에게 "어머니, 이 사람이 어머니의 아들입니다" 하고 말씀하시고, 그 다음에 제자에게는 "자 이분이 네 어머니시다" 하고 말씀하셨다. 그 때부터 그 제자는 그를 자기 집으로 모셨다.(19:25-27)

─────── 자기 몫 챙기기에 발빠른 네 명의 병사 곁에는 하늘이 무너질 듯한 슬픔의 무게에 짓눌리고 있는 네 여인이 있다. 제국의 기계로 변한 사람들과 제국에 의해 사랑하는 이를 박탈당한 이들이 기묘하게 대조되고 있다. 누가 보더라도 병사들은 강자이고, 여인들은 약자이다. 하지만 그것은 겉보기에만 그렇다. 사랑은 무능하지 않다. 세상은 누군가를 끝내 지키고 싶어 하는 사람들, 때로는 지켜내지 못해 아파하는 이들을 통해 조금씩 정의의 방향으로 나아간다. 십자가에 달리신 분이 어머니와 사랑하는 제자를 보시고 말씀하신다. '어머니, 이 사람이 어머니의 아들입니다.' '자 이분이 네 어머니시다.' '어머니'라 번역된 단어는 사실은 '여인'이다. 예수님은 가나의 혼인잔치에서도 어머니를 '여인'이라 부르셨다. 당신의 사역을 가족 간의 친밀함으로 해소하지 않기 위해서이다. 혈연

에 대한 집착에서 벗어날 때 비로소 영적인 가족이 탄생하는 법이다. 열 두 제자를 불러 새로운 이스라엘을 세우려 하셨던 예수님은 이제 핏줄에 대한 집착을 넘어서는 새로운 가족을 창조하신다. '십자가 위에서도 춤을 추었다'는 말은 이런 뜻일 것이다.

그 뒤에 예수께서는 모든 일이 이루어졌음을 아시고, 성경 말씀을 이루시려고 "목마르다" 하고 말씀하셨다. 거기에 신 포도주가 가득 담긴 그릇이 있었는데, 사람들이 해면을 그 신 포도주에 듬뿍 적셔서, 우슬초 대에다가 꿰어 예수의 입에 갖다 대었다. 예수께서 신 포도주를 받으시고서, "다 이루었다" 하고 말씀하신 뒤에, 머리를 떨어뜨리시고 숨을 거두셨다. (19:28-30)

_____ 이제 거의 다 왔다. 예수님은 보내신 분의 뜻을 다 행하셨다. 그의 입에서 터져 나온 '목마르다'는 외침은 육신의 목마름을 뜻하는 말일 수도 있지만, 아버지께서 허락하신 잔의 마지막 한 방울까지 다 마시겠다는(18:11) 뜻으로 받아들여야 한다. 사람들이 신포도주를 해면에 듬뿍 적셔 우슬초 대에 꿰어 예수의 입에 댔다. '우슬초'가 등장하는 것은 이때가 유월절임을 상기시키는 역할을 한다. '다 이루었다.' 장엄한 말이다. 생을 마치는 날, 이 말 한마디 할 수 있다면 얼마나 좋을까? 모든 일을 완전하게 이루었기 때문이 아니라, 자기를 온전히 비

워 하나님께 바쳤기에 할 수 있는 말이다. '숨을 거두셨다'는 말의 원문은 '영혼을 하나님께 넘겨드렸다'고 번역될 수 있다. 주인에게 바치는 것이다. 인생의 완성이란 무엇일까? 우리 영혼을 잘 간수했다가 하늘 아버지께 바치는 것이 아닐까?

그러나 병사들 가운데 하나가 창으로 그 옆구리를 찌르니, 곧 피와 물이 흘러나왔다.(19:34)

─────── 어둠이 내리기 전에 그 상황을 종료하기 위해 병정들은 예수의 좌우편 십자가에 달렸던 죄수들의 다리를 꺾었다. 그런데 예수의 숨은 이미 멎어 있었다. 병정 하나가 창으로 그의 옆구리를 찔렀다. 죽음을 확인하기 위해서였을 것이다. 그의 옆구리에서 피와 물이 쏟아져 나왔다. 이로써 예수의 죽음은 되돌릴 수 없는 현실이 되었다. 예수의 옆구리에서 쏟아진 물과 피는 우리에게 스가랴의 예언을 상기시킨다. "그 날이 오면, 샘 하나가 터져서, 다윗 집안과 예루살렘에 사는 사람들의 죄와 더러움을 씻어 줄 것이다."(스가랴 13:1)

그 뒤에 아리마대 사람 요셉이 예수의 시신을 거두게 하여 달라고 빌라도에게 청하였다. 그는 예수의 제자인데, 유대 사람이 무서워서, 그것을 숨기고 있었다. 빌라도가 허락하니, 그는 가서 예수의 시신을 내렸다. 또 전에 예수를 밤중에 찾아갔던

니고데모도 몰약에 침향을 섞은 것을 백 근쯤 가지고 왔다. 그
들은 예수의 시신을 모셔다가, 유대 사람의 장례 풍속대로 향
료와 함께 삼베로 감았다. 예수가 십자가에 달리신 곳에, 동산
이 있었는데, 그 동산에는 아직 사람을 장사한 일이 없는 새 무
덤이 하나 있었다. 그 날은 유대 사람이 안식일을 준비하는 날
이고, 또 무덤이 가까이 있었기 때문에, 그들은 예수를 거기에
모셨다.(19:38-42)

_____ '아리마대 사람 요셉', 요한은 그들을 '예수의 제
자'라고 소개한다. 그는 유대인들의 시선이 두려워 그 사실을
드러내지를 못하고 지내왔을 뿐이다. 하지만 예수의 무고한 죽
음은 그를 더 이상 익명성의 그늘 아래 숨어 있지 못하게 만들
었다. 신앙 양심의 소환장을 받고 그는 두려움을 돌파해버린
것이다. 드러난 제자들은 숨고 숨어 있던 제자들이 나타난다.
고난의 현실이 만들어내는 풍경이다. 니고데모는 성령으로 거
듭나지 않으면 하나님 나라에 들어갈 수 없다는 주님의 가르
침을 받은 후 복음서에서 사라졌던 인물이다. 그런데 그가 등
장하여 아리마대 요셉과 더불어 예수를 새 무덤에 모셨다.

| 역사의 위대한 변곡점

주간의 첫 날 이른 새벽에 막달라 사람 마리아가 무덤에 가서
보니, 무덤 어귀를 막은 돌이 이미 옮겨져 있었다. 그래서 그

여자는 시몬 베드로와 예수께서 사랑하시던 그 다른 제자에게
달려가서 말하였다. "누가 주님을 무덤에서 가져갔습니다. 어
디에 두었는지 모르겠습니다."(20:1-2)

─────── 여기서 말하는 '주간의 첫 날'은 역사의 위대한
변곡점이다. 새로운 창조가 일어나는 날이라는 말이다. '이른
새벽'은 어둠과 빛이 교차하는 시간이다. 믿음의 사람들은 역
사의 새벽이 저절로 온다고 생각하지 않는다. 온 몸으로 어둠
에 맞선 이들이 일으킨 섬광들이 모일 때 기적처럼 새벽은 밝
아온다. 물론 지극한 어둠을 물리치시는 분은 하나님이시다.
막달라 사람 마리아가 무덤에 갔다. 그런데 무덤 어귀를 막은
돌이 옮겨져 있었다. 요한의 서술이 담담하기 이를 데 없다. 큰
지진, 번개 같은 모습의 천사, 돌을 굴려내는 드라마틱한 동작
이 전혀 등장하지 않는다. 다만 당황한 마리아의 슬픔만이 도
드라진다. 마리아는 달려가서 베드로와 주님이 사랑하시던 제
자에게 주님의 시신이 사라졌다고 전한다.

베드로와 그 다른 제자가 나와서, 무덤으로 갔다. 둘이 함께 뛰
었는데, 그 다른 제자가 베드로보다 빨리 달려서, 먼저 무덤에
이르렀다. 그런데 그는 몸을 굽혀서 삼베가 놓여 있는 것을 보
았으나, 안으로 들어가지는 않았다.(20:3-5)

남보다 빨리 달리는 게 능사는 아니다. 마음이 급했던 젊은 제자는 빨리 달려가 무덤 앞에 이르지만, 그는 그 앞에서 멈칫한다. 몸을 굽혀 열린 무덤 안을 들여다 볼 뿐이다. 그는 사태를 이성적으로 파악하기 전에는 움직이기 어려운 사람이다. 그렇다고 하여 그를 비판할 이유는 없다. 사람마다 역할이 다르니 말이다.

| '보았지만, 알지 못한다'

시몬 베드로도 그를 뒤따라 왔다. 그가 무덤 안으로 들어가 보니, 삼베가 놓여 있었고, 예수의 머리를 싸맸던 수건은, 그 삼베와 함께 놓여 있지 않고, 한 곳에 따로 개켜 있었다. 그제서야 먼저 무덤에 다다른 그 다른 제자도 들어가서, 보고 믿었다. 아직도 그들은 예수께서 죽은 사람들 가운데서 반드시 살아나야 한다는 성경 말씀을 깨닫지 못하였다. 그래서 제자들은 자기들이 있던 곳으로 다시 돌아갔다.(20:6-10)

뒤늦게 무덤 앞에 당도한 베드로는 서슴없이 무덤 안으로 들어간다. 시체와 접촉함으로써 부정하게 될지도 모른다는 계산이 그에게는 아예 없다. 처음 부름을 받았을 때 배와 그물을 버려두고 스승을 따랐던 그가 아닌가. '오라'는 스승의 부름에 안전한 배를 벗어나 물 위를 걸었던 그가 아닌가. 베드로가 앞장서자 다른 제자도 따라 들어갔다. 예수님의 시신을 쌌던 '삼베'와 '수건'이 개켜진 채 가지런히 놓여 있었다. 그들은 비로소 막달라 마리아의 말이 거짓이 아님을 알았다. 하지만 아직은 주님이 죽은 사람들 가운데서 반드시 살아나야 한다는 말씀은 깨닫지 못하였다. '깨달음'은 경계선이 무너지는 경험이다. 그것은 다른 세계 혹은 현실에의 눈뜸이다. 부활은 그들에게 아직 현실이 아니었다. 둘은 그래서 가슴 가득 의혹만 품은 채 자기들이 있던 곳으로 다시 돌아갔다. 그럴 수밖에 없다.

그런데 마리아는 무덤 밖에 서서 울고 있었다. 울다가 몸을 굽혀서 무덤 속을 들여다보니, 흰 옷을 입은 천사 둘이 앉아 있었다… 천사들이 마리아에게 말하였다. "여자여, 왜 우느냐?" 마리아가 대답하였다. "누가 우리 주님을 가져갔습니다. 어디에 두었는지 모르겠습니다." 이렇게 말하고, 뒤로 돌아섰을 때에, 그 마리아는 예수께서 서 계신 것을 보았지만, 그가 예수이신 줄은 알지 못하였다.(20:11, 13-14)

_____ 두 제자는 자기들이 있던 곳으로 돌아갔다. 그러나 마리아는 무덤 밖을 떠날 수 없었다. 그에게는 돌아갈 곳이 없었기 때문이다. 주님이 계시지 않은 세상은 어디나 다 유배지일 뿐이다. 그렇다고 하여 할 수 있는 일도 없다. 그저 우는 것 밖에는. 때로 눈물은 우리 눈을 맑게 만들어준다. 눈물로 맑

아진 그의 눈이 천사를 본다. 사라에게 쫓겨나 어린 아들과 함께 광야를 배회하던 하갈도 자기 처지를 한탄하며 울다가 하나님의 사자를 만나지 않았던가? 마리아는 그 천사들의 정체를 알지 못한다. 그저 자기 속에 있는 말만 내뱉을 뿐이다. '누가 우리 주님을 가져갔습니다.' 그 말 한마디 말고 다른 말은 천리 만리 밖으로 사라져버렸던 것이다. 그리고 어떤 기척을 느껴 뒤로 돌아섰을 때 그는 또 다른 낯선 사람을 본다. 하지만 그가 그렇게도 그리워하는 주님이신 줄을 알아보지 못한다. '보았지만, 알지 못한다.' 아직 그의 눈이 온전히 열리지 않은 탓이다.

예수께서 마리아에게 말씀하셨다. "여자여, 왜 울고 있느냐? 누구를 찾느냐?" 마리아는 그가 동산지기인 줄 알고 "여보세요, 당신이 그를 옮겨 놓았거든, 어디에다 두었는지를 내게 말해 주세요. 내가 그를 모셔 가겠습니다" 하고 말하였다. 예수께서 "마리아야!" 하고 부르셨다. 마리아가 돌아서서 히브리 말로 "라부니!" 하고 불렀다.(그것은 '선생님!'이라는 뜻이다.)
(20:15-16)

_____ 예수께서 "여자여"라고 불렀을 때 마리아는 다시금 자기 속에 넘치는 말을 쏟아낸다. 오로지 사랑하는 그 님을 모셔가는 것만이 절대였기 때문이다. 하지만 예수께서 "마리

아야!" 하고 부르시자 마리아는 즉각 그분이 주님이심을 깨달았다. 자신의 이름을 부르실 때의 그 어감과 어조, 그 호명행위 속에 담긴 친밀함을 어찌 잊을 수 있겠는가? 엠마오로 가던 제자들은 자기들과 동행하는 사람이 주님이신 줄 몰랐다. 그분이 떡을 떼어 축사하신 후 나누어주시기 전까지는. 누군가에 대한 기억은 머리가 아니라 가슴에, 아니 온몸에 새겨지는 것인지도 모르겠다. 나쁜 의도를 지닌 권력자들은 사람들에게 번호를 매김으로 그들을 개별적인 인격으로 대해야 하는 불편함으로부터 벗어난다. 번호로 환원된 이들은 목적이 아닌 수단으로 간주된다. 아, 주님이 우리 이름을 다정하게 호명하여 주기만 하신다면 어떤 어려움인들 극복하지 못할까.

예수께서 마리아에게 말씀하셨다. "내게 손을 대지 말아라. 내가 아직 아버지께로 올라가지 않았다. 이제 내 형제들에게로 가서 이르기를, 내가 나의 아버지 곧 너희의 아버지, 나의 하나님 곧 너희의 하나님께로 올라간다고 말하여라." 막달라 사람 마리아는 제자들에게 가서, 자기가 주님을 보았다는 것과 주님께서 자기에게 이런 말씀을 하셨다는 것을 전하였다.(20:17-18)

──────── 이제 예수님은 무덤으로의 하강을 넘어 하늘로 오르셔야 한다. 낯선 곳으로 가는 것이 아니다. 보내신 분의 품으로 가는 것이다. 마리아는 부활하신 주님으로부터 소명을 받

은 최초의 사람이 되었다.

| '따름'과 '돌아봄' 사이

그 뒤에 예수께서 디베랴 바다에서 다시 제자들에게 자기를
나타내셨는데, 그가 나타나신 경위는 이러하다. 시몬 베드로와
쌍둥이라고 불리는 도마와 갈릴리 가나 사람 나다나엘과 세베
대의 아들들과 제자들 가운데서 다른 두 사람이 한 자리에 있
었다.(21:1-2)

———— 사람들이 갈릴리 바다 혹은 게네사렛 호수라고
불렀던 이 담수호가 지금은 디베랴라는 이름으로 지칭되고 있
다. 지배자가 누구인지에 따라 땅의 이름이 그리고 바다의 이
름이 바뀌기도 한다. 그것이 엄연한 현실이다. 헤롯 안티파스
는 주후 25년, 갈릴리 서안에 새로운 도시를 세우고 당시의
황제 티베리우스를 기려 그 도시를 디베랴라 불렀다. 어떻게
든 황제의 환심을 사기 위한 몸부림이었다. 하지만 신흥 도시
디베랴는 갈릴리 어부들과 농부들의 한이 밴 도시였다. 그 도
시 건설에 필요한 재원은 바로 그들의 주머니에서 나왔기 때
문이다. 디베랴는 절망의 바다이다. 부활하신 주님이 그 바다
에서 제자들에게 당신을 드러내셨다는 사실은 그 자체로 상
징적이다.

일곱 명의 제자들이 한 자리에 모여 있었다. 요한복음이나

요한서신, 더 나아가 요한계시록에서 일곱(일곱 교회, 일곱 가지 재
앙)은 언제나 전체를 뜻하는 상징 수이다. 다른 제자들은 어디
에 있는가? 그것은 요한복음 저자의 관심사가 아니다.

| 절망의 어둠이 짙다

시몬 베드로가 그들에게 말하기를 "나는 고기를 잡으러 가겠
소" 하니, 그들이 "우리도 함께 가겠소" 하고 말하였다. 그들은
나가서 배를 탔다. 그러나 그 날 밤에는 고기를 한 마리도 잡지
못하였다.(21:3)

─────── 언제나 그러하듯 침묵을 깨거나 장면을 전환하
는 인물은 베드로이다. 그는 모두가 하고 싶었지만 누구도 할
수 없었던 마음속의 말을 끄집어낸다. "나는 고기를 잡으러 가
겠소." 꿈결처럼 다가왔던 희망이 속절없이 스러졌음을 이보다
더 절묘하게 드러낼 수가 있을까. 제국의 폭력 앞에서 하나님
나라의 꿈은 무기력하기 이를 데 없었다. 베드로가 말을 꺼내자
너, 나 할 것 없이 동조한다. "우리도 함께 가겠소." 예수와 더불
어 시작됐던 역사 실험이 허무하게 막을 내리는 순간이었다.

이상하다. 우리는 이미 20장 19절 이하를 통해 부활하신 주
님이 제자들에게 숨을 불어넣으시며 세상에 나가 용서의 복음
을 전하라고 말씀하셨음을 알고 있다. 그런데 제자들은 마치
그런 일이 없는 것처럼 풀이 죽어 있다. 어찌된 일일까? 학자

들은 요한이 제자들에게 주어진 새로운 사명을 돋을새김으로 드러나게 하기 위해 다른 전승에서 가져온 자료를 가지고 21장을 재구성했다고 설명한다.

여하튼 제자들은 부름을 받았던 원점으로 돌아갔다. 절망의 어둠이 짙다. 이어지는 장면은 간결하지만 강력하다. 그들은 나가서 배를 탔지만 그 밤에 고기를 한 마리도 잡지 못하였다. 아무런 설명도 없지만 이 대목은 "너희는 나를 떠나서는 아무것도 할 수 없다"(15:5) 하셨던 주님의 말씀이 배경이 되고 있다.

이미 동틀 무렵이 되었다. 그 때에 예수께서 바닷가에 들어서셨으나, 제자들은 그가 예수이신 줄을 알지 못하였다. 그 때에 예수께서 제자들에게 물으셨다. "얘들아, 무얼 좀 잡았느냐?" 그들이 대답하였다. "못 잡았습니다." 예수께서 그들에게 말씀하셨다. "그물을 배 오른쪽에 던져라. 그리하면 잡을 것이다." 제자들이 그물을 던지니, 고기가 너무 많이 걸려서, 그물을 끌어올릴 수가 없었다.(21:4-6)

_____ '어둔 밤'이 지나고 동틀 무렵이 되었다. 절망의 밤, 공허만 건져올릴 수밖에 없었던 밤이 지나고 희끄무레한 빛이 서린다. 그때 해변에 선 낯선 이가 그들에게 말을 건넨다. "무얼 좀 잡았느냐?" 제자들은 즉각 자기들이 빈손임을 시인

한다. "못 잡았습니다." 그러자 그 낯선 이가 그물을 배의 오른쪽에 던지라 했고, 그들은 그대로 했다. 성경에서 오른쪽은 언제나 하나님의 도움이 오는 방향이다. 방위로서의 오른쪽이 그렇다는 말이 아니라, 하나님의 도우심을 상징하는 언어가 '오른쪽'이라는 말이다. 제자들이 던진 그물에는 너무나 많은 고기가 걸려서 끌어올릴 수조차 없었다.

예수가 사랑하시는 제자가 베드로에게 "저분은 주님이시다" 하고 말하였다. 시몬 베드로는 주님이시라는 말을 듣고서, 벗었던 몸에다가 겉옷을 두르고, 바다로 뛰어내렸다. … 그들이 땅에 올라와서 보니, 숯불을 피워 놓았는데, 그 위에 생선이 놓여 있고, 빵도 있었다. 예수께서 제자들에게 말씀하셨다. "너희가 지금 잡은 생선을 조금 가져오너라."(21:7, 9-10)

————— 해변에 서 계신 분이 주님이라는 사실을 직감적으로 알아차린 '예수가 사랑하시는 제자'는 베드로에게 "저분은 주님이시다" 하고 말한다. 늘 깨달음보다 몸이 앞서곤 하던 베드로는 겉옷을 두르고 바다에 뛰어든다. 마음이 급한 것이다. 뒤이어 해변에 당도한 제자들이 본 것은 숯불과 생선과 빵이었다. 빨갛게 달궈진 '숯불'을 보는 순간 베드로는 가야바의 법정을 떠올리지 않을 수 없었을 것이다. 죽음의 목전에 선 스승을 보면서도 숯불을 쬐던 자신의 비루한 모습 말이다. 땅에

서 넘어진 자는 땅을 딛고 일어서야 하는 법이다. 숨기는 것만
으로는 부끄러움의 기억에서 벗어날 수 없다. 아프지만 대면해
야 한다. 그의 상처를 드러내는 숯불은 그렇기에 은총이다. 주
님은 제자들에게 잡아온 물고기 몇 마리를 가져오라 이르신다.
그들을 영적 어둠에서 빛으로 인도했던 것이 그 물고기 아니
던가?

시몬 베드로가 배에 올라가서, 그물을 땅으로 끌어내렸다. 그
물 안에는, 큰 고기가 백쉰세 마리나 들어 있었다. 고기가 그렇
게 많았으나, 그물이 찢어지지 않았다. 예수께서 그들에게 말
씀하셨다. "와서 아침을 먹어라." 제자들 가운데서 아무도 감
히 "선생님은 누구십니까?" 하고 묻는 사람이 없었다. 그가 주
님이신 것을 알았기 때문이다. 예수께서 가까이 오셔서, 빵을
집어서 그들에게 주시고, 이와 같이 생선도 주셨다.(21:11-13)

_____ 그물에 들어 있던 백쉰세 마리의 물고기가 무엇
을 뜻하는지는 알 수 없다. 다만 '그물이 찢어지지 않았다'는
구절을 통해 신앙 공동체의 깊은 결속을 짐작할 따름이다. "와
서 아침을 먹어라." 이 말 속에 담긴 속뜻은 무엇일까? 등 돌려
배반하고, 절망의 심연을 넘나들고 있지만 '나는 여전히 너희
를 나의 가족으로 여긴다'는 말이 아니겠는가. 그것을 알기에
그들은 유구무언이다. 주님은 그들의 연약함까지도 넉넉한 사

랑으로 부둥켜안으신다. 제자들은 '받아들여졌다.' 구원의 새
벽이 다시 밝아온 것이다.

| '연약함', 이웃 사랑으로 난 문을 여는 열쇠

그들이 아침을 먹은 뒤에, 예수께서 시몬 베드로에게 물으셨
다. "요한의 아들 시몬아, 네가 이 사람들보다 나를 더 사랑하
느냐?" 베드로가 대답하였다. "주님, 그렇습니다. 내가 주님을
사랑하는 줄을 주님께서 아십니다." 예수께서 그에게 말씀하
셨다. "내 어린 양 떼를 먹여라." 예수께서 두 번째로 그에게
물으셨다. "요한의 아들 시몬아, 네가 나를 사랑하느냐?" 베드
로가 대답하였다. "주님, 그렇습니다. 내가 주님을 사랑하는 줄
을 주님께서 아십니다." 예수께서 그에게 말씀하셨다. "내 양
떼를 쳐라." 예수께서 세 번째로 물으셨다. "요한의 아들 시몬
아, 네가 나를 사랑하느냐?" 그 때에 베드로는, [예수께서] "네
가 나를 사랑하느냐?" 하고 세 번이나 물으시므로, 불안해서
"주님, 주님께서는 모든 것을 아십니다. 그러므로 내가 주님을
사랑하는 줄을 주님께서 아십니다" 하고 대답하였다. 예수께
서 그에게 말씀하셨다. "내 양 떼를 먹여라."(21:15-17)

─────── 그들의 공동식사는 디베랴 바닷가에서 벌어진
성찬식이었다. 제자들이 먹은 것은 단순한 빵과 물고기가 아
니었다. 예수의 살과 피였다. 아침 식사가 끝나자 주님은 베드

로에게 물으신다. "요한의 아들 시몬아, 네가 이 사람들보다 나를 더 사랑하느냐?" 주님은 베드로를 '시몬'이라 부르신다. 다른 사람들이 다 주님을 부인한다 해도 자기는 결코 그러지 않겠노라 맹세했고, 죽는 한이 있더라도 주님 곁을 떠나지 않겠다고 장담했지만 결국 두려움에 굴복했던 사람 아닌가. 시몬은 아직 '반석'이라는 말 뜻 그대로의 베드로가 아니다. 주님은 그의 연약함에서 출발하신다. 그런데 주님은 '네가 나를 믿느냐?'고 묻지 않으신다. "네가 나를 사랑하느냐?" 이 질문 속에 담긴 온기가 느껴지는가? 질문이지만 그 말 속에는 '나는 너를 사랑한다.'는 뜻이 내포되어 있다. 주님은 베드로에게 객관적인 믿음의 대상으로 다가가지 않으신다. 기쁨과 슬픔, 아픔과 시련의 시간을 함께 겪어낸 사랑하는 동료로 다가가신다. '우리 관계가 끝난 것 아니지?' 이제는 베드로가 실존 전체를 걸고 대답할 차례다. 물론 주님을 사랑한다. 하지만 그는 자기 자신의 의지를 믿을 수 없다. 그렇기에 그는 자기가 아닌 주님의 사랑의 확실성에 근거해서 대답한다. "그렇습니다. 내가 주님을 사랑하는 줄을 주님께서 아십니다." 그는 옳게 대답했다.

그러자 마침내 주님의 명령이 주어진다. "내 어린 양떼를 먹여라." 자기의 연약함을 아는 자라야 연약함에 휩싸인 이들을 도울 수 있다. 넘어짐의 쓰라림을 아는 자라야 속절없이 넘어진 이들을 일으켜 세울 수 있다. 자기 불화 때문에 울어본 사람이라야 자괴감에 사로잡힌 이들을 위로할 수 있다. 히브리서 저자 역시 같은 생각이었다. "그는 몸소 시험을 받아서 고난을 당하셨으므로, 시험을 받는 사람들을 도우실 수 있습니다"(히브리서 2:18). "그는 자기도 연약함에 휘말려 있으므로, 그릇된 길을 가는 무지한 사람들을 너그러이 대하실 수 있습니다"(히브리서 5:2). 우리의 연약함 위에 하늘의 빛이 비춰질 때 그 연약함은 이웃 사랑으로 난 문을 여는 열쇠가 된다.

유사한 질문이 세 번 반복되고 베드로의 답도 세 번 반복된다. 이것 역시 주님을 세 번이나 부인했던 베드로의 부끄러운 모습을 상기시키는 문학적 장치이다. 부끄러움에 직면함을 통해 그는 은총 없이는 살아갈 수 없는 사람임을 알게 된다. 무슬림들의 다섯 가지 의무 가운데 하나는 '순례'이다. 수많은 무슬림들이 성지 메카에 있는 카바 신전을 찾아가서 시계 반대 방향으로 신전을 돈다. 그것은 살아오는 동안 몸과 마음에 깃든 죄의 습성을 풀어내는 과정일 것이다. 시간을 되돌릴 수는 없지만 시간의 의미를 새롭게 할 수는 있다. 시간은 새로운 자기 인식을 통해 새로워진다.

"내가 진정으로 진정으로 네게 말한다. 네가 젊어서는 스스로 띠를 띠고 네가 가고 싶은 곳을 다녔으나, 네가 늙어서는 남들이 네 팔을 벌릴 것이고, 너를 묶어서 네가 바라지 않는 곳으로 너를 끌고 갈 것이다." 예수께서 이렇게 말씀하신 것은, 베드

로가 어떤 죽음으로 하나님께 영광을 돌릴 것인가를 암시하신
것이다. 예수께서 이 말씀을 하시고 나서, 베드로에게 "나를 따
라라!" 하고 말씀하셨다.(21:18-19)

_____ 어린 양떼를 베드로에게 위임하신 주님은 이제
그가 맞이하게 될 운명을 예고하신다. 편안하고 안락한 삶은
그에게 허락되지 않는다. 주님을 따르는 자에게 요구되는 것은
자기 부인이 아니던가. 의지와 행동의 주체로서의 나에 대해서
죽지 않으면 그분을 따를 수 없다. 출애굽 공동체는 구름 기둥
과 불기둥이 움직일 때에 비로소 진을 이동시켰다. 그들이 먼
저 움직이고 구름 기둥과 불기둥이 따라 움직인 것이 아니다.
이 순서가 뒤바뀌면 목회는 고역으로 변한다. 바라지 않는 곳
으로 가야 하는 운명을 받아들이지 않으면 주님의 일을 할 수
없다. 마침내 주님이 말씀하신다. "나를 따라라!" 뒤를 돌아보
지도 말고, 중뿔나게 앞장서려 하지 말라는 말이다.

| 영혼의 올무

베드로가 돌아다보니, 예수께서 사랑하시던 제자가 따라오고
있었다. 이 제자는 마지막 만찬 때에 예수의 가슴에 기대어서,
"주님, 주님을 넘겨줄 자가 누구입니까?" 하고 물었던 사람이
다. 베드로가 이 제자를 보고서, 예수께 물었다. "주님, 이 사람
은 어떻게 되겠습니까?" 예수께서 말씀하셨다. "내가 올 때까

지 그가 살아 있기를 바란다고 한들, 그것이 너와 무슨 상관이
있느냐? 너는 나를 따라라!"(21:20-22)

_____ '나를 따라라'라는 명령이 아직 스러지기도 전에
베드로는 뒤를 돌아본다. 은혜 속에 있으나 몸과 마음에 밴 습
성은 쉽게 사라지지 않는다. '따름'과 '돌아봄' 사이가 이처럼
찰나이다. 자기 소명에 충실하면 될 터인데 베드로는 여전히
흔들린다. 그는 주님이 사랑하시던 제자를 보면서 그가 맞이
하게 될 미래에 대해 묻는다. "주님, 이 사람은 어떻게 되겠습
니까?" 비교하는 마음이야말로 영혼의 올무이다. 주님은 베드
로의 흔들리는 마음을 무지르며 단호하게 말씀하신다. "그것이
너와 무슨 상관이 있느냐?" 은사와 소명을 견줘보는 마음 깊은
곳에는 교만과 불신앙이 자리하고 있다. 하나님의 일에는 경중
이 없다. 그저 각자에게 주어진 소명에 충실하면 된다.

이 모든 일을 증언하고 또 이 사실을 기록한 사람이 바로 이
제자이다. 우리는 그의 증언이 참되다는 것을 알고 있다. 예수
께서 하신 일은 이 밖에도 많이 있어서, 그것을 낱낱이 기록한
다면, 이 세상이라도 그 기록한 책들을 다 담아두기에 부족할
것이라고 생각한다.(21:24-25)

_____ 증언자요 기록자인 요한복음의 저자는 자신을 드

러내려 하지 않는다. 오직 드러나야 할 분은 주님이시기 때문이다. 그렇기에 그의 증언은 더욱 참 되다. 그는 기록자로서 자기가 한 일이 미미하기 이를 데 없다고 말한다. 이로써 이 책은 더 큰 증언을 향해 열려 있다.

message 9

회의를 거친 신앙

열두 제자 가운데 하나로서 쌍둥이라고 불리는 도마는, 예수께서 오셨을 때에 그들과 함께 있지 않았다. 다른 제자들이 그에게 "우리는 주님을 보았소" 하고 말하였으나, 도마는 그들에게 "나는 내 눈으로 그의 손에 있는 못자국을 보고, 내 손가락을 그 못자국에 넣어 보고, 또 내 손을 그의 옆구리에 넣어 보지 않고서는 믿지 못하겠소!" 하고 말하였다. 여드레 뒤에 제자들이 다시 집 안에 모여 있었는데 도마도 함께 있었다. 문이 잠겨 있었으나, 예수께서 와서 그들 가운데로 들어서셔서 "너희에게 평화가 있기를!" 하고 인사말을 하셨다. 그리고 나서 도마에게 말씀하셨다. "네 손가락을 이리 내밀어서 내 손을 만져 보고, 네 손을 내 옆구리에 넣어 보아라. 그래서 의심을 떨쳐버리고 믿음을 가져라." 도마가 예수께 대답하기를 "나의 주님, 나의 하나님!" 하니, 예수께서 도마에게 말씀하셨다. "너는 나를 보았기 때문

에 믿느냐? 나를 보지 않고도 믿는 사람은 복이 있다."(요한복음 20:24-29)

우리에게 익숙한 어떤 이름은 듣는 즉시 우리에게 어떤 이미지를 떠오르게 합니다. '대나무' 하면 지조와 절개가 떠오르고, '밤나무' 하면 밤꽃의 그 비릿한 냄새가 떠오릅니다. 사람도 마찬가지입니다. '유다' 하면 즉시 배신자가 떠오르고, 나발 하면 어리석은 자가 떠오릅니다. '빌라도' 하면 예수님을 십자가에 못 박은 자가 떠오릅니다. '도마' 하면 의심이라는 단어가 떠오릅니다. 거의 습관적인 반응입니다. 하지만 세상의 어떤 것도, 어떤 사람도 그렇게 하나의 이미지로 환원될 수 없습니다. 세상은 복잡하고, 사람도 복잡합니다. 우리가 악인이라고 규정짓는 사람도 선한 구석이 있게 마련이고, 참 좋은 사람으로 믿는 이들에게도 악한 구석이 있습니다. 그렇기에 우리는 함부로 규정짓는 일을 그만 두어야 합니다. 거룩한 것과 속된 것, 선과 악의 경계선은 모호하기 이를 데 없습니다.

| 도마라는 사나이

도마라는 이름은 공관복음서마다 등장합니다. 물론 예수님의 열두 제자들을 언급하는 대목에서만 나옵니다. 유독 요한복음에서만 그는 캐릭터character를 지닌 인물로 소개되고 있습니다. 먼저 요한복음 11장에 보면 그는 예수님을 신뢰하고 따르는 충직한 제자임이 드러납니다. 예수님은 당신이 누구냐는 사람들의 질문에 "나와 아버지는 하나이다"(10:30)라고 대답합니다. 사람들은 그것을 신성모독으로 여겨 예수를 돌로 쳐죽이려고 합니다. 예수님은 가까스로 그들의 손아귀에서 벗어나 요단강 건너 쪽으로 피하였습니다. 그런데 나사로가 병들었다는 전갈을 받자 주님은 또 다시 유대 지방으로 가려 하십니다. 제자들은 유대인들의 위협을 상기시키면서 예수님을 만류합니다. 그러나 예수님의 마음은 확고합니다. 모두가 주저하고 있을 때 도마가 동료들에게 말합니다. "우리도 그와 함께 죽으러 가자."(11:16) 그는 자기 속에 일고 있는 두려움을 떨치면서 예수님과 운명을 함께 할 준비가 되어 있습니다.

그가 두 번째로 등장하는 장면은 14장입니다. 세상 떠날 날이 가까운 것을 아신 주님은 제자들에게 "너희는 마음에 근심하지 말라"시면서 "나는 너희가 있을 곳을 마련하러 간다. 내가 가서 너희가 있을 곳을 마련하면, 다시 와서 너희를 나에게로 데려다가, 내가 있는 곳에 너희도 함께 있게 하겠다. 너희는 내가 어디로 가는지 그 길을 알고 있다"고 말씀하십니다. 그때 도마가 나서서 묻습니다.

주님, 우리는 주님께서 어디로 가시는지도 모르는데, 어떻게 그 길을 알겠습니까?(14:5).

그는 모르면서 침묵하기보다는, 모르는 것을 모른다고 시인하고, 또 물을 줄 아는 사람입니다. 그런 의미에서 그는 배움을 향해 열린 사람이라 할 수 있습니다.

| 의심 혹은 불신앙

도마가 세 번째 등장하는 대목이 오늘의 본문입니다. 부활하신 예수님이 다른 제자들에게 나타나셨을 때 도마는 그 자리에 있지 않았습니다. 동료들이 주님이 부활하셨다는 소식을 전하였을 때 그는 믿을 수가 없었습니다. 믿어지지 않는 현실을 어떻게 믿을 수 있겠습니까? 사람들은 흔히 도마를 일컬을 때 '의심 많은'이라는 단어를 덧붙입니다. 이 말은 그렇게 긍정적인 단어가 아닙니다. 의심이 많다는 말은 자칫하면 불신앙과 등치될 수도 있습니다. 제가 처음 교회에 나갔을 때 저는 '의심이 많은' 사람이었습니다. 많은 청년들이 합리적이지도 이성적이지도 않고, 그렇다고 논리적이지도 않은 말을 믿음이라는 미명 하에 의심없이 받아들였습니다. 그런데 저는 그럴 수 없었습니다. 믿어지지 않는 것을 어떻게 믿으란 말입니까? 믿는 척할 생각은 추호도 없었습니다. 믿음이 지성의 희생일 수는 없다고 생각했기 때문입니다. 저는 따지기 좋아하는 골치 아픈 청년이었습니다. 청년회 선배나 지도 교사들이 더 이상 대답할 말을 찾을 수 없을 때 제게 들이대던 말이 뭔지 아십니까? "너 시험 들었구나?" 그래도 내가 수그러들지 않으면 그들은 한 걸

음 더 나갔습니다. "너 지금 사탄이 시험하는 거야." 저는 그냥 웃고 말았습니다.

과연 의심은 신앙생활에 있어서는 안 될 불경한 것입니까? 결코 그렇지 않습니다. 의심 없는 확신, 맹목적인 신앙처럼 위험한 것이 없습니다. 자기 확신에 찬 사람들은 남의 말에 귀를 기울이지 않습니다. 회의를 모르는 성스러움은 폭력과 손을 잡기 쉬운 법입니다. 그들은 자기와 생각이 다른 사람을 인정하려 하지 않습니다. 확신에 찬 사람이 얼마나 타인에 대해 폭력적인지 우리는 잘 알고 있습니다. 내가 잘못될 수도 있다는 사실을 인정하는 것이 계몽된 영혼의 특색입니다. 의심은 우리를 더 깊은 인식의 세계로 인도하는 안내인입니다. 철학자 데카르트는 참으로 알기 위해서는 모든 것을 의심해보지 않으면 안 된다고 말했습니다. 보지 않고는 믿을 수 없다는 도마의 태도가 비난받아야 할 이유는 어디에도 없습니다. 의심의 숲을 통과하지 않는 한 뭔가를 깊이 이해할 수는 없습니다. 삶은 모호한 것입니다. 빛과 어둠, 성과 속, 선과 악이 뒤엉켜 있습니다. 그렇기에 누구도 삶에 대한 분명한 해답을 갖고 있지 않습니다. 어제 옳은 것이 오늘도 옳은 것은 아닙니다. 그렇기에 우리는 늘 새롭게 물어야 합니다. 세상의 어떤 것도 당연하지 않습니다.

물론 자기의 오감으로 경험해보지 않으면 믿을 수 없다는 도마의 태도가 이상적이라는 말은 아닙니다. 세상에는 눈에 보이지 않는 현실이 있습니다. 아니, 어쩌면 눈에 보이는 것처럼 우리를 속이는 것이 없는지도 모릅니다. 사람들이 사기꾼에게 넘어가는 까닭은 그들이 진짜처럼 보이기 때문입니다. 도마는 번민했을 것입니다. 다른 동료들은 한 입인 듯 주님의 부활을 증언하고 있지만 자기는 믿을 수 없습니다.

나는 내 눈으로 그의 손에 있는 못자국을 보고, 내 손가락을 그 못 자국에 넣어 보고, 또 내 손을 그의 옆구리에 넣어 보지 않고 서는 믿지 못하겠소!(25절)

도마의 이 딜레마는 어쩌면 부활 증언 앞에 서있는 초대교회 교인들의 상황이었는지도 모르겠습니다.

| 상처, 희망의 샘

도마가 회의의 숲에서 방황하고 있는 데도 주님은 즉시 그에게 나타나지 않으셨습니다. 여드레가 지난 후 도마를 비롯한 제자들이 집 안에 모여 있을 때 주님이 홀연히 나타나셨습니다. 평화를 빌어주신 주님은 도마에게 "네 손가락을 이리 내밀어서 내 손을 만져 보고, 네 손을 옆구리에 넣어 보아라. 그래서 의심을 떨쳐버리고 믿음을 가져라"(27절) 하고 말씀하십니다. 과연 도마는 주님의 상처에 손을 대보았을까요? 이 장면은 수많은 예술가들의 영감을 자극했습니다. 이처럼 긴장된

장면은 찾기 어렵기 때문일 겁니다. 여러 그림 중에서 제가 가장 큰 충격을 받은 것은 17세기 이탈리아의 화가인 카라바조 (Michelangelo Merisida Caravaggio, 1573-1610)의 그림입니다. 〈의심하는 도마〉라는 제목이 붙은 그림의 배경은 어둡습니다. 화면 한복판에는 네 사람의 등장인물이 한 덩어리인양 모여 있습니다. 그들의 얼굴 위를 비추고 있는 빛은 그들의 심리적 긴장감을 고스란히 드러내주고 있습니다. 네 사람의 시선은 한 곳을 향하고 있습니다. 예수님이 옷자락을 걷어 올린 채 옆구리를 드러내고 있습니다. 가로로 벌어진 창날의 상처가 깊습니다. 예수님은 도마의 손목을 붙들고 상처의 절개부를 만져보도록 이끌고 있습니다. 주님의 손등에는 못 자국이 뚜렷합니다. 도마가 손가락으로 예수님의 상흔을 헤집는 동안 다른 제자들은 시선으로 그 상처를 더듬고 있습니다.

저는 그 그림을 보면서 도마의 손목을 잡아 당신의 상처에 손을 대게 하시는 주님의 마음을 헤아려보았습니다. 주님은 의심하는 도마를 책망하시기보다는 그를 진정한 믿음의 자리로 이끌기 위해 당신의 상처를 기꺼이 보여주고 계십니다. 도마가 정말 예수님의 상처에 손을 대보았는지 저는 알지 못합니다. 하지만 도마의 고백이 모든 것을 말해줍니다. 도마는 예수님을 "나의 주님, 나의 하나님!"이라고 부릅니다. 마침내 회의의 밤이 지나간 것입니다. 도마에게 예수님은 이제 창조 이전부터 하나님과 함께 있었던 존재이고, 세상을 떠나 하나님 곁으로

가신 영광의 주님이신 것입니다. 주님이 다가와 당신 몸의 상처를 보여주셨을 때, 도마의 눈에 드리운 회의의 비늘이 떨어져 나갔습니다. 지금 우리 눈은 무엇을 좇고 있습니까? 영광을 구하는 이들의 눈에는 주님의 상처가 보이지 않습니다. 하지만 주님의 상처를 보는 사람이라야 주님의 구원을 알 수 있습니다. 지금 주님은 상처 입은 이의 모습으로, 가난한 이의 모습으로, 병든 이의 모습으로, 나그네의 모습으로 다가오고 계십니다. 그들이 내보이는 상처와 고통에 눈길을 줄 때 우리 눈이 열릴 것입니다. 이런 일에 누구보다도 충실했던 사람 중의 하나가 마더 테레사입니다.

| 제가 전심으로 바라는 것은…

한 때 미국의 시사주간지 타임은 '테레사의 내밀한 삶'이라는 머리기사를 올렸습니다. 인도 콜카타 빈자들의 어머니였던 마더 테레사가 세상을 떠난 지 10년이 되는 지금 그가 남긴 편지글들이 《마더 테레사: 와서 나의 빛이 되어 주소서*Mother Teresa: Come Be My Light*》라는 제목의 책으로 묶여 나왔는데, 그 책에 담긴 내용이 상당히 충격적이라는 것입니다. 그 책은 20세기의 가장 아름다운 영혼이라 일컬음 받는 테레사의 번민이 고스란히 담겨 있습니다. 테레사는 자신의 영적인 후견인이라 할 수 있는 이에게 보낸 편지에서 자신은 '지난 50년 동안 하나님의 현존을 경험하지 못했다'고 고백했습니다.

수녀회 입문 당시 테레사는 평범한 수녀로 살아가기를 소망했습니다. 하지만 가난한 사람들, 병든 사람들, 고통 속에 방치된 어린아이들을 돌보는 사랑의 불쏘시개가 되어줄 사람을 찾는 하나님의 부름을 뿌리칠 수가 없어서 그는 인도로 갔습니다. 능력이 많아서가 아닙니다. 죄가 없어서도 아닙니다. 주님은 테레사에게 "너는 가장 무력하고 연약하고 죄 많은 사람이다. 그런데 바로 그 때문에 너를 나의 영광의 도구로 삼고 싶은 것이다. 거절하려느냐?" 물으셨고 테레사는 그 제안을 받을 수밖에 없었던 것입니다.

그런데 주님의 소명을 이루면서 테레사는 행복했을까요? 늘 기쁨 속에서 살았을까요? 그렇지 않습니다. 테레사의 마음을 채운 것은 오히려 '메마름', '어둠', '외로움', '냉담'이었습니다. 때로는 천국과 하나님의 존재에 대한 의심까지도 생겼습니다. 공적으로 그의 역할이 커갈수록, 그래서 세상의 눈길이 그에게 쏠릴수록 테레사의 어둠도 깊어갔습니다. 어쩌면 그런 모든 역할을 벗어던지고 평범한 삶으로 돌아가고 싶은 마음뿐이었는지도 모르겠습니다. 그러나 테레사는 매일 새벽 4시 30분에 일어나 주님 앞에 앉아 이렇게 기도했습니다.

제가 전심으로 바라는 것은 주님의 기쁨입니다.

테레사는 천사의 가면을 쓴 위선자였을까요? 그렇지 않습니다. 콜로디척Kolodiejchuk 신부는 테레사가 그런 내적인 고통을 겪으면서도 신앙을 버리지도, 자기에게 품부된 소명을 저버리지도 않은 것이야말로 그의 영적인 아름다움이라고 말합니다. 테레사는 그런 내적인 어둠을 통해 예수 그리스도의 십자가의 의미를 깊이 체득했다는 것입니다.

어떤 이들은 하나님의 현존을 의심했던 테레사의 모습을 하나님이 존재하지 않으신다는 증거로 삼습니다. 하지만 의심과 회의 속에서도 여전히 하나님의 소명에 충실했던 그의 모습에서 우리는 신앙의 엄중함을 배우게 됩니다. 여러분은 지금 하나님의 현존을 깊이 경험하며 사십니까? 우리에게 다가오고, 말 건네고, 간섭하시는 그분의 숨결을 느끼고 계십니까? 그렇지 못하다 하더라도 부끄러워 할 것 없습니다. 우리의 믿음은 의심과 어둠을 통과해 가면서 조금씩 성장하는 것입니다. 내가 성경에서 제일 감동하는 대목은 아들의 고통에 찬 부르짖음에도 깊이 침묵하시는 하나님과 그런 하나님에게 당신의 영혼을 맡기시는 예수님의 모습입니다. 이해할 수는 없지만 하나님의 선하심을 믿기에 예수님은 아버지께 자신을 맡길 수 있었습니다.

테레사도 마찬가지입니다. 인간적 참상으로 가득 찬 콜카타의 현실은 하나님의 현존을 가리는 짙은 어둠이었습니다. 그럼에도 불구하고 테레사는 주님의 소명에 충실했습니다. 이게 믿음입니다. 믿음의 길이 좁은 길인 것은 어쩌면 이 때문인지도 모르겠습니다. 주님은 지금 잘 믿는 척하는 사람들이 아니라 잘 믿기를 소망하는 사람들, 자신의 영광이 아니라 하나님의 기쁨을 구하는 사람을 찾고 계십니다. 울면서라도 사랑의 씨를 뿌리는 사람은 마침내 주님의 큰 생명에 안기게 될 것입니다. 어려움이 있다고, 의심이 생겼다고 믿음의 길에서 실족하지 말고, 의심 속에서도 주님의 뜻을 이루어가는 우리가 되기를 기원합니다. 아멘.